관계중독

관계중독

박수경 지음

가연

삶을 파괴하는 관계중독의 실체

종교개혁을 이끈 마르틴 루터Martin Luther는 한때 이렇게 말했습니다. "훌륭한 결혼보다 더 사랑스럽고 친근하며 매력적인 관계, 친교, 교제는 없다."이 말 속에 이상적인 인간관계의 비결이 다 들어 있습니다. 관계는 사람과 사람을 연결해주는 교량과 같습니다. 관계가 끊어진 사람은 아무리 훌륭한 스펙과 능력을 구비하고 있어도 자신의 재능을 제대로 발휘할 수 없습니다. 관계가 단절된 부부는 세상을 함께 살아가는 동반자가 아니라 서로 별개의 세상을 따로 살아가는 남남과 같습니다. 관계의 다리가 좁은 사람은 그만큼 비좁은 세상에 갇혀 살 수밖에 없으며, 관계의 교량이 가느다란 사람은 오로지 일방통행만 가능한 편향된 세상에 내몰려 살 수밖에 없습니다.

반대로 관계가 연결된 사람은 조금 부족하고 모자랄지라도 자신이 가진 재능보다 더 많은 능력을 발휘할 수 있습니다. 믿어주고 따라주는 이들이 주변에 많은 사람은 자신의 지위와 재주 이상의 성과를 낼 수 있습니다. 관계가 돈독한 부부는 아무리 험한 파도가 닥친다 해도 거뜬히 이겨낼 수 있는 내공을 갖출 수 있습니다. 경제나 건강상의 위기가 몰려올 때에도 유대감이 깊은 부부는 아무렇지 않게 견디어 냅니다. 관계의 다리가 넓은 사람은 그만큼 드넓은 세상을 경험할 수 있으며, 관계의 교량이 두터운 사람은 왕복 사차선 도로처럼 타인과 쌍방향 교류가 가능한 세계에서 살 수 있습니다. 인생의 모든 것이 관계로 수렴하며 삶의 모든 일이 관계로 귀결됩니다. 관계가 바르게 정립된 인생은 웃음과 행복이 끊이지 않고 관계가 왜곡된 인생은 슬픔과 고통이 끊이지 않습니다.

저는 19년 동안 상처 받은 내담자들의 마음을 어루만지고 그들의 이야기에 귀를 기울이며 살아왔습니다. 그간 많은 내담자들이 저와 같은 자리에 마주 앉아 이야기를 나누며 울고 웃었습니다. 개중에는 어그러진 관계가 회복되고 깨어진 관계가 이어지며 이전의 삶으로 복귀한 이들도 있었지만, 안타깝게도 관계를 회복하지 못하고 상담을 종료한 이들도 있었습니다. '왜 관계가 회복되지 못하는 걸까?' 저는 풀리지 않는 숙제처럼 의문점을 해결하기 위해 여러 해 고민을 거듭했습니다. 그러다가 관계를 회복하지 못하는 내담자들이 공통적으로 갖는 하나의 특징을 발견하게 되었습니다. 그간 상담소를 거쳐 간 많은 내담자들의 상담일지를 정리하며 상담에 실패한 이들이 대부분 공동의존자codependent, 즉 관계중독자relationship addict였다는 사실입니다.

관계중독은 상대 배우자나 연인, 나아가 지인과 타인에게 자신의 모든 것을 걸고 의존하는, 혹은 반대로 상대방의 생각과 감정, 행동과 생활을 통제하려고 드는 왜곡된 사고에서 발생합니다. "난 그이 아니면 안 돼." "그녀를 놓치면 죽어버릴 거야." 그들은 하나같이 상대를 절대화하거나 반대로 자신을 매우 무가치한 존재로 낮추는 행동을 보입니다. "난 그에게 못 미쳐." "나 같은 건 만나주지도 않을 거야." 상대의 일거수일투족은 삶의 활력이거나 절망이 됩니다. 상대가 아무렇지 않게 뱉은 말 한마디는 그들에게 무한한 의미를 던져줍니다. 그 사람 때문에 하루에도 수십 번 천당과 지옥을 오갑니다. 그래서 온 신경이 그 대상에게 집중되어 자신의 삶을 온전히 살지 못하게 됩니다. 자발적 괴뢰가 되어 그의 조종에 꼭두각시 춤을 추는 자신을 발견합니다.

그런데 관계중독에 빠진 사람들에게 물어보면 자신은 상대를 그다지 좋아하지 않으며 결혼해서 함께 살지도 않을 거라고 답하는 걸 종종 듣습니다. 아이러니합니다. 그렇다면 좋아하지 않는 상대, 미래를 나눌 수 없는 상대에 왜 빠져 지내는 걸까요? 관계중독에 빠진 사람은 상대를 좋아하는 게 아니라 자신의 내면에서 해결되지 않는 심리나 감정의 문제를 상대에게 투사하고 있을 뿐입니다. 어쩌면 이것도 자기애의 다른 표현이라고 할 수 있겠죠. 상대의 반응과 태도 때문에, 또는 위로의 감정 때문에 일시적으로 문제를 해결한 것 같은 착각을 할 뿐입니다. 그 과정을 습관적으로 반복하다 보면 그렇게 상대에게 서서히 중독되어 가는 겁니다.

관계중독도 중독이냐고 반문하는 사람이 있을 겁니다. 알코올중독이나 도박중독이라는 말은 들어봤어도 관계에도 중독이 있냐며 의아하게 여길 수 있습니다. 바로 이 점 때문에 관계중독은 여타 중독보다 더 위험하고 치명적입니다. 알코올중독으로 고생하는 분들은 자신이 알코올로 심각한 문제를 겪고 있다는 사실을 인지하지만, 관계중독에 빠진 내담자들은 대부분 자신의 병식을 갖지 못하는 경우가 많습니다. 왜냐하면 관계중독은 자신의 마음과 심리적 문제를 해결하고자 수많은 합리화와 의존, 감정 해소 등을 동원하다가 발현된 단순한 스트레스나 감정 문제라고 느끼기 때문입니다. 대부분의 사람들은 심리적 상처와 정신적 스트레스를 어떻게 해결하고 관리할지 잘 모릅니다. 그래서 이런 감정 문제가 해결되지 않는 한 관계중독에서는 벗어날 수 없습니다. 관계에 대한 어려움으로 끙끙 앓고 있으면서도 자신은 아무런 문제가 없다며 합리화하거나 심리와 감정의 문제를 회피하며 도리어 타인에게 어떠한 문제를 주고 있는지 모르지요. 속은 곪을 대로 곪아서 혼자 힘으로 도저히 빠져나올 수 없는 지경에 이르렀음에도 자신은 착해서 남보다 마음

고생을 더 하는 것뿐이라며 자위하기도 합니다. 도리어 자신에게 되묻습니다. "사랑이 죄는 아니잖아?"

이러한 관계중독이 위험한 것은 관계중독이 주는 그 느낌이 사랑이 아니라 자신의 힘든 상처를 나누고 위로를 받고자 하는 집착이라는 점입니다. 상대의 태도나 반응 그리고 관심과 위로에 의존하는 것에 불과하기 때문에 태도나 위로에 조금이라도 변화가 생기면 상대에 대한 복수심과 원망이 일어나게 됩니다. 상대에게 철저하게 복수하거나 배신하는 길을 선택하죠. 그리고 다시 길거리로 나서서 자신의 이야기를 들어줄 새로운 상대를 찾습니다. 상담실을 찾을 때쯤에는 모든 관계가 무너지고 자신의 자아와 심리, 감정이 완전히 망가진 상태가 됩니다. 관계중독이 알코올중독이나 마약중독보다 치유가 더디고 힘든 이유가 바로 여기에 있습니다. 관계중독을 제때 적절히 치료하지 않으면 자신은 물론이고 상대방까지 철저히 파괴하는 무시무시한 범죄로 이어질 수 있습니다.

대표적인 사례가 바로 외도와 불륜입니다. 얼마 전 뉴스에서 영하의 날씨에 세 살 난 딸을 길거리에 놔두고 채팅방에서 만난 남자와 모텔에 들어가 사랑을 나눈 비정한 엄마의 이야기가 나왔습니다. 정상적인 사고를 가진 사람이라면 도저히 상상할 수도 없는 그런 행동을 30대 엄마는 어떻게 할 수 있었을까요? 관계중독에 빠진 여자는 모성애가 깨지기 때문입니다. 가지 말라고 치마를 붙잡고 늘어지는 젖먹이 아들을 차로 치고서라도 상간남과 달아날 수 있는 게 바로 관계중독에 빠진 여자의 사고방식입니다. 관계중독의 상대가 되는 상간녀나 상간남을 건드리는 사람에 대해 자신의 행복을 침해받았다는 심리 오류가 발생하여 그 사람이 자신의 배우자든, 상대 배우자든, 아니면 자녀들이든 상관없이 공격하게 됩니다. 사람마다 차이는 있겠지만 어떠한 형태로든 관계중독에 빠진 사람들은 함께 희노애락을 공유하며 살아왔던 가족과 배우자를 공격하게 되는 인식장애와 감정기억장애가 발생하여 자신의 인생과 삶을 모두 망가트리게 되며 더 나아가 관계중독에 빠진 사람의 가족이나 배우자는 관계중독과 상반되는 심각한 외상 후 스트레스 장애 또는 심리장애가 발생됩니다.

또 다른 사례가 바로 스토킹입니다. 스토킹은 자신이 표적으로 삼고 있는 대상이 죽기 전까지 절대 끝나지 않는 죽음의 가장무도회 같죠. 얼마 전 자신의 생리혈을 보내거나 연예인 숙소에 무단 침입하여 이틀간 숨어 있다가 경찰에 연행된 사생팬에 관한 기사를 본 적이 있습니다. 그 고등학생은 아이돌 가수의 '찐팬'을 자처하며 수년 간 학교도 그만두고 매일 같이 따라 다녔는데, 그 가수가 자기를 알아주지 않자 결국 스토커로 돌변하고 말았습니다. 만약 그녀를 그 상태로 가만히 두었다면 상대에게 물리적 가해를 입히거나 나아가 살인까지 저지를 수 있었던 아찔한 순간이었습니다. 전설적인 팝 가수 존 레논도 집 앞 현관에서 스토커가 우발적으로 쏜 총을 맞고 즉사했고, 이탈리아의 세계적인 디자이너 베르사체도 수년을 집요하게 따라 다니던 스토커에게 살해되었습니다. 미국의 할리우드 스타 레베카 섀퍼도 그녀를 주도면밀하게 따라다니던 스토커의 총에 맞아 즉사했죠. 영화배우 조디 포스터의 이목을 끌고 싶어서 엉뚱하게도 당시 미국 대통령 레이건을 암살하려고 시도했던 황당한 스토커도 있었습니다.

관계중독의 치유는 자신이 특정 관계, 사람, 섹스에 중독되었다는 사실을 인정하는 것에서부터 출발합니다. 자신의 행복을 위해 상대방이 꼭 곁에 있어야 한다고 여기는 것은 아파하는 상대방에게 자신이 꼭 필요한 존재라고 여기는 것만큼이나 위험한 사고방식입니다. 상대방에게 애걸복걸 매달리는 것만큼이나 상대방을 통제하고 지배하려는 사고도 관계중독의 대표적인 증상이기 때문입니다.

이슬람 신비주의자 루미는 말했습니다. "고통을 없애는 치료제는 그 고통 속에 있다." 마음의 주인은 여러분 자신입니다. 관계에서 고통을 느끼고 있다면, 그 고통을 멎게 할 치료제 역시 여러분 마음에서 찾을 수 있습니다. 자신이 관계중독의 희생자라는 인정을 통해 왜곡된 관계의 늪에서 벗어날 수 있습니다.

이 책은 작년에 제가 집필했던『멈출 수 없는 즐거움의 민낯, 중독』의 완결편에 해당합니다.『중독』을 내고 많은 분들이 관계중독에 대해서 문의를 주셨습니다. "소장님, 관계중독에 대해서도 책을 내주세요." "남편이 알코올중독자인데 소장님의 책을 읽고 많은 도움을 받았습니다. 그런데 저야말로 철저하게 망가진 남편에게 중독된 사람이라는 말씀을 듣고 커다란 충격을 받았습니다." 많은 내담자들의 편지를 받고 관계중독과 공의존증에 대해 책을 내야겠다는 생각이 들었습니다. 저번 책에서 물질중독과 행위중독에 관하여 임상적이고 포괄적인 분야를 다루었다면, 이번에는 행위중독의 끝판왕인 관계중독에 관하여 보다 집중적인 설명과 사례들을 나누고 싶어졌습니다. 이 책은 필자가 수년 간 집필해 온 상담심리 시리즈의 결론과 같습니다. 이 책이 앞서 출판한 네 권의 책 여기저기에 단편적으로 제시해온 필자의 마음구조이론과 마음욕동 무의식의 상반성 이론을 가장 체계적으로 설명하고 있기 때문입니다. 이 책으로 남녀 관계, 친구 관계, 직장 선후배 관계, 가족 관계 전반에 걸친 시리즈를 완성한 셈입니다.

모든 집필은 고통스럽습니다. 이 책 역시 쉬운 작업이 아니었습니다. 내담자들을 상담하고 치료하는 바쁜 와중에도 틈틈이 시간을 내서 그간 자료들을 정리하고 관련 서적들을 찾았습니다. 몇 번이고 포기하고 싶었지만, 책을 통해 중독에서 벗어나 새로운 인생을 살게 될 내담자들의 밝은 얼굴을 떠올리며 원고를 썼습니다. 그간 저의 상담실을 찾아 주신 많은 내담자들, 상담으로 인생이 바뀌었다며 철마다 잊지 않고 감사의 선물을 보내주시는 분들, 그리고 저의 부족한 책들을 읽고 많은 도움이 되었다며 편지를 보내오시는 분들에게 이 책을 바칩니다.

마지막으로 이 책을 펼쳐드는 모든 분들이 중독에서 벗어나는 그날까지 마음의 길을 찾고 중독의 사고를 벗어버리는 데 큰 용기를 얻으시기 바랍니다. 미국의 베스트셀러 작가이자 저명한 강연자인 브라이언트 맥길Bryant McGill의 명언으로 서문을 갈음할까 합니다. 무엇보다 자신을 용서하고 사랑하는 데에서 모든 치유가 시작되기 때문입니다.

"용서 없는 사랑은 없다. 그리고 사랑 없는 용서도 없다."

검은들길에서

박수경

엄마는 항상 아는 만큼 성장하고 모르는 만큼 상처받는다는 말을 해주셨다. 어쩌면 다들 잘 안다고 말하겠지만 엄마가 나에게 행복이란 단어를 한 문장으로 설명해 보라고 했을 땐 쉽게 말로 설명할 수 없었다. 막연하게 행복한 순간만 떠오를 뿐 행복이 뭔지 콕 집어 말하기 힘들 었다. 아마 대부분의 사람들이 비슷할 거라고 생각한다. 엄마는 평소에 여자로서 행복하고 현 명하게 살 수 있는 방법, 몸과 마음이 건강하면 얼굴까지 예뻐 보이는 마법, 세상을 보는 눈이 생기면 없던 능력까지 생기는 비법 등을 가르쳐 주셨다. 우리 엄마가 그렇다.

사람들은 저마다 행복이 다르고 행복한 순간도 다르다고 말할 것이다. 하지만 행복은 거의 비슷하다. 서로 다른 남녀가 만나 관계를 맺으며 살아가는데 많은 시행착오도 겪고 상처도 받 는다. 문제를 해결하지 않고 담아두면 언젠간 터지기 마련이고, 잘못된 방법으로 해결하며 산 다면 갈등만 깊어질 뿐이다. 마음을 제대로 아는 것이 행복의 관문이라고 엄마는 늘 말씀해 주셨다. 인간은 죽을 때까지 깨달으며 살아간다는데 엄마 책 속엔 살아가는 데 꼭 필요한 정 답들이 많이 담긴 것 같다. 정말 많은 전문 지식들과 사례들로 책을 읽을 때마다 깨닫고 배우 게 된다. 그냥 위로가 아닌 읽고만 있어도 치유가 되는 우리 엄마의 책. 다들 한 번씩 꼭 읽어 봤으면 좋겠다.

_ 전민주

처음 소장님을 만났을 때 저는 사람에게 깊은 상처를 받아 방황하던 때였습니다. 인간관계 에서 받은 상처들을 치료하기에 늘 부족하게 느껴지고 공허하기만 했던 마음은 소장님을 만 나면서 하나씩 하나씩 치료되기 시작했습니다. 관계중독이란 책을 읽고 저 역시 마음이 늘 아 팠고 마냥 행복하고만 싶었던 제가 그동안 관계가 무엇인지 행복이 무엇인지 몰라 더 아팠구 나 라는 생각에 머리를 한 대 맞은 것 같은 충격이 들었습니다.

소장님 덕분에 저는 자아를 지키고 상대도 지켜줄 수 있는 건강한 인간관계를 맺을 수 있는 여자가 될 수 있었습니다. 쾌락과 관계중독이 아닌 건강하고 행복한 여자가 되어 행복하게 살 아갈 수 있는 지금을 늘 감사히 여기고 있습니다. 이 한 권의 책이 저처럼 관계에서 상처를 받 고 아팠던 누군가에게 또 다른 해답을 줄 수 있기를 바랍니다. 평범했던 인생에 원치 않았던 최악의 트라우마, 가장 행복해야 할 시기에 모든 게 무너져 감당하기 버거웠고 절실하게 극복 하고 싶었던 순간, 한참을 돌고 돌아 만나 뵙게 된 박수경 소장님 덕분에 현재 잃어버렸던 제 자신을 찾았고, 많은 분들의 상처와 트라우마를 보듬는 일을 하게 되었습니다.

행복하게 살아가야 할 자격이 있는 귀한 사람들에게 이 책을 선물하고 싶습니다.

_ 최수연

Contents

Contents

❖ 더크 반 바부렌(Dirck van Baburen), 「포주(The Procuress, 1622)」,
  미국 보스턴 파인아트뮤지엄(Museum of Fine Arts) 소장

chapter **1**

—

당신의 특별한 관계는
그렇게 시작되었다

"참된 사랑의 관계라면 그것이 무엇이든 그 안에 헌신이 들어 있다."
—스캇 펙—

필자의 상담소를 찾았을 때, P(20대)는 매우 예쁘고 풋풋한 대학생이었다. 중간고사를 막 마친 어느 늦봄, 같은 과 친구의 손에 이끌려 함께 상담을 신청했다. 그녀가 친구를 대동한 건 아마 혼자 상담소를 찾는 데 선뜻 용기가 나지 않았던 것 같다. 자리에 앉자마자 친구는 필자에게 하소연을 원 없이 늘어놓기 시작했다. "얘 이야기 좀 들어보세요." 옆에서 한심하다는 듯 한숨을 푹푹 쉬던 친구가 먼저 고자질하듯 이야기를 꺼냈다. 친구의 이야기를 종합해 보면, P에게 남자친구가 있는데 P가 그에게 간이며 쓸개며 다 꺼내준다는 것이다. 돈이 필요하다면 돈을 주고 몸이 필요하다면 몸도 준다고, 호구처럼 너무 쉽게 갖다 바치니까 남자친구가 P를 우습게 본다는 말도 덧붙였다.

"글쎄, 얘 남친 뭐하는 앤 줄 아세요?"

앞에서 묵묵히 이야기를 듣고 있던 필자에게 친구는 열을 올리며 말했다. "글쎄 짱깨에요, 짱깨!" 친구의 말 속에 누구라도 느낄 수 있을, 남자친구에 대한 모종의 비하가 묻어났다. 그녀의 말에 남자친구의 직업이 별 볼 일 없다는 의미도 숨어 있었지만, 무엇보다 정신 못 차리고 일편단심 민들레처럼 그에게 맹종에 가까운 헌신을 보이는 친구 P에 대한 답답함이 섞여 있었다. 이어지는 대화 속에서 P가 어떻게 대학교 안으로 짜장면을 배달하던 중국집 배달원과 사랑의 연을 맺게 되었는지 점차 알게 되었다.

처음부터 그녀가 그를 사랑했던 건 아니었다. 대학에 입학하기 전까지 P는 유복한 집안에서 자라 아쉬울 것 없이 평탄하고 풍족한 삶을 살아왔다고 한다. 문제는 그러한 무탈한 청소년기가 P에게 원인 모를 삶의 권태감을 주었다는 점이다. 부모님과 선생님 말씀 잘 듣는 얌전한 모범생에서 일탈과 모험을 추구하는 날라리로 바뀌기까지 그리 오랜 시간이 걸리지 않았다. 대학 축제 때 동아리에서 막

걸리와 파전을 팔던 그녀는 우연히 중국집 배달원을 알게 되었고 P는 그에게 정신없이 빠져들었다고 한다.

그녀는 그런 자신을 스스로도 이해할 수 없었다. 딱히 그가 잘 생긴 것도, 그렇다고 직업이 번번하게 있던 것도 아니었다(지금 필자가 배달업을 무시하는 게 아니다). 역기능 가정에서 자라 가족 관계도 엉망이었고 미래에 대한 비전이나 전망도 있어 보이지 않았다. 고등학교 1학년 때 양아버지의 폭력을 피해 가출해서 이제껏 혼자 고시원에서 살고 있는 그를 딱히 좋아할 이유도 없었다. 솔직히 그보다 훨씬 나은 조건의 남학생들이 대학교에 널려 있었다. P가 좋다고 따라 다니는 잘생기고 키 큰 같은 과 예비역 오빠도 있었다. 그럼에도 P는 그의 손길을 뿌리치지 못했다. 어느 순간 그는 P에게 '이유 없는 반항'의 아이콘이 되었다.

피 끓는 청춘남녀가 만난다는 데 무슨 잘못이 있겠는가? 나이와 배경을 뛰어 넘어 서로 솔직하게 사랑할 수만 있다면야…. 다만 그로 인해 그동안 매우 정상적이고 모범적이었던 P의 생활이 돌이킬 수 없을 만큼 어그러지기 시작했다는 게 문제 아닌 문제였다. 그를 만나면서 공부는 자연스레 뒷전이었다. 과제물을 제출해야 하는 기한을 넘기기 일쑤였고, 급기야 수업을 빼먹는 날도 하루 이틀 늘었다. 그녀는 자신의 하루 스케줄을 일방적으로 그에게 맞췄다. 그가 일을 쉴 때면 P는 오토바이 뒤에 매달려 함께 인천 앞바다로 드라이브를 떠났고, 평일에는 학교 근처에 모텔방을 잡아 놓고 그가 일하는 중국집에 전화를 걸어 짜장면을 주문하기도 했다. 물론 목적은 짜장면이 아니었다. 그가 도착하자마자 둘은 짜장면이 불어터지는 건 아랑곳없이 바로 침대에 포개져 정신없이 섹스를 나눴다.

P의 동성 친구들은 그녀의 이런 일탈에 기겁했다. 친구들은 집안도 부유하고 명문대를 다니는 P와 아무 내세울 것 없는 중국집 배달원이 어딜 보나 어울리지 않는다고 생각했다. 그중 상담실을 함께 찾은 친구는 아예 도시락 싸들고 다니며 뜯어 말렸다. 그녀와 함께 상담소를 찾은, 아니 정신 차리라고 P의 손을 잡아끌다시피 데리고 온, 고등학교 때부터 P와 단짝이었던 친구의 말은 이랬다.

"얘 말로는 자기가 그 애한테 중독되었대요, 나 참."
"근데 소장님, 관계에도 중독이 있어요?"

말도 안 된다며 고개를 내젓는 P의 얼굴에서 풋풋하고 앳된 여대생의 진솔함이 느껴졌다. 그 사이로 자신에게 왜 이런 상황이 일어났는지 이해할 수 없다는 혼란스러움도 언뜻 내비쳤다. 과연 P는 어디서부터 잘못된 것일까?

불안의 시작,
공허함은 어디에서 오는가

    세상에서 가장 편안한 곳은 엄마의 품속이라는 말이 있다. 품속에서 엄마의 젖을 빨며 살아가는 1년 정도의 짧은 시간은 누구에게나 아득한 기억 속에 남아있는 행복한 추억이다. 하지만 아무리 편하다고 해서 영원히 엄마의 품에만 머물 수는 없는 노릇이다. 신화 속 최초의 인류 아담과 이브가 파라다이스를 떠나 유리遊離하는 신세가 된 것처럼, 모든 인간들은 이유離乳와 함께 따스한 엄마의 품을 떠나 실낙원의 운명을 지고 살아가야 한다. 그래서 엄마의 자궁을 떠난 인간은 죽을 때까지 끊임없이 원초적 공간으로 회귀하려는 본능을 가진다. 유명한 현자는 말했다. '당신은 당신을 품은 자궁은 선택할 수 없지만, 당신을 집으로 데려갈 무덤은 결정할 수 있다.'고.

　인간은 엄마의 품속에서부터 관계를 배운다. 가정교육과 조기교육을 통틀어 인간이 배우는 가장 첫 번째 교육이 바로 엄마의 '품속교육'이다. 아기는 엄마의 품속에서 자신에게 무엇보다 관계가 중요하다는 사실을 먼저 배운다. 관계는 인간을 인간으로 규정하는 가장 근본적인 토대다. 인간은 혼자서는 살 수 없다. 익히 알다시피, 사람을 뜻하는 한자 인人은 두 존재가 서로를 마주 기대고 있는 모습을 형상화한 고대 상형문자에서 유래했다. 나와 너의 마주봄과 나와 너의 기댐을 통해 인간은 비로소 인간이 된다. 마주보기가 상대방을 인식하고 알아가는 단계라면, 기대기는 상대방을 수용하고

마주봄	기댐
루킹(looking at each other)	리닝(leaning on each other)
인식하고 알아가기	인정하고 수용하기
눈맞춤	몸맞춤
관찰과 분석	신뢰와 의손
시각적 콘텍트	신체적 스킨십

마주봄과 기댐은 관계의 기본이다

인정하는 단계다. 그래서 눈맞춤을 하지 않는 아기는 안타깝지만 자폐아거나 결함이 있는 존재에 불과하다.

여배우 오드리 헵번Audrey Hepburn은 "인생에서 붙들어야 하는 최선의 것은 서로의 관계다."라고 말했다. 초야에 묻혀 사는 선승이나 무인도에서 살아가는 자연인이라도 누구를 막론하고 관계의 욕구는 가지고 있다. 관계는 인간의 존재와 성장에 모두 절대적으로 관여하기 때문이다. 관계 안에서 인간은 존재 이유를 찾으며 관계 안에서 사람은 비로소 사람으로 거듭난다. 이 관계에서 사람이 마땅히 가져야 할 인애仁愛 역시 두 사람이 모이면 만들어지는 인仁이라는 토대에서 생겨나는 법이다. 보다시피 한자 '어질 인'은 '사람 둘人 + 二'이란 뜻을 갖고 있다. 그래서 김선재 시인은 이렇게 썼다. "단수와 만난 단수는 복수가 된다. 단수와 헤어진 단수는 여전히 단수다. 그러니 아무것도 잃은 것은 없다. 구름과 어제가 지나갔을 뿐."

1) 결핍은 중독을 낳는다

문제는 이러한 관계에 결핍이 발생한다는 점이다. 누구나 관계의 욕구는 가지고 있지만 그 관계를 채울 수 있는 방법도 상대도 찾지 못하는 경우가 허다하기 때문이다. 사랑을 받을 줄도 모르고 사랑을 할 줄도 모른다. 이를 지그문트 프로이트 Sigmund Freud는 '문명 속의 불만'이라고 불렀다. "게다가 불행을 경험하기는 훨씬 쉽다. 다음의 세 방향에서 오는 고통이 우리를 위협하고 있기 때문이다. 첫째는 우리 자신의 육체—이것은 결국 썩어 없어질 운명이고, 그나마도 고통과 불안이 경고 신호를 보내지 않으면 살아갈 수 없다. 둘째는 외부 세계—이것은 압도적이고 무자비한 파괴력으로 우리를 덮칠 수 있다. 셋째는 타인들과의 관계—우리에게 가장 고통스러운 것은 아마 타인들과의 관계에서 오는 고통일 것이다. 우리는 이 고통을 불필요한 사족으로 생각하는 경향이 있지만, 사실은 다른 원인에서 오는 고통 못지않게 숙명적으로 불가피한 고통이다."*

문명 속의 불만은 관계에서 비롯한다

처음에는 그럭저럭 살아갔던 사람도 더 이상 버티지 못하고 만다. 관계의 결핍과 감정의 문제에서 오는 허전함을 사람들은 꾸역꾸역 다른 것으로 채우고 의존하려 한다. 대상을 찾지 못한 사람은 쉽게 관계를 물질로 치환해버린다. 사람들은 자신을 봐주고 아껴주고 사랑해줄 사람이 주변에 없기 때문에 술에, 마약에, 도박에, 게

---

* 지그문트 프로이트, 『문명 속의 불만(열린책들)』, 김석희 역, 249.

임에, 강아지에 대신 관계를 설정하는 것이다. 이것이 더 이상 스스로의 힘으로 통제가 안 되고 급기야 정상적인 생활마저 무너뜨리면 '중독'이라는 단어가 붙게 된다. 이처럼 인간관계를 대체한 모든 것이 중독이다. 중독은 관계의 결핍으로 초래된다. 사람들은 고통 없이 살아가는 삶이 행복한 삶이라고 착각한다. 그래서 자신의 인생에서 고통을 완전히 덜어내기 위해 열심히 노력한다. 좋은 대학을 나와 좋은 직업을 갖고 좋은 차를 사고 큰집으로 이사를 간다. 그러나 이 모든 것을 다 이루고 난 이후에도 관계의 고통은 늘 그렇게 남아 있다. 자신을 봐주고 아껴주고 사랑해줄 사람이 주변에 없기 때문에 술과 마약, 도박, 게임, 반려동물에 대신 관계를 설정한다.

술을 마시면 슬픔을 잊는다. 카지노에 앉아 있을 때만큼은 행복하다. 강아지는 주기만 할뿐 요구하는 게 없다. 이런 일방적 관계는 인간의 복잡한 심리적 문제를 모두 해결할 수 없다. 더 이상 스스로의 힘으로 통제가 안 되고 정상적인 생활마저 무너뜨리면 행동에 '중독'이라는 단어가 붙게 된다. 이처럼 인간관계에서 발생하는 상처, 부정 감정, 스트레스를 해결하는 방법을 몰라 다른 매개와 다른 방법으로 대체하는 모든 것이 중독이 된다. 중독은 관계의 결핍에서 발생한 인지부조화 현상이다. 이러한 중독의 문제는 두 가지 분모를 갖고 있다.

여타 중독

관계 결핍

정신분석학에서는 이를 대리물substitute이라는 개념으로 설명한다. 사람들은 언제나 실존적 위기와 상실, 존재의 허전함을 채우고 싶어 한다. 하지만 그 대상을 찾을 수 없고, 찾더라도 가질 수 없다. 그래서 사람들은 그 대상을 대체하는 사람이나 물건을 가지고 만족하는 법을 배운다. 물론 대리물로 욕망이 채워질 리 없다. 채워지지 않는 욕망은 불만으로 증폭된다. 이처럼 욕망의 대상을 프랑스의 철학자 라캉은 '오브제 쁘띠 아objet petit a'라고 불렀다. 프로이트를 수정적으로 계승한 그는 인간이 욕망하는 대상(A)을 찾을 수 없다는 의미에서 그 대상을 소문자 에이로 표현했다. 그래서 일찍이 라캉은 "성관계는 없다."는 파격적인 주장을 한 것이다. 판타지 속에서 갈망하는 그 섹스라는 건 이 세상에 존재하지 않는다. 마치 현실에서 완벽한 삼각형이란 존재하지 않는 것처럼.

한술 더 떠서 프랑스의 철학자 르네 지라르는 인간의 욕망이라는 건 모두 상대를 모방하는 것에서 출발한다고 말한다. 그는 기본적으로 인간의 자아를 만드는 것은 욕망이며, 욕망의 충족이 자아를 존속시킨다고 주장한다. 자아의 기원에 욕망이 있다는 것이다. 그런데 지라르는 그 자아의 욕망이라는 것도 모두 모방에서 기인한다고 말한다. 프랑스의 심리학자 장-미셀 우구를리앙Jean-Michel Oughourlian은 최근 거울 뉴런mirror neuron의 발견으로 인간의 욕망이 모방이라는 이러한 지라르의 주장을 과학적으로 뒷받침하고 있다. "욕망의 진정한 속성은 그 모방성에 있다. 하지만 우리는 이런 사실을 부인하면서, 우리가 영향을 받으며 끊임없이 모방하는 모든 것들을 경쟁자와 장애물로 여기게 된다. 욕망의 자발성과 독창성, 그리고 우리 자신의 자율성을 주장하기 위한 이런 줄기찬 저항은 지배욕과 억압, 경쟁만을 불러올 뿐이다. 따라서 욕망의 또 다른 진실은 욕망에는 항상 경쟁이 붙어 있다는 것이다. 그것은 타인과 똑같은 것을 욕망하면서도 타인의 욕망이 나의 욕망보다 먼저 있었다는 것을 부정하고 그를 내 욕망의 장애물로 여기기 때문이다. 그렇게 되면 타인은 나의 경쟁자가 되고 나는 이 경쟁자에게서 그가 욕망하는 것을 빼앗기 위해 그의 욕망을 한층 더 강하게 욕망하게 된다."*

---

* 장-미셀 우구를리앙, 『욕망의 탄생(문학과지성사)』, 김진식 역, 31.

결국 거울 뉴런을 가진 인간은 모방하는 인간, 즉 호모 리플리쿠스homo replicus들이며, 모방하는 인간이 대리물을 찾아 나선다는 대전제가 성립하는 것이다. 이런 결론은 "인간은 타인의 욕망을 욕망한다."라는 라캉의 결론과도 맞닿아 있는 것이다. 중독은 내가 욕망하는 것을 채울 수 없다는 불만에서 시작되고 대리물을 통해 깊어진다. 그러나 대리물은 진짜가 아닌 가짜일 뿐이다! 게다가 인간의 욕구는 자신이 대상을 만날 때 갖는 목적에 따라서 그 대상을 인식하고 생각하게 만든다. 즉 배가 고프다고 생각하면 식욕이 생기고 졸린다고 생각하면 수면욕이 생긴다. 결국 자신의 욕망에 의해 발생된 감정은 자신의 심리적 상태에 따라 발생될 뿐이지 대리물이 충족해 주는 것은 아니다.

인간이 중독을 해결하기 위해서는 자신의 마음과 심리를 공부하고 의식화하여 자신의 마음으로 세상을 들여다봄으로써 그 감정으로부터 자유로워지는 것을 배울 필요가 있고 이것이 자아실현이다. 현대인들은 수많은 정보로 인한 지혜와 지식으로 자유로워지는 게 아니라 더 큰 욕망에 의해 우울한 삶을 살아간다. 미국에 놀러간 지인의 SNS 사진을 보고 급우울해지거나 이번에 신형 외제차를 뽑았다는 친구의 소식에 괜히 불행해진다. 거짓 욕망이 불만을 낳고 그 불만은 대리물을 찾게 만든다. 예수는 말했다. "진리를 알지니

진리가 너희를 자유케 하리라. ” 결국 심리적 건강을 통한 올바른 사고와 가치관으로 구축된 진리는 이러한 욕망에서 진정한 자유를 얻게 한다. 필자는 지금 종교를 믿으라고 이야기하는 게 아니다. 모든 중독은 자신의 정서를 정확하게 알지 못하는 데에서 온다는 말이다.

거울 뉴런 → 모방 → 욕망 → 불만 → 대리물 → 중독

---

2) 중독의 두 가지 유형

관계의 결핍은 중독의 첫 단추다. 어그러진 관계는 문명 속의 불만을 낳고, 이는 중독으로 가는 첫 관문이 된다. 중독은 인지하지 못하는 순간 도둑처럼 찾아와 한 사람의 인생을 산산조각 낸다. 중독은 스스로 통제할 수도 없으며, 스스로 치료할 수도 없다. 필자는 자신이 중독에 빠졌다는 사실을 인정하지 않거나 혼자서 문제를 해결할 수 있다고 주장하는 이들을 종종 본다. 자신의 문제가 바깥으로 알려질까 두려워 쉬쉬하거나 전문가의 도움을 거부하는 사례도 흔하다. 상담실의 문을 두드리는 건 익명성 뒤에 숨을 수 있어 그나마 낫다. 도리어 알-아넌 같은 자조모임에 나가거나 집단상담 같은

공개 프로그램 참여하는 게 훨씬 어려운 일일지도 모른다. *

  알코올중독이나 마약중독 같은 심각한 중독에서부터 초콜릿중
독이나 카페인중독 같이 상대적으로 온건한 중독에 이르기까지 모
든 중독은 제때 적절한 치료가 필요하다. 누구도 중독의 구덩이에
서 스스로 빠져나올 수 없기 때문이다. 앞서 언급했던 P 역시 그렇
다. 바깥에서 손을 내밀어 그녀를 건져낼 구조자가 있었다면 그녀
는 중독이란 구덩이에서 기어 나올 수 있었을 것이다. 친구는 여러
번 그녀에게 조언을 주었지만 P는 귀담아 들으려고 하지 않았다.
이처럼 적절한 시기에 적절한 위치에 구조자가 있었다 하더라도 구
원의 손길을 P가 붙잡지 않는다면 구조는 요원하다. 마냥 행복하고
즐겁기만 하던 20대 초반의 여대생을 한순간에 자기파멸의 길로 몰
아넣은 관계중독이란 과연 무엇일까?

  국어사전에는 중독을 다음과 같이 정의하고 있다.

---

* 알-아넌: 알코홀릭 어나니머스(Alcoholic Anonymous)의 약자로 1935년 알코올중독자였던 밥
  스미스(Bob Smith)와 빌 윌슨(Bill Wilson)에 의해 미국 오하이오 주 애크론에서 시작된 단주친
  목모임이다. 금주 규칙으로 12단계와 12원칙이 유명하다.

- 생체가 음식물이나 약물의 독성에 의하여 기능 장애를 일으키는 일
- 술이나 마약 따위를 지나치게 복용한 결과, 그것 없이는 견디지 못하는 병적 상태
- 어떤 사상이나 사물에 젖어 버려 정상적으로 사물을 판단할 수 없는 상태

중독의 첫 번째 의미는 음식물이나 약물의 독성을 흡수하여 살아 있는 유기체가 기능적으로 장애를 일으키는 것을 뜻한다. 대표적인 것이 알코올과 마약일 것이다. 음주운전으로 패가망신하는 연예인들, 유명인들이 얼마나 많은가? 중독의 두 번째 의미는 이러한 음식물과 약물을 통해 벌어진 상태를 말한다. 알코올이나 마약에 절어서 그 물질이 없으면 도저히 고통스러워 견딜 수 없는 병적인 상태다. 소위 금단증상을 말한다. 나중에 다시 언급하겠지만, 금단증상은 중독을 가늠하는 매우 중요한 상태로 꼽힌다. 중독의 세 번째 의미는 물질중독이 아닌 행위중독을 가리키는 정의로 볼 수 있다. 이는 어떤 사상이나 사물에 젖어들어 도저히 정상적인 사고가 판단이 불가능해진 상태로 소위 '완전히 젖어들었다.' '인이 박혔다.'라는 표현이 여기에 해당될 것이다.

중독은 영어로 '애딕션addiction'이라고 하는데, 이 단어는 라틴어 '아딕티오addictio'에서 파생했다고 알려져 있다. 아딕티오는 주인

이 노예나 재산을 타인에게 양도하는 것을 일컫는 말로 제3자에게 아딕티오된 사람이나 재산은 더 이상 원래 주인이 그에 대한 소유권을 주장할 수 없는 상황을 의미한다. 16세기가 되면서 의미에 변화가 일어났는데, 이때부터 이 단어는 주로 공식적으로 구속되거나 의무감을 느끼는 일을 묘사하는 형용사로 사용되었다. 현대적 의미에서 애딕션이라는 용어를 처음 언급한 것으로 알려진 사람은 영국의 대문호 윌리엄 셰익스피어였다. 셰익스피어는 캔터베리 대주교가 헨리 5세의 신학에 대한 지식이 이전 취미들에 비해 향상되었다고 언급하면서 애딕션을 사용했다고 말했다. 공부도 중독의 일종이었던 것이다. 1779년에 가서는 담배나 아편에 중독된 상태도 애딕션으로 지칭되었고, '과거 마약 사용의 결과로 마약을 계속 복용하려는 충동과 필요'와 같이 구체적인 뜻으로 쓰인 용례는 1906년에 가서야 등장했다. 이 시점부터 애딕트addict라는 단어는 주로 특이한 습관이나 목표를 강박적으로 지향하는 사람을 가리키는 말로 쓰이기 시작했다.

중독에는 어떤 종류가 있을까? 우리가 익히 알다시피, 중독은 크게 물질중독과 행위중독으로 나뉜다. 물질중독substance addiction은 알코올이나 마약, 담배와 같은 특정 물질에 중독되는 상태를 말한다. 본드나 가스 같은 물질, 각성제, 신경안정제, 수면제 같은 향정신성

물질도 여기에 포함된다.* 반면 행위중독behavior addiction은 눈에 보이는 물질이 아닌 도박이나 섹스 같은 특정 행위에 중독되는 상태를 지칭한다. 처음에는 술이나 마약, 담배와 같은 물질중독만을 중독으로 보다가 1980년대 접어들면서 도박과 같은 행위중독도 중독의 하나로 이해되기 시작했다. 최근들이 게임중독이나 인터넷(온라인)중독처럼 컴퓨터가 등장하면서 새롭게 행위중독의 범위가 넓어졌다. 관계중독도 이러한 행위중독의 하나로 포함시킬 수 있다.**

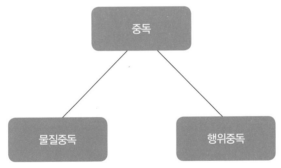

중독의 두 가지 종류: 관계중독은 행위중독에 속한다.

---

* 향정신성물질(psychotropic materials): 사람의 중추신경계에 작용하여 이를 남용할 때 인체에 심각한 위해가 있다고 인정되는 물질을 지칭한다. 주기적으로 복용하거나 흡입할 경우 환각이나 각성, 수면 또는 진정 등의 작용을 하기 때문에 우리나라에서는 마약류 관리에 관한 법률로 유통과 사용이 관리되고 있다.

** 물질중독과 행위중독에 관한 자세한 내용은 필자의 졸저『멈출 수 없는 즐거움의 민낯, 중독(한국청소년보호재단)』1장을 참고하라.

과거에는 연구자들이 주로 물질중독에만 초점을 맞추어 연구해 왔으나, 최근에는 서구를 중심으로 행위중독과 관계중독에도 다양한 연구들이 행해지고 있다. 특히 사회가 분화되면서 문화가 다양해지고 관계가 복잡해지며 도박과 섹스, 쇼핑, 식습관, 인터넷, 스마트폰, 종교 등에서 빈번한 행위중독의 사례들이 보고되고 있다. 하지만 관련 연구가 오래 전부터 진행되어 왔지만, 행위중독이 과연 질병이냐 아니냐에 대한 논란은 아직 명확하게 정리되지 못하고 있다. 일부에서는 행위중독이라는 건 없으며 그간 중독으로 규정되어 왔던 이상 행동들은 개인의 특이 성격이거나 감정 조절 실패의 결과에 불과하다고 주장한다. 그래서 현재까지 2013년 개정된 DSM-V에서 도박중독이 '중독성 질환'의 하나로 규정되었을 뿐 아직도 인터넷중독이나 게임중독, 쇼핑중독, 섹스중독, 관계중독 같은 개념들은 일상적으로 사용되고 있고 관련 연구도 꽤 누적되어 있으나 질병으로 정의되지는 못하고 있는 실정이다.

3) 중독의 진단

보통 중독은 유전적인 요인과 환경적인 요인으로 비롯된다고 알려져 있는데, 특정 유전자가 중독에 취약성을 가지고 있다는 연구 결과들이 많이 보고되어 왔다. 물론 유전적인 요인만으로 모든 물질중독과 행위중독의 발생을 설명할 수 없다. 스트레스나 분노를 유발하는 환경에 자주 노출된 사람이 그렇지 않은 사람보다 더 중독물질에 빠질 위험이 높다고 말할 수 있다. 아무래도 주변 사람들이 알코올이나 마약을 하는 환경에서 약물에 대한 노출이 쉽기 마련이다. 순기능 가정보다는 역기능 가정에서, 정상부모 가정보다는 편부모 가정에서 더 빈번한 중독 사례들이 보고된다. 이 밖에 우울증이나 낮은 자존감, 정신질환을 유발하는 성격을 가진 사람이 그렇지 않은 사람보다 중독으로 고통 받을 확률이 높다고 알려져 있다. 음주를 어린 나이(16세 이하)에 시작하면 성인이 돼서 음주를 시작한 경우보다 알코올중독으로 갈 위험이 높고, 사회적으로 남자가 여자보다 알코올중독의 비율이 높다는 연구결과도 있다.[*]

중독은 물질중독이든 행위중독이든 의존성과 내성, 금단증상이라는 특징을 공통적으로 갖는다. 특정 물질이나 행위에 중독되면 집착과 의존성이 만들어지며 중독물질이나 중독행위를 지속적으로 행하려는 특징을 띤다(의존성). 그리고 물질과 행위에 의존하는 과정이 시간이 가면 갈수록 점점 짧아지고 더 많은 양의 물질이나 더 긴 시간의 행위에 탐닉하게 된다(내성). 이전과 같은 효과를 얻기 위해서는 알코올이나 마약의 양을 늘려야만 한다. 또한 이전에

---

[*] 박수경, 변상해 『멈출 수 없는 즐거움의 민낯, 중독(한국청소년보호재단)』 2장을 참고할 것.

는 특정 물질이나 행동을 일주일에 한 번 정도 원했다면, 내성이 생기면서 일주일에 두 번, 세 번, 네 번 점차 원하는 빈도수도 증가한다. 이런 상태에서 물질과 행위를 끊게 되면 불안과 우울, 초조함, 신경질과 짜증 같은 심리적인 증상, 두통과 어지러움, 집중력 저하, 구토, 신열, 통증, 소화불량, 졸음, 발한 같은 생리적 증상을 동반한다(금단증상). 이 3대 특징은 사슬처럼 연결되어 있으며, 연결고리를 끊지 않으면 더 심한 중독에 빠진다. 물질에 대한 의존이 생기고, 의존은 내성을 불러오며, 내성은 그 물질을 끊었을 때 금단증상을 유발한다.

의존 → 내성 → 금단증상

내성은 크게 대사적 내성과 행동적 내성, 기능적 내성으로 나뉘는데, 이는 모두 인체의 항상성homeostasis을 지키려는 작용이다. 가장 일반적인 대사적 내성은 체내에 중독물질을 빠르게 제거하는 방식으로 이뤄진다. 반면 행동적 내성은 신체가 중독물질을 빠르게 적응하는 방식으로 작용한다. 마지막으로 기능적 내성은 신체가 중독물질에 덜 반응하도록 적응하는 방식으로 일어난다. 어떤 방식이든 내성은 신체가 더 많은 중독물질을 요구하고(용량↑) 더 자주 중

독물질을 하도록(빈도↑) 만드는 메커니즘을 갖는다. 내성과 함께 금단증상 역시 중독물질을 끊지 못하게 만드는 요인이다. 보통 어떤 물질의 중독성은 금단증상의 유무와 강도로 표현된다. 금단증상이 더 세게, 더 지속적으로 이어질수록 그에 비례해서 물질의 중독성이 강하다고 할 수 있다. 금단증상은 신체적 금단증상과 정신적 금단증상으로 나뉘는데, 전자는 두통이나 구역질, 설사, 경련, 발한, 호흡 곤란, 발작을 포함한다. 반면 정신적 금단증상은 불안과 초조, 불면증, 집중력 저하, 우울증, 사회적 고립감, 무력감 등으로 나타난다. 심한 경우 금단증상으로 인해 자살하는 환자들도 있다.

모든 중독은 의존성과 내성, 금단증상이란 특징을 갖는다

중독물질에 대한 의존은 내성을 동반하고 내성이 쌓이면 금단증상을 보인다. 물질을 끊으려고 시도할 때마다 강한 금단증상이 신체와 정신을 마비시킨다. 그러면 중독자는 다시 물질에 의존할 수밖에 없다. 그 의존은 더 깊은 내성을 신체에 남기고, 층층이 쌓인 내성은 더 깊은 금단증상을 불러온다. 이렇듯 중독은 의존→내성→금단증상이라는 사이클이 무한 반복하며 중독자를 더 깊은 나락으로 떨어뜨리게 된다. 관계중독 역시 마찬가지다. 상대방에 대한 의존은 깊은 내성을 동반하고, 내성은 관계를 절연하지 못하도록 막

는 금단증상을 불러온다. 정상적인 사회활동이 불가능해질 정도로
금단증상은 강력한 위력을 발휘한다.

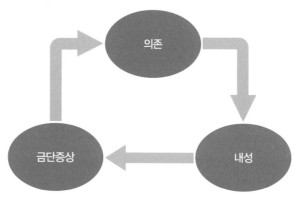

모든 중독의 사이클은 동일하다.

02 한없이 낮은
자존감의 역습

요즘처럼 일상에서 중독이라는 단어를 많이 쓰는 때도 드물었던 것 같다. 문화적으로 조금만 인기를 끌어도 '중독적'이니 '마약'이니 호들갑을 떤다. 가는 곳마다 '마약'을 달고 있는 상품들을 본 어느 외국인이 전에는 한국이 마약 청정국인 줄 알았는데 와서 봤더니 마약 천국이라고 혀를 내두르는 걸 모 TV 예능에서 본 적이 있다. 웃어넘기기에는 심상치 않을 정도로 한국인들은 중독을 입에 달고 산다. 이제는 물질중독을 넘어 관계에 이르기까지 중독을 입버릇처럼 말한다. 너무 많은 사람들이 일반적으로 사용하지만 물어보면 실상 정확히 알지 못하는 관계중독, 과연 관계중독은 무엇일까?

1) 관계중독이란 무엇인가

조관우의 「늪」이라는 노래가 있다. 화자는 끊임없이 멈추고 싶고 돌아서고 싶지만 더 이상 몸이 말을 듣지 않는 관계중독의 상태를 늪에 비유하고 있다.

멈출 수가 없었어, 그땐. 돌아서야 하는 것도 알아.
기다림에 익숙해진 내 모습 뒤엔 언제나 눈물이 흐르고 있어.
(오늘 밤 내 방엔) 이미 나는 (파티가 열렸지) 늪에 빠진 거야.

마약과 알코올에 대해서는 경계의 끈을 놓지 않으면서 관계는 대수롭지 않게 여기는 경우가 많다. 혹자는 관계중독이 과연 중독에 포함될 수 있느냐를 두고 명확한 정의와 평가가 내려지기 힘들다고 말한다. '과연 어디서부터 어디까지를 관계중독이라고 볼 수 있는가?' 하루라도 안 보고 못 배기는 관계가 관계중독인가, 일주일에 과연 몇 번 섹스를 해야 중독이 아닌가?' 한편으로 선을 긋기가 참으로 애매하다. 산속에 들어박혀 사는 자연인이나 교도소에 감금된 재소자들처럼 특수한 경우를 제외하고는 이 세상에 관계를 맺지 않고 살아가는 사람이 없기 때문이다. 심지어 관계중독이라는 용어를 한 번도 들어보지 못한 사람도 있다.

그럼에도 불구하고 관계중독도 엄연히 중독의 하나로 여길 수밖에 없는 세 가지 공통된 특징을 꼽을 수 있다. 첫째, 알코올이나 마약 같은 물질중독처럼 관계중독 역시 한 사람 혹은 특정 관계에 대한 갈망과 의존이 분명 존재하고 있으며, 둘째, 술을 끊으면 손이 떨리거나 정신을 집중하지 못하는 것과 마찬가지로 관계에 대한 갈망을 인위적으로 중단하려고 할 때마다 어김없이 금단증상이 발생하고 있으며, 셋째, 결국 그 갈망을 개인이 통제하거나 제어할 수 없어서 일상생활에 막대한 지장을 초래하고 있다는 사실이다. 결국 술을 끊지 못해 다시 숨겨놓은 소주를 찾는 알코올중독자처럼, 관계중독자 역시 정상적인 생활이 불가능할 정도로 관계를 찾아 끊임없이 뒷골목을 배회한다.

- 관계에 대한 갈망과 감정의 의존
- 관계 단절 시 찾아오는 금단증상
- 통제 불능으로 일상생활에 지장 초래

필자는 개인적으로 알코올중독자를 상담할 기회가 종종 있는데, 그들이 갖는 중독의 특징들이 그대로 관계중독에도 나타나는 것을 자주 본다. 술을 입에도 대고 싶지 않지만 음주에 대한 충동을 제어할 수 없어 자꾸 실수를 저지르게 되고, 이로 인해 회사에서도 해고당하고 가족도 처참히 깨지는 한 중년의 남성을 상담한 적이 있다. 그는 필자만 만나면 똑같은 하소연을 한다. "소장님, 누군들 술을 마시고 싶겠어요? 저도 미치겠어요. 어쩔 수 없이 손이 간다니까요." 그는 술 문제로 여러 번 재활병원을 들락거렸고 음주운전으로 실형을 받기도 했다. 그럼에도 정신을 못 차리고 자꾸 술에 손을 대곤 했다. 그에게 이제 술은 쾌락의 물질이 아니라 고통을 유발하는 물질로 둔갑했다. 그럼에도 그는 술을 끊지 못했다.

관계중독 역시 알코올중독과 같다. 인간관계에서 감정적 의존 관계에 빠져 시간과 돈을 잃고 나중에는 몸에 병도 얻어 정상적인 사회생활이 불가능해질 정도가 된다. 상대방을 만나지 못하면 공허감과 불안증, 우울증, 공황장애 등 심리적 금단증상을 호소한다. '아, 내가 이러면 안 되지.' 관계를 끊으려고 해도 더 이상 자신의 의지나 노력으로 상대방을 만나지 않거나 연락을 단절할 수 없는 자신을 발견한다. 이미 병적인 관계로 인해 직장과 다른 인간관계가 모두 무너졌지만 스스로 문제를 해결하지 못하고 발버둥 칠수록 더 깊은 관계의 늪에 빠지고 만다. 앞서 말한 P 역시 관계중독의 희생양이 되었다.

관계중독도 엄연히 중독의 일종이다

이러한 여러 가지 특성들을 감안할 때, 분명 관계중독은 중독의 일종이다. 특히 관계중독은 표면적인 징후가 명확하지 않아 병식을 특정할 수 없기 때문에 물질중독에 비해 예후도 나쁘고 결과도 훨씬 치명적이다. 또한 관계중독의 범주는 정의와 특성에 따라 매우 넓기 때문에 효과적인 치료법을 찾는 것조차 쉽지 않다. 어떤 상담가는 관계중독을 사랑중독과 사람중독에 한정하는 반면, 어느 유명한 상담가는 성중독을 포함해야 한다고 주장하기도 한다. 범주를 넓게 잡아 남녀뿐 아니라 모든 인간관계에서 벌어지는 중독과 유사한 병리적 현상을 모두 관계중독으로 봐야 한다는 학자들도 있는 실정이다. 그렇다 보니 적절한 치료를 받지 못하고 시기를 놓치는 경우가 많다.

관계중독은 과연 언제부터 연구되어온 걸까? 관계중독은 앤 윌슨 셰프Anne Wilson Schaef에 의해 '공의존共依存'이라는 개념으로 연구되기 시작했다. 그녀는 알코올중독자를 돌보는 배우자나 보호자에게서 보이는 특정 심리에서 공의존condependency이라는 개념을 끌어냈다. '공의존' 또는 '공동의존' '동반의존'이라고 불리는 이 개념

은 알코올중독자의 배우자나 보호자가 상대방에게서 벗어나지 못
하고 집착하거나 의존적으로 굳어지는 현상을 말한다. 공의존의 위
험성은 본인이 그것을 인지하기 매우 어렵다는 데에 있다. "이렇게
동반중독(공의존)이란 아주 은밀하고 교묘하다. 게다가 우리 문화
에서는 이것이 사람마다 다르게 인지되기 때문에, 알아차리기도 쉽
지 않다. 예컨대 알코올중독이나 다른 중독들은 대체로 모두에게
부정적 또는 나쁜 것으로 간주되지만, 동반중독은 오히려 사람들에
의해 적극 조장되는 면이 있다. 그래서 동반중독자들은 자신의 질
병을 치유해야 할 필요성조차 잘 느끼지 못한다. 왜냐하면 이 질병
이 우리의 문화를 지지할 뿐 아니라 역으로 사회 문화에 의해 지지
받기도 하기 때문이다."※

  그러면서 섀프는 공의존의 특징을 다음과 같이 정의했다. 공의존
은 첫째 남(중독자)을 돌보려고 한다. 둘째 매우 낮은 자존감을 가
지고 있다. 셋째 자신을 드러내거나 표현하지 않기 위해 감정을 억
압하려고 한다. 넷째 특정 관계에 강박을 가질 수 있다. 다섯째 스
스로 힘들어 하면서도 벗어나려 하지 않고 상대의 통제를 받거나
상대를 통제하려고 한다. 여섯째 자신이 처한 현실을 애써 부정하

※ 앤 윌슨 셰프, 『중독사회(이상북스)』, 강수돌 역, 73.

고 무시하려고 한다. 일곱째 자신의 삶에 대해 불안해하면서 상대에게 의존하려고 한다. 여덟째 보통 의사소통에 매우 서투르다. 아홉째 겉으로 그렇게 보이지 않지만 삶의 원칙이나 기준이 남들보다 미약한 경계를 가지고 있다. 열째 타인을 신뢰하지 못한다. 열한째 분노에 익숙하지만 밖으로 표출하지 못한다. 열두째 성적 문제를 경험하지만 이를 인정하기 어려워한다. 열셋째 지나치게 책임을 지려하면서 동시에 책임을 방기하거나 회피한다.

특히 셰프는 공의존자에게서 보이는 완벽주의가 관계에서 스스로를 고문하고 학대하는 기제로 사용되는 상황을 종종 언급했다. "완벽주의는 최고의 자학이다." 완벽주의라는 함정에 빠지면 일차적으로 자기 자신을 힘들게 하며 이차적으로 상대방까지 얽어맨다. 비록 겉으로는 많은 것을 성취하고 자신감이 있어 보이지만, 실제로 내면은 불안과 열등감에 시달리고 있다는 것이다. 한편 미국의 정신과의사 티먼 서맥Timmen Cermak은 1980년대 공의존을 하나의 질병으로 규정하면서, 이를 DSM-III 성격장애 항목에 포함시켜야 한다고까지 주장했다. 그는 다음의 기준들을 제시하며 공의존을 질병으로 정의했다. 하지만 서맥의 이러한 기준들은 임상으로 뒷받침되는 데 실패했고 결국 공식적으로 등재되는 데까지 이르지 못했다.

- 심각하고 나쁜 영향이 일어나는데 자신과 타인을 통제하는 능력에 대해 계속 자부심을 느낌
- 자신의 필요보다는 타인의 필요를 충족시키는 데 책임을 지려고 애씀
- 친밀과 분리와 관련된 불안과 경계 왜곡
- 성격장애, 약물의존, 또 다른 사람과의 공의존, 충동장애 개인과의 관계에 얽혀 듦
- 다음 사례 중 3개 이상인 경우
  - 자기절제에 대한 과도한 믿음
  - (극도의 감정 폭발이 있거나 없는 상태에서의) 감정 속박
  - 우울증
  - 과도한 경계
  - 강박증
  - 불안증
  - 약물 남용
  - 반복되는 신체적, 성적 학대의 피해자였거나 여전히 지금도 그러함
  - 스트레스 관련 질병
  - 외부에 도움 요청 없이 최소 2년 동안 약물중독자와의 일차적 관계(부부)에 머무름

1986년, 멜로디 비에티Melody Beattie는 공의존 개념을 본격적으로 관계중독으로까지 확대했다. 그녀의 책은 우리나라에도 소개되어 있다. 그녀는 공동의존자를 자신의 책에서 이렇게 정의했다. "공동의존자란 상대방의 행동이 자신에게 영향을 미치도록 허락한 사람이자 그 상대방을 통제하고자 고심하며 집착하는 사람이다."* 책

※ 멜로디 비에티, 『공동의존자 더 이상은 없다(학지사)』, 김혜선 역, 72~73.

에서 그녀 스스로를 공동의존자로 규정하며 어떻게 자신이 관계중독에서 벗어났는지 실증적이고 체험적인 내용들을 소개했다. 섀프가 철학적이라면, 그녀의 정의는 매운 단순하면서도 실증적이다.

"공동의존은 상대방이 어떤 문제를 겪고 있는지와는 상관없이 우리에게 고통을 주는 사람들에 대해 그리고 우리 자신에 대해 생각하고 느끼고 행동하는 습관의 틀과 깊은 관련이 있다. 공동의존의 행동이나 습관은 자기 파괴적이다. 우리는 자기 자신을 스스로 파괴하는 사람에게 자주 반응한다. 또한 우리는 우리 자신을 파괴하는 방법을 배우면서 반응한다. 이러한 습관은 파괴적인 인간관계, 더 이상 지속해야 할 의미가 없는 인간관계 속으로 우리를 이끌며 거기에 우리를 가두어 버린다. 또한 그 습관은 우리가 다르게 반응했다면 지속할 수 있을 인간관계조차도 파괴한다. 우리는 그러한 습관적 행동 때문에 우리 삶의 가장 중요한 존재인 우리 자신 안에서 어떤 평화와 행복도 발견할 수 없게 된다. 오직 우리 각자가 통제할 수 있는 유일한 사람, 우리가 변화시킬 수 있는 유일한 사람, 즉 우리 자신만이 이러한 행동을 해결할 수 있다. 그 행동은 우리의 문제다."*

---

* 멜로디 비에티, 『공동의존자 더 이상은 없다』, 77.

1986년, 알-아넌을 모방하여 두 명의 부부상담사 켄과 메리Ken & Mary에 의해 공의존자들을 위한 자조 모임 코다CoDA가 발족되었다.* 오늘날 코다는 미국에서만 1,200개 이상의 조직이 활동하고 있으며 40여 개국에 지부를 가지고 있는 세계적인 단체로 성장했다. 코다는 공의존자나 관계중독자를 정의하려고 하지 않으며, 그들이 행동으로 보여주는 공통된 특징들을 제시하려고 한다. 코다가 제시하는 특징들 중에는 현실 부정과 낮은 자존감, 문제 회피, 순응, 통제 등이 있다. 다음은 공의존자들이 보이는 행동의 특징이다.

공의존 개념을 연구한 셰프(좌)와 비에티(우)
(출처: google.com)

---

* 코다: Co-Dependents Anonymous의 약자로 공의존자들의 자활을 돕기 위해 만들어진 치유 프로그램이다. 첫 모임이 1989년 열렸다.

현실 부정 denial	• 나는 내 감정을 정의하는 데 어려움을 겪고 있다. • 나는 내 감정을 축소 및 변경하거나, 부정하고 있다. • 나는 남을 위해 무아적 헌신을 하고 있다고 느낀다. • 나는 남의 감정과 필요에 크게 공감하지 못한다. • 나는 남에게 내 부정적인 기질들로 꼬리표를 단다. • 나는 남의 도움 없이도 스스로를 돌볼 수 있다. • 나는 분노와 농담, 고립과 같은 방법으로 자신의 고통을 가린다. • 나는 간접적이고 수동적인 방법으로 부정적이고 공격적 감정을 표현한다. • 나는 내가 끌리는 사람들이 쓸모없다는 걸 알지 못한다.
낮은 자존감 low self-esteem	• 나는 결정을 내리는 데 어려움을 겪는다. • 나는 내 생각과 말, 가혹한 행위가 결코 충분치 않다고 판단한다. • 나는 인정과 칭찬, 또는 선물을 받으면 당혹스럽다. • 나는 내 생각과 감정, 행동에 대한 남들의 평가를 내 평가보다 높게 친다. • 나는 내가 사랑스럽거나 가치 있는 사람이라고 생각하지 않는다. • 나는 마땅히 받아야 할 인정을 받기 위해 끊임없이 노력한다. • 나는 내 실수를 인정하기가 어렵다. • 나는 남들의 눈에 올바르게 보이려고 하고 좋아 보이기 위해 거짓말을 한다. • 나는 남들에게 내 요구나 욕구를 충족시켜 달라고 요청할 수 없다. • 나는 자신이 다른 사람들보다 우월하다고 생각한다. • 나는 남들이 나에게 안정감을 줄 거라고 기대한다. • 나는 프로젝트를 시작하거나 마감일을 맞추고 완료하는 데 어려움을 겪는다. • 나는 건전한 우선순위를 정하는 데 어려움을 겪는다.
순응 compliance	• 나는 매우 성실해서 위험한 상황에 너무 오래 머물러 있다. • 나는 거절이나 분노를 피하려고 내 가치관과 진실성을 타협한다. • 나는 남들이 원하는 것을 하려고 내 이익을 제쳐둔다. • 나는 남들의 감정에 대해 극도로 신경 쓰고 그들의 감정을 떠안는다. • 나는 내 신념과 의견, 감정이 남들과 다를 때 그것들을 표현하는 게 두렵다. • 나는 사랑을 원할 때 성적 관심을 수용한다. • 나는 결과를 고려하지 않고 결정을 내린다. • 나는 남들의 인정을 받거나 변화를 회피하려고 진리를 포기한다.

통제 control	• 나는 대부분 스스로를 돌볼 능력이 없다고 믿는다. • 나는 남들에게 무엇을 생각하고, 행동하고, 느껴야 하는지 설득시키려고 한다. • 나는 질문을 받지 않고도 자유롭게 남들에게 조언과 방향을 제시한다. • 나는 남들이 내 도움이나 충고를 거부할 때 화가 난다. • 나는 영향을 주려는 사람들에게 선물과 호의를 아끼지 않는다. • 나는 인정과 인정을 받기 위해 성적 관심을 이용한다. • 나는 남들과 관계를 맺기 위해 필요한 사람이어야만 한다. • 나는 내 필요를 남들이 충족시켜주어야 한다고 요구한다. • 나는 매력과 카리스마를 이용하여 남들이 내 보살핌과 자비를 확신하게 한다. • 나는 비난과 수치심을 이용하여 남들을 감정적으로 착취한다. • 나는 협력과 타협, 혹은 협상을 거부한다. • 나는 결과를 조작하려고 무관심과 무력감, 권위 또는 분노의 태도를 취한다. • 나는 남들의 행동을 통제하기 위해 회복 기간을 이용한다. • 나는 내가 원하는 걸 얻기 위해 남들에게 동의하는 척 한다.
회피 avoidance	• 나는 남들이 내게 거부와 창피를 주고 화를 내도록 하는 방식으로 행동한다. • 나는 남들이 어떻게 생각하고, 말하고, 행동하는 바를 가혹하게 판단한다. • 나는 거리를 유지하려고 정서적이고 육체적, 또는 성적 친밀감을 회피한다. • 나는 사람과 장소, 사물에 대한 내 중독이 인간관계에서 친밀감을 얻는 것을 방해하도록 내버려둔다. • 나는 갈등이나 대립을 피하려고 간접적이고 회피적인 의사소통을 한다. • 나는 회복의 모든 기회들을 거부하여 건강한 관계를 맺는 능력을 감소시킨다. • 나는 내 감정이나 상처받기 쉬운 감정을 피할 필요를 억누른다. • 나는 사람들을 내 쪽으로 끌어당기면서 그들이 가까이 오면 그들을 밀어낸다. • 나는 나보다 큰 권력에 굴복하지 않으려고 내 의지를 포기하기 거부한다. • 나는 감정을 표출하는 게 나약함의 표시라고 믿는다. • 나는 감사를 표현하기 주저한다.

2) 관계중독의 진단

관계중독은 정확한 진단을 내리기 쉽지 않다. 중독 여부를 진단할 수 있는 건 임상을 거친 전문적인 의료인이나 오랜 상담 경험을 가진 현직 상담자들뿐이다. 물질중독처럼 겉으로 드러나는 징후가 분명치 않은 경우가 많기 때문에 아무도 섣불리 관계중독을 단정할 수 없다. 앞서 말한 P의 경우도 그러했다. P와 10회에 걸친 집중 상담을 진행하면서 하루는 그녀가 공의존증에 붙들려 있다는 사실을 적나라하게 보여주었더니 갑자기 필자 앞에서 펑펑 울기 시작했다. 이유를 물으니 속절없이 상대 남자에게 붙들려 있었던 2년이라는 세월이 너무 아쉽고 속상해 운다. 하지만 필자는 P에게 눈물을 닦게 하고는 경고 아닌 경고를 했다. "지금부터가 중요해요. 관계중독은 다른 어떤 중독보다 끊거나 완전히 벗어나는 게 더욱 어렵기 때문이죠." 필자는 실컷 상담 받고도 돌아가서는 일주일도 안 돼서 다시 남자의 전화를 받고 버선발로 뛰어나가는 여성 내담자들이 그간 너무 많았다. P도 그런 내담자들과 같은 실수를 반복하지 않기를 바랐다.

하지만 불길한 예감은 언제나 사실로 판명된다. 네댓 번 상담에 잘 응하던 그녀는 필자에게 별다른 연락도 없이 상담실에 발길을 뚝 끊었다. 안부가 궁금해서 개인적으로도 연락을 취해 보았지만 번호를 바꾸었는지 아예 연결이 되지 않았다. 그렇게 1년의 시간이 흘러갔다. 필자도 바쁜 업무와 다른 내담자들로 인해 서서히 그녀에 대한 기억이 잊힐 때쯤 당시 함께 상담소를 찾았던 P의 친구로부터 오랜만에 연락이 왔다. "소장님, P 소식 들으셨어요?" 전화선을 타고 들려오는 친구의 목소리에는 한껏 슬픔이 역력하게 묻어났다. "아뇨, 못 들었어요. 무슨 일 있나요?" "소장님, 걔가 작년에는 학교도 때려치우고 사라지더니 저번 주에서야 저한테 연락이 왔어요. 지금 자기 광주에서 산다고, 지난달에 애 낳고 너무 서러워서 저한테 연락한다고, 산후 조리도 못하고 있는데 한 번 와줄 수 있냐고…."

자초지종을 들었을 때 필자에게 퍼뜩 공의존자의 비참한 말로가 그려졌다. 관계중독에 빠진 사람은 남도 자신도 모두 불행한 삶을 살게 된다. 제때 상담을 통해 왜곡된 심리를 교정하고 적절한 치유를 받지 않으면 대부분 지옥 같은 현실에 매몰되고 만다. "소장님, 저 KTX 타고 내려갈 건데 무리한 부탁인 건 알지만 혹시 같이 가주실 수 있으세요?" 친구의 간절함에 잠시 갈등했지만 상담 예약에 대학교 강의까지 빡빡하게 잡혀 있던 터라 안부와 함께 만나면 전화 한 번 달라고 할 수밖에 없었다. 물론 연락은 없었다. 이후로도 P에게서나 친구에게서 아무런 연락을 받지 못했다. P의 사례를 겪고 공의존과 관계중독의 위험성을 꼭 알려야겠다는 생각에서 이 책의 기획은 시작되었다. 이러한 필자의 진심이 이 책을 읽는 독자들에게 전달되었으면 좋겠다.

전문적인 진단은 가까운 상담실이나 병원을 찾는 것이 제일 좋겠지만, 이 책을 읽는 독자들 중에 바로 자신이 관계중독자나 공의존자인지 아닌지 확인하고 싶다면 다음의 간단한 자가진단 항목에 체크해보자. 문항을 읽고 가능한 솔직하게 '예'나 '아니오'로 답을 체크하는 게 요령이며, 각 문항을 곱씹어 생각하거나 '바람직한 방향'을 미리 설정해두고 거기에 맞게 체크하면 정확한 자신의 현재 정서 상태를 알 수 없게 된다.

위 항목에서 12~16개의 '예'가 나오면 심각한 관계중독이라고 볼 수 있다. 7~11개의 '예'가 나오면 관계중독 예비 단계로 볼 수 있다. 위 진단표는 전문적이거나 임상에서 활용되는 자료는 아니지만, 필자가 오랜 기간 관계중독에서 허우적대는 내담자들을 상담하면서 경험했던 그들의 특징을 열여섯 개의 항목으로 정리한 것이기 때문에 신빙성은 충분하다고 자부한다.

항 목	예	아니오
1. 하루 종일 관계만 떠올린다.	☐	☐
2. 새로운 관계를 찾아 늘 사람들을 만난다.	☐	☐
3. 길가는 사람 아무와도 관계를 가지고 싶다.	☐	☐
4. 언제나 지나치게 쉽게 사랑에 빠지는 편이다.	☐	☐
5. 관계(친구, 연인)는 내 인생에서 가장 중요한 요소다.	☐	☐
6. 비어있는 시간을 늘 사람 만나는 것으로 채우려 한다.	☐	☐
7. 관계가 없으면 마치 세상이 모두 다 끝나버린 것만 같다.	☐	☐
8. 언제나 내 기분보다는 상대방의 기분을 맞추려고 애를 쓴다.	☐	☐
9. 관계를 유지하려고 시간과 돈을 너무 많이 허비하는 것 같다.	☐	☐
10. 관계에서 오는 감정 기복을 조절하려고 노력하지만 실패한다.	☐	☐
11. 혼자 있는 것이 너무 싫어서 아무라도 만나고 싶을 때가 있다.	☐	☐
12. 관계 때문에 간혹 다른 관계(가족, 친구)가 깨어질 때가 있다.	☐	☐
13. 당장 상대방을 만나지 않으면 미칠 것 같은 생각이 들 때가 있다.	☐	☐
14. 주변에 나를 원하는 사람이 없으면 자신이 무가치하다고 느껴진다.	☐	☐
15. 관계에 시간을 너무 빼앗기지 않으려고 노력하지만 번번이 실패한다.	☐	☐
16. 관계를 유지하기 위해서 인생에서 더 중요한 것들을 포기할 때가 많다.	☐	☐

자학이 과해지면
망상적 관계가 시작된다

필자는 오랜 시간 부부상담과 외도상담을 해오고 있다. 자연스럽게 수많은 부부의 갈등과 성문제에 깊이 천착해왔다. 그 와중에 얼마나 많은 사람들이 감정과 심리적인 문제에 시달리며 지옥 같은 삶을 살고 있는지 체감하고 있다. J(40대)가 바로 그랬다. 필자의 상담소를 찾았을 때, J는 사회적으로 성공한 중년 남성이었다. 외국에서 박사학위를 받고 국내에서 전문가로 자처하며 명사가 되었다. 그러던 그가 여러 번의 외도와 성기능 장애로 불거진 부부문제로 아내와 함께 상담실을 찾았다. 유튜브를 보고 관계중독의 위험성을 알게 되었고, 그 영상을 보면서 자신의 외도와 성문제를 해결할 수 있을 거라는 희망을 가지고 상담센터에 방문하게 되었다고 했다. J의 사연은 다음과 같다.

"전 정말 아내를 사랑합니다."

외도를 밥 먹듯 하던 남자의 입에서 튀어나온 첫마디였다. 자신은 아내와 6년간 뜨거운 연애를 한 후 결혼에 골인하여 20년이 지나는 동안 아내를 사랑하지 않은 적이 단 한 번도 없었다고 자랑했다. "그런데 제가 왜 이런지 모르겠습니다." 반복적 외도로 발기불능과 불감증이 왔고 자신의 이런 문제 때문에 너무 힘들어하는 아내를 위해 정말 이혼이라도 해줘야 하는 건지 고민이라고 했다. 옆에 앉아서 남편의 말을 듣고 있던 아내는 울면서 말했다. "소장님, 이제 더는 못 버틸 것 같아요. 성격이 나쁜 건 참고 살 수 있지만 남편이 외도하는 건 제 자신에게 너무 큰 수치와 고통입니다." 말이 끝나기가 무섭게 남편은 이렇게 말을 받는다. "저 또한 차라리 바람을 피운 여자하고는 한 이불 덮고 살아도 매일같이 분노하고 화내는 아내와는 더 이상 살 수 없을 것 같습니다." 둘은 팽팽한 줄다리기를 하는 것 같았다. 이 부부의 문제는 과연 무엇일까?

"남편의 외도를 막아보려고 안 해본 게 없을 정도입니다. 역술인을 찾아가 굿도 해보고, 교회를 찾아가 기도도 했어요. 어디 그뿐인가요. 나한테 성적 만족이 없어서 그런가 싶어 병원에 가서 질 성형에 가슴 수술까지 했어요. 밤마다 아무리 꾸미고 애교를 떨어도 어떤 이유인지 저한테 손가락 하나 대지 않더군요. 좌절은 이루 말할 수 없었어요. 결국 이혼서류를 내던지며 별거를 선언했지요. 그때마다 남편은 잘못했다 잘해보겠다 싹싹 빌었지만 얼마 안 가서 다시 외도를 일삼았습니다. 그래서 이번에는 남편에게 아예 신경을 쓰지 않기로 마음먹었죠. 남편도 시간이 지나면 잘못을 깨닫고 돌아올 거라고 생각했습니다. 그런데 신경을 안 쓰니 이제는 마음 놓고 외도를 하더군요. 정말 화가 났습니다. 한 번은 복수하는 심정을 맞바람을 피울까 생각도 했지만 거기까지는 아니라고 생각했어요. 남편의 외도를 해결하기 위해 해볼 짓 안 해볼 짓 다 했어요. 이제 더 이상 후회도 없어요. 여기서 치료가 되지 않는다면 이혼할 생각입니다."

이 부부의 사연을 들으며 참으로 안타까웠다. 외도의 문제를 해결하기 위해 아내는 해볼 거 다 해봤다는데 남편의 심리는 점점 더 이상해져 있었고, 아내의 심리 또한 매우 불안정했다. J와 그의 아내가 이런 인생의 막다른 골목에 내몰린 이유는 무엇일까? 이유는 바로 문제를 엉뚱한 방향에서 해결하려고 했기 때문이다. 아내는 남편에게 인정을 받고 싶어 했다. 돈이나 일 같은 현실적인 문제는 스스로 해결할 수 있지만, 관계나 심리는 결코 혼자 해결할 수 없다. 아내는 자신의 이야기를 들어줄 남편이 필요하고, 남편은 자신의 사랑을 받아줄 아내가 필요하다. 이 관계가 비뚤어질 때 관계중독이 엄습한다.

관계중독은 왜 일어나는 걸까? 아마도 인정 욕구에서 그 원인을 찾을 수 있을지 모른다. 독일의 사회학자 악셀 호네트Axel Honneth는 인간이라면 누구나 인정을 받으려는 욕구가 있다고 말한다. 여기서 인정recognition이란 무엇인가? 별다른 게 아니다. 남으로부터 자신의 존재이유와 가치를 보장받는 것이다. 호네트는 인간이 정서적 존재로, 혹 권리의 소유자로, 아니면 사회의 일원으로서 인정받을 때 비로소 자기실현에 도달할 수 있다고 보았다. 관계 속에 살아가는 인간에게 인정은 성공적인 삶을 살아갈 수 있는 사회적 기반이자 필수 전제조건이라는 것이다. 그는 이처럼 누구나 가지고 있는, 삶의 가치를 향한 인정 욕망의 몸부림을 소위 '인정 투쟁Kampf um Anerkennung'이라는 개념으로 정의했다.

1) 관계중독과 감정의존

호네트의 주장은 복잡하지 않다. 그가 말한 인정은 개인이나 집단의 자기의식이나 정체성과 관련하여 상대방을 긍정하는 것이다. 호네트는 인간관계에서 오는 인정의 갈망은 모든 욕구에 선행한다고 말한다. "(사랑과 같은) 이러한 이상적 인정 관계는 주체들이 서로 자기 자신에 대해 기본적 신뢰에 도달할 수 있게 하는 자기 관계의 길을 열어놓기 때문에, 이 인정 관계는 다른 모든 상호 인정 형태(권리, 가치 부여)에 논리적으로도 발생적으로도 우선한다."* 인정의 반대말은 무시가 될 것이다. 정당한 인정을 못 받는 것만큼 남에게 무시를 당하는 것은 참을 수 없는 치욕이다.

얼마 전 개인적으로 가슴을 졸이며 봤던 러셀 크로우Russell Crowe 주연의 영화 「언힌지드」에는 도로 위에서 상대 차량의 짜증 섞인 빵빵 소리에 화가 북받쳐 해당 차량을 졸졸 따라다니며 괴롭히는 한 사이코가 등장한다. 그는 상대의 사소한 경적 소리에 왜 그렇게 분노한 것일까? 아마도 자신이 남에게 정당한 인정을 받지 못하고 있다는 박탈감, 그러니까 남에게 부당하게 무시 받고 조롱당하고 있다는 수치감을 느꼈기 때문일 것이다. 당연히 이러한 인정 결핍으로 발생한 도덕적, 인격적 손상은 단순한 박탈감으로 그치지 않고 인간관계와 사회 전반에도 치명적인 문제를 야기한다. 사회에

---

* 악셀 호네트, 『인정 투쟁(사월의책)』, 문성훈, 이현재 역. 210.

당당한 일원으로 성장하지 못한 과거 범죄자들의 많은 사례에서 우리는 이런 인정 결핍의 무시 못 할 결과들을 쉽게 발견할 수 있다.

　개념을 심화시켜 호네트는 인정을 세 가지의 형태로 나누었는데, 사랑과 권리, 사회적 가치 부여가 그것들이다. 인정은 사랑과 우정 같은 원초적이고 개인적인 형식에서부터 공동체의 각 구성원의 권리를 인정하는 법의 형식, 그리고 가치 공동체의 연대를 인정하는 형식에 이르기까지 다양하다. 이와 함께 그는 상응하는 무시의 세 가지 형태로 폭력과 권리 부정, 가치 부정을 제시했다. 호네트는 인정 투쟁에 실패한 사람들에게서 나타나는 손상(훼손)을 세 가지 형식으로 정리했는데, 첫 번째는 자신감 손상이다. 어려서부터 부모의 보살핌을 받지 못하거나 신체적, 정신적 학대를 받고 자란 경우, 역기능 가정에서 충분한 사랑을 얻지 못했을 때 자신감이 결여된 성인으로 성장할 수밖에 없다. 필자가 만난 관계중독자들 중에 적지 않은 이들이 이런 가정 배경에서 성장했다. 그들은 자신이 부모로부터 받지 못한 인정을 이성이나 배우자에 구하는 이른바 '선택적 의존성elective dependency'을 갖고 있었다. 심지어 그들은 대부분 자신감 결여가 이러한 관계중독의 단초가 되었다는 사실조차 인식하지 못했다.

인정의 결핍은 관계중독을 가져온다

두 번째 자기 존중 손상은 시민으로서 권리를 박탈당하고 공동체에서 배제될 때 나타난다고 호네트는 말한다. 응당 받아야 할 정당한 권리가 자신에게 주어지지 않을 때, 대번 인간은 무시를 받았다고 느낀다. 개인은 사회나 집단에서 구성원들이 누리는 당연한 권리를 자신도 동등하게 향유하지 못할 때 심한 자괴감에 빠진다는 것이다. 세 번째 자부심 손상은 공동체 일원으로 존재감을 인정받지 못할 때, 잉여인간이나 투명인간 취급을 받을 때, 왕따나 배제, 사회적 차별을 경험할 때 발생한다고 말한다.

우리는 이런 인정 투쟁의 사례를 여러 곳에서 확인할 수 있다. 대표적인 상황이 아마 2018년부터 광장에 등장하기 시작한 태극기부대가 아닐까 싶다. 나이 지긋한 60~70대 어르신들이 차가운 바람을 맞아가며 광화문 광장에 모여 피켓 시위를 벌이는 이유는 무엇일까? 현 정권으로부터 그들의 존재가 부정되고 무시 받고 있다는 느낌을 가지기 때문이다. 물론 정치적 맥락에서 그들의 정서적 박탈감이 과연 정당한 것인가 하는 문제는 여기서 별개다. 손주들의 재롱을 보며 편안한 여생을 보내야 할 시기에 띠 두르고 태극기를 흔드는 건 전적으로 자신들이 공동체 일원으로 인정받지 못하고 있다는 박탈감 때문이다.

세 가지 인정 관계의 구조를 정리하면 다음과 같다.

	자신감 손상	자기 존중 손상	자부심 손상
인정의 형태	사랑, 우정	권리	연대
무시의 형태	학대나 폭행	부정이나 배제	모욕이나 차별
성격의 차원	욕구 및 정서 본능	도덕적 판단 능력	사회적 능력
해결 방식	정서적 배려	인지적 존중	사회적 인정

호네트가 말한 사회적 인정 관계 구조*

2) 낮은 자존감으로 생긴 감정의존

남에게 인정을 받으려는 욕구는 때에 따라 낮은 자존감과 자기혐오로 불거진다. 자존감을 세울 수 있는 비결은 자신의 결함과 한계, 결핍을 인정하는 것이다. 인간은 누구나 결핍을 채우려는 욕구를 가지고 있다. 이 욕구에서 자유로운 사람은 아무도 없다. 세계적인 기업을 일군 억만장자나 그 회사의 말단 직원으로 있는 회사원이나 비록 욕구의 종류가 다를 뿐 결핍을 채우려는 욕구는 동일하다. 사

---

* 악셀 호네트, 『인정 투쟁』 249페이지 도표를 참고하여 필자가 새롭게 도식화했음.

랑도 마찬가지다. 우리는 누구나 사랑에 대한 욕구를 가지고 있다. 하지만 결핍만으로 상대를 사랑할 수는 없다. 그래서 우리는 언제나 사랑에 속고 사랑에 우는 것이다.

욕구 피라미드로 유명한 에이브러햄 매슬로우Abraham Maslow는 두 가지 다른 종류의 사랑을 구별했다. '디-러브D-love'와 '비-러브B-love'가 그것이다. 디-러브는 deficiency-love의 약자며, 비-러브는 being-love의 약자다. 우리말로 옮기면, '결핍-사랑'과 '존재-사랑'쯤 되겠다. 디-러브는 내 결핍을 채우기 위해 상대방을 움켜쥐고 소유하려는 사랑을 말한다. '이 사람 아니면 난 평생 결혼 못 하겠지?' '그녀만이 내 마음을 채울 수 있어.' 이런 상태에서 우리는 자신의 결핍을 메우기 위한 수단으로 상대방에게 필사적으로 매달리게 된다. 철학자 임마누엘 칸트Immanuel Kant가 말한 '상대방을 수단으로 대하는 행위'다. 디-러브는 애정 욕구가 정기적으로 충족되지 않거나 그 욕구를 충족시킬 능력에 확신이 없을 때 경험하게 되는 사랑이다. 우리는 디-러브를 인간관계에서 일종의 안도감으로 경험한다.

반면 비-러브는 상대방을 단순히 내 결핍을 채우기 위한 수단이 아니라 그들이 있는 그대로를 사랑하는 사랑을 말한다. 칸트의 용어를 빌자면, '상대방을 목적으로 대하는 행위'다. 당연히 비-러브는 더 건강하고 지속 가능한 종류의 사랑이다. 비-러브는 애정 욕구가 정기적으로 충족되고 그 욕구를 만족시킬 수 있는 능력에 대한 확신이 있을 때 경험하게 되는 사랑이다. 우리는 이 사랑을 기쁨으로 경험된다.

인정 욕구를 주장한 악셀 호네트(좌)와 사랑의 두 가지 측면을 말한 에이브러햄 매슬로우(우)
(출처: google.com)

이 두 가지 사랑은 바로 매슬로우의 욕구 피라미드로 쉽게 설명 가능하다. 우리가 다 알다시피, 제일 밑바닥에 깔려 있는 인간의 욕구는 생존의 욕구, 생리적 욕구다. 지금 내가 너무 배가 고프다고 가정해 보자. 바쁜 스케줄 때문에 하루 종일 김밥 한 줄로 때우고 해가 뉘엿뉘엿 질 때가 되어서야 집에 돌아왔다. 몸은 녹초가 되어 간신히 식탁에 앉으니 배에선 천둥소리가 난다. 당장 위장에 뭐라도 집어넣어야 할 판이다. 이때 눈앞에 삼겹살이 노릇노릇 구워진다. 방을 한 가득 채운 고소한 냄새에 이미 이성을 잃은 나는 앞뒤 가리지 않고 정신없이 삼겹살을 입에 쑤셔 넣는다. 여기서 잠깐, 내가 삼겹살을 왜 먹을까? 이유는 간단하다. 배가 고프기 때문이다. 즉 결핍을 채우는 수단으로 삼겹살을 선택한 것이다. 그런데 당장 허기를 채우는데 음식이 삼겹살이면 어떻고 떡볶이면 어떤가? 다시 말해, 삼겹살의 필요는 내가 허기를 채우고 났을 때 종료된다.

반면 난 오랜만에 친구와 뷔페에 갔다. 접시를 들고 음식 테이블을 돌아보니 갓 구운 삼겹살과 방금 조리한 떡볶이가 먹음직스럽게 차려져 있는 게 아닌가. 친구는 누가 떡볶이 귀신 아니랄까봐 이미 접시에 떡볶이를 한가득 쓸어 담고 있다. 그런데 나는 원체 삼겹살을 사랑하는 사람이다. 그래서 나는 삼겹살을 접시에 담아가지고 테이블에 돌아온다. 난 당당히 삼겹살을 선택했다. 사랑을 음식에 비유해서 좀 이상하겠지만, 허기를 위해 삼겹살을 먹는 행위는 디-러브에 해당한다. 반면 허기가 아닌 오로지 맛을 위해 삼겹살을 먹는 행위는 비-러브에 해당한다. 디-러브가 욕구 피라미드의 하위

단계에서 흔히 보이는 형태라면, 비-러브는 욕구 피라미드의 정점
인 자아실현의 단계에서 흔히 발견할 수 있는 형태다.

디-러브	비-러브
결핍을 채우려는 사랑 이해관계에 얽혀 있음 받는 것이 행복함 대상을 수단으로 봄	존재 자체의 사랑 이해관계를 초월해 있음 주는 것이 행복함 대상을 목적으로 봄

인간관계에 존재하는 두 가지 사랑

다양한 디-러브가 있다. 허기에도 결핍이 있고, 섹스에도 결핍이
있다. 상대가 누구면 무슨 상관인가. 오늘 내 욕구를 충족시킬 수
있으면 철수든 인호든 그만이다. 하지만 디-러브는 당장 그것을 잃
는 것에 대한 두려움을 동반한다. 디-러브는 집착으로 이어진다.
이런 종류의 사랑은 상대방의 욕구나 안녕에는 별 관심을 갖지 않
는다. 오로지 자신의 욕구 충족에만 집중할 뿐이다. 반면 비-러브
는 디-러브가 경험하는 것과는 다른 내재적 즐거움을 느끼도록 만
든다. 상대방을 사랑하는 건 그가 내 결핍을 채우기 때문이 아니라
오로지 그를 그 자체로 내가 사랑하기 때문이다. 따라서 비-러브는
상실에 대한 두려움을 동반하지도 않으며 집착으로 이어지지도 않

는다. 이런 종류의 사랑은 상대방의 욕구나 안녕에 지대한 관심을 가질 수밖에 없다. 상대방이 행복해하는 모습을 보는 것이 나의 기쁨이기 때문이다.

디-러브는 자신의 만족을 위해서 상대방을 사랑하는 과정이다. 이런 종류의 사랑은 소속감을 느끼고 애정의 부족을 충족시킬 대상을 찾는 과정에서 만들어지며 상대는 독립적이고 자율적인 개인이 아니라 자신의 결핍을 채우기 위한 수단으로 이해된다. 즉, 상대는 사랑과 존경, 안전 및 소속감을 얻기 위한 수단에 불과하다. 매슬로우는 이런 디-러브가 일상에서 가장 흔한 형태의 사랑이라고 말했다. 반대로 비-러브는 오로지 상대 존재나 본질을 위해 그 자체를 사랑하고 배려하는 과정이다. 기본적인 욕구가 충족되고 결핍이 없는 사람이 자신의 성장을 위한 동기로 일어난 사랑이다. 비-러브는 수단적 사랑이 아니라 목적적 사랑이다. 상대는 사랑을 얻기 위한 수단으로 전락하지 않으며 사랑이라는 경험 그 자체를 위해 존재한다. 매슬로우는 비-러브가 자기실현을 이룬 사람들 사이에서 발견되는 매우 드문 유형의 사랑이라고 일갈했다.

이제 다음 장에서 관계중독의 보다 깊은 내용들을 하나씩 살펴보자.

"인간의 몸과 마음"

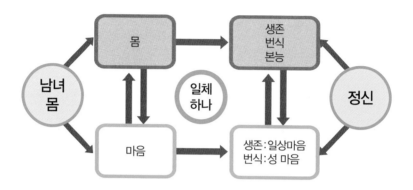

인간은 몸body과 마음mind을 갖고 살아갑니다. 남자는 '남자의 몸'을 갖고 태어나 자연스레 '남자의 마음'을 갖게 되었고, 여자는 '여자의 몸'을 갖고 태어나 '여자의 마음'을 갖게 되었습니다. 몸과 마음은 하나며 이것을 정신(신체와 마음의 결합)이라고 합니다. 마음의 구조는 일상의 마음(생존survival)과 성의 마음(번식reproduction)으로 이루어져 있으며, 일상의 마음과 성의 마음은 인생을 행복하게 살아가기 위해 매우 중요한 요소입니다.

남자와 여자는 몸의 구조가 반대라서 마음도 반대입니다. 정신적 행복을 추구하는 것 역시 남녀가 반대로 발달합니다. 이러한 반대되는 특징을 모르고 서로 사랑하면 마음의 상처가 쌓이고 쌓여 결국 열등감, 자존감, 죄책감과 같은 감정의 문제가 발생합니다. 대부분의 사람들은 감정의 문제를 해결하기 위해 노력합니다. 좋은 대학, 좋은 직업, 좋은 집 등 많이 배우고 많이 가지면 열등감이나 자존감 그리고 죄책감의 문제가 해결될 것이라고 착각하는 것입니다.

인간은 인생을 살면서 큰 맥락으로 두 가지의 문제를 만나게 됩니다. 하나는 현실적 문제이고 다른 하나는 감정적 문제입니다. 감정의 문제는 마음과 심리로 치유하고 해결해야 하며 현실의 문제는 각자의 능력으로 해결해야 됩니다. 우리의 삶을 힘들게 하는 것은 바로 감정의 문제를 현실적인 노력으로 해결하려고 한다는 것입니다.

출처: 마음구조이론(박수경, 2021)

❖ 게리트 반 혼토르스트(Gerrit van Honthorst), 「포주(The Procuress, 1625)」,
   네덜란드 우트레히트 센트랄뮤지엄(Centraal Museum) 소장

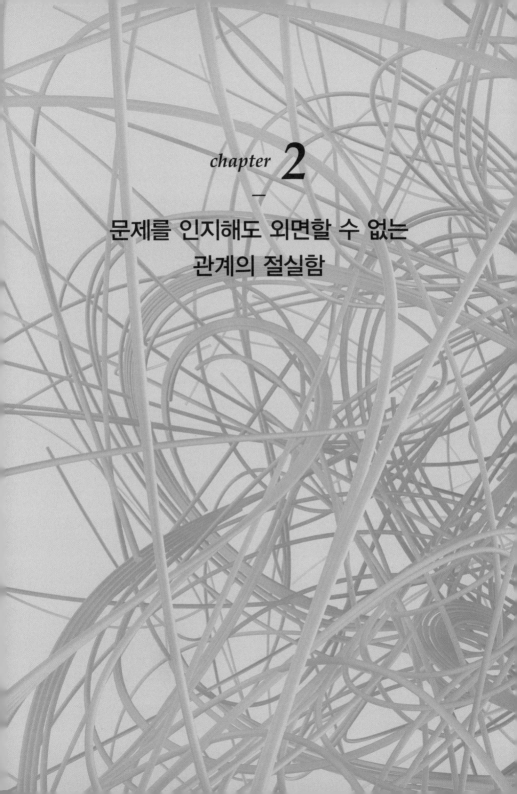

chapter 2
—
문제를 인지해도 외면할 수 없는
관계의 절실함

"신기한 역설은 내가 나를 있는 그대로 수용할 때
변화가 일어난다는 사실이다."

—칼 로저스—

K(40대)는 모든 게 당당했다. 그녀는 지방에서 제법 큰 규모의 제과 공장을 운영하던 아버지와 소일 삼아 동네 꽃가게를 운영했던 어머니 사이에서 무남독녀로 태어나 구김살 없이 성장했다. 지역에서 꽤나 이름 있는 여고를 졸업했고 무난히 무역회사에 들어가 직장생활을 시작했다. 남들과 비교해 그리 많은 월급은 아니었지만, 자신이 번 돈으로 자신을 치장하고 꾸미는 데 쓸 정도는 되었다. 눈에 띄는 명품이 있으면 바로 샀고, 철마다 해외여행을 다녔다. 혼기가 찼을 무렵, 교회에서 알고 지내던 한 권사님의 주선으로 지금의

남편을 만났다. 한 지방거점국립대학의 대외협력처 직원이었던 남편은 홀어머니를 모시고 사는 효자였다. 딱히 한눈에 반할 정도의 인물은 아니었지만, 온화한 성품에 따뜻한 배려가 마음에 들어 K는 남편의 프러포즈를 받아줬다.

　결혼생활은 무난하게 흘러갔다. 결혼과 함께 아들 하나를 낳았고, 집에서 주부로 남편과 자녀를 뒷바라지하며 살았다. 꽃가게를 했던 어머니의 기억이 있어선지 아들이 좀 크면 욕심 안 부리고 동네에 작은 카페나 하나 차려서 노후 대비를 해야겠다고 생각했다. K의 생활은 규칙적이고 정상적이었다. 주일마다 정기적으로 교회에 나가 신앙생활을 했고, 주중에는 교회 소모임을 통해 지역봉사와 사회활동도 열심히 했다. 남편도 모범적이었다. 술과 담배를 일절 손대지 않았고 별다른 취미나 잡기도 없어 가끔 한 번씩 만나는 친구들이 아니라면 퇴근 후 바로 집으로 들어왔다. K의 아들은 학교에서 늘 상위권을 유지했다. 고등학교 진학 때 고모가 사는 미국으로 조기유학을 보내려고 했지만 경제 사정이 여의치 않아서 단념한 것을 빼면 아들 교육에 아낌없는 투자를 하고 있었다.

　문제는 그녀의 아들이 고1이 되었을 때 불거졌다. 아들의 진학을 상담하고 일주일에 두어 번 집을 방문하여 수학과 영어를 가르쳐주던 과외선생에게 야릇한 감정을 느끼기 시작한 것. 자신의 남편이 근무하던 대학의 대학원생이었던 과외선생은 학업을 이어가며 용돈을 벌기 위해 과외 알바를 하던 중이었다. 그는 그다지 키도 크지 않고 특별히 잘생긴 외모는 아니었지만, 어딘지 모르게 K의 모성애를 자극했다. 평균 남자에 비해 하얀 피부에 곱상한 얼굴은 성인이라기보다 차라리 미소년에 가까웠다. 그녀는 그에게 과외비와는 별도로 용돈이며 김치를 챙겨줬다. 과외선생은 이런 K의 호의에 깊은 감사를 느꼈고, 학교 행사에 K를 초대했다. 그녀는 마치 그의 이모처럼 행세하며 캠퍼스를 누볐다. 대학을 다녀본 적이 없었던 K는 마치 시간이 거꾸로 돌아가 스무 살 대학생이 된 것 같았다.

하지만 그것으로는 직성이 풀리지 않았다. K는 대담해졌다. 본격적으로 과외선생에게 추파를 던지기 시작했다. "여자친구 있어?" "네, 사귀는 사람 있습니다." "예뻐? 시간 되면 누나 한 번 보여줄래?" 급기야 K는 시내에서 과외선생을 만나기 시작했고, 두어 번 술을 곁들인 식사를 한 다음 모텔에서 관계를 가졌다. 과외선생은 당시 결혼을 코앞에 둔 여자친구가 있었지만 K의 육탄 공세에 이미 무방비 상태였다. 평소 독실한 크리스천이었던 그녀는 절제되고 모범적인 삶을 사는 데 익숙했고, 도덕과 윤리에 위배되는 삶을 극도로 혐오하던 사람이었다. 하지만 이율배반적으로 과외선생에게만은 이런 종교적 고백과 헌신도 통하지 않았다. 그녀는 마치 늪처럼 그에게 빠져들었다. 자신보다 더 싱싱한 육체를 가진 여자친구를 질투하기 시작한 것도 그때쯤이었다. K는 그와 관계를 가진 다음 입버릇처럼 물었다. "걘 어때? 나보다 잘해?" "그래도 가슴은 내가 더 크지?"

K는 그를 자신 곁에 붙들어 놓기 위해 선물 공세를 퍼부었고 단가가 점점 올라가며 아들 대학 등록금으로 수년 동안 부었던 적금도 깼다. 그 돈으로 과외선생의 한 학기 등록금을 내주었고, 급기야 천만 원이 훌쩍 넘는 경차도 한 대 뽑아줬다. K는 스폰서처럼 행동했다. 과외선생의 일정과 동선을 꿰고 있었고 이성친구와의 접촉은 원천봉쇄했다. 시간이 날 때면 캠퍼스에서 보란 듯이 팔짱을 끼고 돌아다니기도 했다. 같은 대학에서 근무하는 남편이 이런 자신을 볼지 모른다는 생각은 K에게 짜릿한 쾌감을 넘어 야릇한 복수심(?)까지 심어주었다. 결국 과외선생은 사귀던 예비 신부와 결혼하고, 심한 배신감에 치를 떨던 K는 주체할 수 없는 마음을 이끌고 상담소의 문을 두드리게 되었다. 초반에는 K가 정신을 차리지 못하고 과외선생에게 복수할 수 있는 방법을 필자에게 되묻기도 했다.

"제가 왜 이렇게까지 된 거죠?"

특별한 관계로 얻어지는
낯선 만족감

K에게 왜 이런 일이 일어난 걸까? 관계는 '서로 묶는다.'는 뜻의 한자어다. '빗장'이라는 의미의 관關과 '엮다.'라는 뜻의 계係로 이루어져 있다. 관계는 두 사람이 빗장으로 걸려 있는 상태로 정신적, 육체적 연결고리를 가지고 있음을 말해준다. 영어 릴레이션십 relationship에는 더 깊은 의미가 있다. 릴레이션십은 '도로 가져다 놓다.'는 뜻의 라틴어 '렐라티오relatio'에서 파생했다. 결국 인생에서 일어나는 모든 사건 사고들은 바로 이 릴레이션십으로 귀결한다는 말이다. 모든 일은 관계로 되돌아간다. 그래서 관계는 생존에 더 없이 중요한 안전벨트가 된다. 어려운 일을 당했을 때 함께 난관을

헤쳐 나가는 동반자이자 어디서 터질지 모르는 인생의 부비트랩을 피하게 해주는 안전요원이다. 하지만 어느 순간 자유롭게 맺은 관계가 하나의 차꼬가 되어 두 사람을 얽어매는 경우가 발생한다. 안전장치가 아니라 족쇄가 된다. 누구 하나가 포기하거나 죽어야 해결되는 관계, K처럼 관계중독에 빠져 헤어 나오지 못하는 이들이 많다.

K는 관계의 빗장에 묶여 철저히 망가졌다. 뒤늦게 아내의 외도를 알게 된 남편은 K에게 이혼을 요구했고 법정에서 자녀양육권까지 빼앗겼다. 그래도 정신을 차리지 못한 K는 이미 결혼해서 신혼살림까지 차린 전 과외선생의 집에 찾아가 무단 침입하여 물건에 손을 대거나 의미심장한 메모를 적어 놓고 나오는 행동을 반복했다. 과외선생의 물건을 아무렇지 않게 들고 나오거나 그의 아내 속옷을 칼로 짝짝 찢어 놓고 나온 적도 있었다. 전화번호까지 바꾼 그가 괘씸해 자신의 생리혈을 그의 문 앞에 뿌려 두었고 자신과 찍은 사진을 뽑아 편지함에 넣어두기도 했다. 결국 참지 못한 과외선생은 K를 경찰에 신고했고 K는 경범죄처벌법 제3조 41항에 의거하여 벌금형을 받았다. 한 가정의 현모양처였던 K는 과연 어디서부터 이렇게 망가지게 된 것일까?

1) 관계중독의 종류

토머스 화이트맨Thomas Whiteman과 랜디 피터슨Randy Petersen이 공 저한 『사랑이라는 이름의 중독』에서는 관계중독을 사랑중독과 성 중독, 사람중독으로 구분했다. 사랑중독은 '사랑에 빠지는 것을 사 랑한다.'라는 말로 요약된다.＊ 이는 사랑이라는 감정 자체에 빠지 는 것을 목적으로 하기 때문에 진정한 사랑이라고 할 수 없다. 반면 성중독은 자신의 성적 충동을 채우기 위해 다른 사람이나 포르노를 이용한다. 이 경우는 대상은 중요하지 않다. 오로지 자신의 성적 욕 구를 충족시키는 것만을 목표로 한다. 지나치면 외도로 넘어간다. 사람중독은 "어떤 특정한 사람에 대한 애착이 강해 그 사람을 통해 서만 자신의 행복을 느끼는 것을 말한다."＊＊ 저자들은 사람중독을 연인을 넘어선 보다 넓은 관계로 확장시켰다. "사람중독은 가족관 계에서도 나타날 수 있다. 대표적인 것이 부모가 자식에게 중독되 는 것이다. 그들은 자식을 통해 삶을 영위한다. 그래서 그들을 놓아 보내기 거절한다. 딸을 연예계에 진출시키려는 엄마나 아들을 스포 츠 스타로 만들려는 아버지는 스타덤에 오르고 싶은 자신의 욕망을 자녀를 통해 성취하려는 것이다. 그들은 자신을 자식과 동일시한

＊ 토머스 화이트맨, 랜디 피터슨, 『사랑이라는 이름의 중독(국제제자훈련원)』, 김인화 역, 42.

＊＊ 위의 책, 51.

다. "＊ 관계중독의 종류를 도표로 제시하면, 다음과 같다.

관계중독	사랑중독	사랑에 빠지는 걸 사랑하기 사랑의 감정에서 만족감을 느낌 사랑을 종종 이상화함
	성중독	섹스 자체를 사랑하기 포르노와 자위에 집착함 '섹스 = 사랑'이라고 착각
	사람중독	특정인을 집착적으로 사랑하기 대상을 절대화 혹은 상대화시킴 상대를 통제하거나 통제받으려고 함

관계중독의 세 가지 종류

　많은 사람들은 관계중독을 핑크렌즈로 착각한다. 관계중독의 위험성을 과소평가하고 왜곡된 관계를 소위 '콩깍지'로 이해하는 것이다. 하지만 콩깍지는 오래 가지 않는다. 한 연구에 따르면, 핑크빛 로맨스는 대략 17개월 정도 지속된다고 한다. 존 브래드쇼John Bradshaw는 이렇게 로맨스가 끝나고 사랑에 대한 황홀감과 섹스에 대한 욕구가 사그라지면서 '사랑 후 스트레스 장애PRSD'에 빠지게

＊ 토머스 화이트맨, 랜디 피터슨, 『사랑이라는 이름의 중독』, 54.

된다고 말한다. 외상 후 스트레스 장애에 빗대어 설명한 이 개념은 사람들이 사랑을 나눈 다음 빠지게 되는 관계의 골짜기에 좋은 설명 체계를 준다. 브래드쇼는 이런 현상이 우리 뇌의 호로몬 작용에 의한 것이라고 말한다. 사랑 후 스트레스 장애를 겪는 연인이 취하는 행동은 보통 세 가지 정도로 압축된다. 첫 번째, 상대방에 대한 사랑이 식으면서 다른 대상으로 빠르게 대체하게 된다. 이른바 새로운 사람과 외도를 감행하든지 돈을 주고 성상품을 사든지 한다. 가볍게 자위로 출발한 사람도 더 강력한 자극을 원하게 되며 성매매로 매춘여성을 만나게 된다. 두 번째, 사랑이 식으면서 폭력적으로 돌변하게 된다. 상대방을 학대하고 급기야 폭력을 행사하기도 한다. 결과는 이혼으로 이어지거나 심하면 범죄로까지 나아갈 수 있다. 세 번째, 사랑이 식으면서 성적 관심과 에너지가 다운되며 무기력해진다. 이혼을 하거나 새로운 대상을 찾으려는 시도조차 하지 않고 '사랑의 식물인간'으로 떨어진다.[*]

　　파리 11대학의 미셀 레이노Michel Raynaud와 로렌 카릴라Laurent Karila는 동료들과 함께 관계중독의 한 축으로 오랫동안 연구되어 왔던 사랑중독과 열정적인 사랑 사이의 구분을 위해 새로운 정의를

---

[*] 존 브래드쇼, 『사랑 후 스트레스 장애(글샘)』, 정동섭 역, 80.

시도했다. DSM-IV의 물질중독을 토대로 사랑중독을 판별하는 다음의 여섯 가지 기준을 제시한 것이다.＊

- 사랑하는 사람이 없을 때 상당한 고통과 함께 상대방에 대한 강박적 필요로 특징지어지는 금단현상이 있음
- 현실에서든 생각으로든 이 관계에 들이는 시간의 양이 상당함
- 중요한 사회 활동이나 직업 활동, 혹은 여가 활동이 줄어 듦
- 자신의 관계를 줄이거나 통제하려고 지속적으로 바라거나 헛되이 노력함
- 이 때문에 문제가 발생하고 있지만 이 관계를 계속 추구함
- 다음 둘 중 하나로 드러나는 애착의 어려움들이 존재함:
  - 어떠한 지속적인 애착 기간 없이 지나친 애정 관계의 반복
  - 불안정한 애착을 특징으로 하는 고통스런 애정 관계의 반복

찰스 휫필드Charles Whitfield는 공의존을 약물중독처럼 인지 가능하고 치료 가능한 증상들을 동반하는 '자신을 잃는lost-selfhood' 만성적이고 고질적이며 점진적인 질병이라고 정의했다. 안정적이고 건강한 남녀관계는 독립적으로 이루어져 있다. 서로의 성장을 지지하고 서로의 영역에서 안정적인 지위를 갖는다. 반면 관계중독에 빠지면 인간관계가 내 삶의 모든 영역에 영향을 미칠 거라고 예단한다. 남

＊ 로렌 카릴라, 「Is Love Passion an Addictive Disorder?」, 263.

녀관계와 직접적 관련이 없는 이해관계와 직장, 직업 문제에도 영향을 미치기 때문에 그/그녀가 아니면 비즈니스나 일도 실패할 거라고 생각한다. 남성의 경우, 일이나 회사에 불성실해지고, 여성의 경우, 주로 직장 상사에게 몸을 허락한다. 왜 그럴까? 그렇게 상대방에게 의존하는 것이 자신이 홀로 서는 것보다 훨씬 안정감과 편안함을 주기 때문이다. 사회적 관계는 그 사람과의 관계로 엉클어지고 일에 손에 잡히지 않는다.

정상적이고 건강한 관계	중독적이고 왜곡된 관계
독립적으로 생각할 때 편안함	의존적일 때 안정감을 느낌
인간관계와 이해관계를 분리함	관계가 모든 영역에 영향을 미침
상대방을 개방적으로 대함	상대방을 소유하고 집착함
얼마든지 혼자 있을 수 있음	잠시라도 상대방과 떨어질 수 없음
서로 성장할 수 있도록 격려함	상대방을 지나치게 간섭함
상대의 다른 친구를 인정함	기존 친구관계를 제어하려고 함
상대방을 믿고 신뢰하려 함	상대방을 의심하고 따져 물음
상대방과 감정을 공유하려 함	상대방의 감정을 지배하려 함
상대방과 하나 되는 기분을 느낌	내가 상대방이 된 듯한 기분을 느낌
상대가 없어도 나는 나라고 느낌	상대가 없으면 나는 무가치하다고 느낌
상대의 행복과 안녕을 빌어줌	상대에게 증오감, 분노를 드러냄

정상적인 관계와 중독적인 관계

상대방의 인간관계를 통제하려고 드는 것도 관계중독의 전형적인 특징이다. 상대가 누구를 만나고 누구와 어떤 일을 하는지 알고 싶어 한다. 사실 그것이 자신의 일상과 아무런 관련이 없는 것이며 그런 상대방의 일상을 정확히 이해할 수 없을지라도, 상대를 집요하게 추궁한다. "어제 점심시간에 뭐 했어? 전화해도 왜 안 받아?" "어제 밤에 누구랑 있었던 거야?" 자연스럽게 상대의 인간관계나 친구관계를 재단하고 정리, 축소하기를 요구한다. 그 에너지를 자신에게 쏟으라고 말한다. "난 자기 친구 삼식 씨가 맘에 안 들어. 안 만났으면 좋겠어."

2) 관계중독의 과정

관계중독에 빠지면 소위 '쉽사빠' '금사빠' 같은 사람이 되고 만다. 자신을 부정하고 환상 속에 살아간다. 다른 사람의 헌신을 과대평가하고 그의 작은 친절에 너무 쉽게 동화된다. 관계가 어그러질 때 마약이나 알코올 같은 물질로 대체하거나 도박이나 쇼핑 같은 행동중독에 빠지기 쉽다. 종교도 이들의 대표적인 피난처로 활용된다. 도박이나 쇼핑 같이 자기파괴적인 행동을 보이지는 않지만 종교 역시 현실을 부정하고 개인을 판타지 속으로 몰아넣기 때문이다. 패트릭 카네스Patrick Carnes는 관계중독의 과정을 세 단계로 설정했다.

"행동방식을 확인하도록 도와주는 실현가능한 구조는 중독이 세 단계에서 작용하는 것으로 본다. 1단계는 정상적이고, 수용할 수 있거나 허용할 수 있는 것으로 여겨지는 행동들을 포함한다. 1단계 행동의 예로는 자위, 포르노그래피와 매춘이 해당된다. 그에 반해 2단계는 타인에게 명백한 피해를 입히고 그에 대해 법적 제재가 취해지는 행동들로까지 확장된다. 2단계에 속하는 행동들은 노출행위나 관음행위 같이 일반적으로 불법적인 범죄행위로 여겨진다. 3단계 행동은 피해자들에게 심각한 영향을 끼치고, 중독자에게는 법적인 결과를 가져오는 행동들이다. 그 예로는 근친상간, 아동 성학대나 강간이 있다. 이 단계에서 강박성은 중독이 심각하게 진행되었다는 것을 의미한다."*

1단계는 건강한 관계와 중독적 관계의 경계에 놓인 지점이다. 이 때는 관계 속에서 자신의 행동이 조금 이상하다는 느낌은 받지만 크게 개의치 않는 단계다. 남자의 경우, 포르노, 야동을 보고 자위를 하거나 성매매 여성을 찾아나서는 단계다. 이 단계에서 한 단계 나아가면, 본격적인 관계중독으로 접어드는데, 상대방을 통제하거나 억압, 착취하는 행동을 보인다. 남녀 모두 배우자를 속이고 상간남, 상간녀를 만나 정을 통한다. 남자는 외도를 통해 처자식을 버리

---

* 패트릭 카네스, 『그림자 밖으로(시그마프레스)』, 신장근 역, 72~73.

고 가정을 파탄 낸다. 여자는 외도를 통해 남자의 가정을 깨거나 무고를 통해 남자를 지배하려고 든다. 명백히 불법적인 행위로 스스로 잘못을 알지만 통제할 수 없는 단계에 이른다. 이 과정이 지속되면, 3단계로 넘어가는데, 정상적인 남녀관계에서는 만족을 하지 못하게 된다. 근친상간이나 아동 성학대, 가학/피학적 성행위, 수간, 스와핑, 쓰리썸threesome 같은 비윤리적이고 정상적이지 않은 관계에 매몰된다.

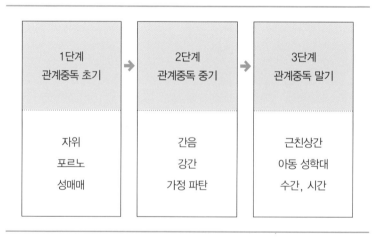

1단계 관계중독 초기		2단계 관계중독 중기		3단계 관계중독 말기
자위 포르노 성매매		간음 강간 가정 파탄		근친상간 아동 성학대 수간, 시간

카네스가 말한 관계중독의 단계

함께하지 못할수록
상황을 부정하는 집착의 무서움

찰스 M. 슐츠의 네컷만화 「피너츠」에는 스누피의 주인으로 찰리 브라운이 등장한다. 찰리에게는 스누피뿐만 아니라 샐리와 루시 등 다양한 친구들이 있다. 개중에는 라이너스Linus라는 친구도 있는데, 그는 어딜 가든지 항상 파란색 이불을 끌고 다닌다. 소위 '애착 이불'이라는 물건으로 어려서부터 보드라운 모포의 질감에 강한 애착을 형성하는 아이들 사이에서 발견되는 현상이다. 어린 시절부터 쓰던 특정 물건에 집착하는 심리 현상을 '라이너스 이불Linus blanket'이라고 부르는 것도 본 만화에서 유래했다.

이 애착 이불은 1954년 6월 1일 연재분에 처음 소개되었다. 꽤나 오래된 셈이다. 라이너스가 만화에 등장할 때마다 항상 이불을 둘러메고 엄지손가락을 빨고 있는 모습으로 나온다. 여기서 이불을 쥐는 행위와 손가락을 빠는 행위는 모두 엄마에 대한 유아적 애착을 상징한다. 만화 속에서 라이너스가 자신의 파란색 이불에 어느 정도 애착을 가지고 있냐면 과학 실험으로 담요 없이 얼마까지 견딜 수 있는지 살폈는데, 라이너스는 채 5분도 채우지 못하고 기절할 정도다. 그는 이불을 쓰다듬으며 말한다. "암, 아무리 귀하고 비싼 이불을 줘봐. 내가 이 이불과 바꾸나." 존재만으로 마음에 위안을 얻고 차분해진다면 그 물건을 굳이 마다할 이유가 없을 것이다. 문제는 그것이 위안을 넘어 애착으로 빠지는 것이다.

애착은 물건에서부터 사람에 이르기까지 다양한 대상에 생길 수 있다.
(출처: www.peanuts.com)

1) 애착과 관계중독

애착attachment에 관한 연구는 1930년대에 영국의 정신분석학자 존 볼비John Bowlby에 의해 본격적으로 시작되었다. 그의 애착 이론은 어느 정도 자신의 실존적 경험과 맞닿아 있었다. 영국 런던의 유명한 외과의사 집안의 넷째로 태어난 그는 유독 형을 편애하는 어머니로 마음에 상처를 받고 자랐다고 한다. 볼비가 8세 때 그런 어머니가 사망하자, 안정을 느끼지 못하고 방황하게 되었노라고 고백했다. 볼비는 양육에 무관심한 어머니 때문에 응당 가졌어야 할 부모와의 정상적인 애착관계를 가지지 못하게 되었고, 그로 인해 죽을 때까지 채워지지 않는 상실감을 느꼈다. 평생 자신의 탐구 주제로 삼았던 애착이라는 문제는 성인이 된 후에도 볼비를 끊임없이 괴롭혔던 문제였다.

케임브리지의 트리니티컬리지에서 심리학을 전공하고 한동안 비행청소년들을 가르쳤던 볼비는 의과대학에 들어가 본격적으로 정신분석학을 연구하기 시작했다. 당시 심리학계에서 프로이트의 정신분석학은 첨단 학문이었다. 그는 2차 세계대전 때 부모를 잃은 고아들을 대상으로 애착 관계가 아동의 심리발달에 얼마나 지대한 영향을 미치는지 연구했다. 그는 애착을 어렸을 때 개인이 자신의 어머니와 어떤 관계를 유지했느냐에 따라 안정 애착과 불안정 애착으로 구분했다. 안정 애착은 어머니와 원만한 관계였을 때 생기며 개인에게 긍정적인 영향을 미친다. 반면 불안정 애착은 어머니와 왜곡된 관계를 갖고 자랐을 때 생기며 개인에게 부정적인 영향을 미친다.

볼비는 불안정 애착을 다시 회피 애착과 저항 애착, 혼동 애착이라는 세 가지 하위 개념으로 나누었다. 이를 설명하기 위해 볼비는 내적 작동 모델internal working model이라는 개념을 도입했다. 회피 애착을 갖는 아이는 남에게 거절당할 것이 두려워 애초에 접촉을 피하려고 한다. 남이 나를 차버리기 전에 내가 먼저 남을 차버리는 셈이다. 상대와 일정한 거리를 두면서 관계를 회피하면서 그에게 애착을 갖지 않으려고 애를 쓴다. 반면 저항 애착은 남이 자신을 차버릴까 두려워 그에게 지나치게 복종하는 자세를 갖는다. 애걸복걸하며 매달리거나 거부당했을 때 분노를 표출하기도 한다. 한편 혼동 애착은 남이 나를 차버릴지 말지 판단이 서지 않는 경우에 생긴다.

볼비는 마치 갓 태어난 오리 새끼가 어미에게 각인을 갖는 것처럼 인간도 만 2세 이전에 어머니와 애착 관계를 형성하는 것이 중요하다는 결론에 도달한다. 바로 이 결정적인 시기를 원만하게 지나가지 못하면 아이의 정신발달에 치명적인 손상이 일어날 수 있다는 것. 이는 마치 친모의 적절한 돌봄을 받지 못했던 자신의 어린 시절에 대한 학문적 고해성사와도 같았다. 당시 볼비의 애착 이론은 벤저민 스포크Benjamin Spock의 주장처럼 아이를 옆방에 따로 재워 독립심을 키워주는 게 육아의 정석으로 통용되던 시기에 큰 충격을 던져주었다. 볼비의 이론을 토대로 1950년 해리 할로우Harry Harlow는 유명한 헝겊 원숭이 실험을 실시했다. 그는 태어나자마자 어미 원숭이와 분리된 새끼 원숭이에게 온통 철사로 뒤덮인 깡통 원숭이와 양모로 뒤덮인 헝겊 원숭이를 제공했다. 새끼 원숭이는 우유를 먹으려고 깡통 원숭이에게 다가갔지만, 대부분의 시간 동안 헝겊 원

애착 이론을 완성한 존 볼비(좌)와 메리 아인스워쓰(우)
(출처: google.com)

숭이 품에 머물렀다. 스킨십이 새끼 원숭이에게 필요한 애착감을 주었으며, 이로써 볼비의 이론이 타당하다는 결론에 도달했다.

이후 볼비의 애착 이론은 메리 아인스워쓰Mary Ainsworth에 의해 심화 연구되었다. 그녀는 소위 '낯선 상황Strange Situation'이라 불린 실험을 통해 만 1~2세 아기와 엄마 사이에서 일어나는 애착 관계를 규명하려고 했다. 그녀는 동일집단에 속한 약 100여 명의 아기들을 대상으로 방 안에 아기와 엄마가 함께 있을 때와 낯선 사람이 있을 때 아기들이 보인 다양한 행동들을 관찰했다. 실험 과정은 이랬다. 먼저 방에서 엄마와 아기가 함께 놀다가 아기가 한 번도 본적이 없는 낯선 사람이 입장한다. 이후 엄마는 아기를 이 사람에게 맡기고 잠시 방을 떠났다가 다시 돌아온다. 이후 엄마와 낯선 사람 모두 아기만 남겨두고 방을 떠나고 곧 엄마만 다시 돌아오기를 반복한다. 이 과정에서 아기가 각기 다른 상황을 어떻게 대응하는지 비디오테이프로 녹화한다.

결과는 흥미로웠다. 대략 65%의 아기들이 어머니와 안정 애착을 보였다. 이들은 같은 공간에 엄마와 단둘이 있을 때 편안하게 장난감을 가지고 놀았으며, 낯선 사람이 등장하더라도 아랑곳하지 않았다. 엄마가 잠시 자리를 비워도 이들은 잠시 당황할 뿐 금세 주변의 변화에 상관없이 장난감 놀이에 몰두했다. 반면 10%의 아기들은 저항 애착을 보였다. 이들은 낯선 사람이 등장하자 엄마 품으로 파고들었고, 엄마가 예고 없이 자리를 비우면 곧바로 울음을 터뜨렸다. 이윽고 엄마가 다시 방에 들어오면 이들은 토라지거나 엄마가 만지고 안는 행동을 아예 거부하기도 했다. 또한 20% 정도는 회피 애착을 보였는데, 이들은 낯선 사람이 방에 들어오든지 엄마가 자리를 비우든지 상관없이 혼자 장난감만 가지고 놀았다. 마치 헤어질 때를 대비해서 엄마를 포함해 주변 사람들을 투명인간으로 취급하는 것 같았다. 마지막으로 5%는 혼란 애착을 가졌는데, 이들은 저항 애착과 회피 애착 사이를 오갔다. 엄마가 방을 나갔다가 다시 돌아오면 이들은 처음에는 엄마를 반기다가도 엄마와 거리가 가까워지면 손길을 뿌리치는 행태를 보였다.

엄마   낯선 사람

아인스워쓰의 낯선 상황 실험

아인스워쓰는 이런 애착이 대부분 어머니의 양육 방식에 기인했다고 주장했다. 회피 애착을 보인 아기의 엄마는 안정 애착을 보인 아기의 엄마보다 아기와 상호작용을 덜 하는 경향이 있었다. 아기가 까르르 웃어도 시큰둥하거나 영혼 없는 반응으로 일관했다. 이런 유형의 엄마는 아기를 안아주거나 눈을 마주치고 웃어주는 등 접촉하는 것을 힘들어했다. 이런 아기는 나중에 성인이 돼서도 성격이 유독 불안하고 아무 이유 없이 분노를 표출하는 행태를 보였다. 이를 정리하면 다음과 같다.

안정 애착	저항 애착
• 남들과 잘 지낸다. • 남과 함께 있을 때 편하다. • 남에게 쉽게 도와달라고 말한다. • 남이 나를 싫어할 거라는 생각은 별로 하지 않는다. • 남에게 속내를 털어놓는 편이다.	• 남들과 쉽게 어울리지 못한다. • 날 싫어할까봐 마음이 불편하다. • 남이 나를 어떻게 생각할까 걱정스럽다. • 남이 나를 좋아해야만 한다.
회피 애착	혼란 애착
• 다가오는 사람이 왠지 부담스럽다. • 남에게 도움을 청하기보다는 스스로 문제를 해결하려고 한다. • 혼자 있을 때 가장 마음이 편하다. • 부담스런 관계는 아예 만들지 않는다.	• 남을 잘 믿지 못한다. • 상처를 받을까봐 늘 두렵다. • 관계를 맺는 것이 불편하다. • 남이 나에게 친절히 대하는 건 뭔가 꿍꿍이가 있어서다.

2) 비뚤어진 애착관계의 결과

애착 관계의 결핍과 왜곡이 향후 아이의 인격 발달에 문제를 일으키고, 정서적 결핍이나 우울증, 불안과 같은 정신병에 주요 원인이 된다는 학자들의 이론은 이후 많은 연구들을 통해 입증되었다. 볼비는 어린 시절 애착이 전 생애에 걸쳐 지속적으로 영향을 미친다고 주장했고, 이를 근거로 성인 애착 유형이 개발되었다. 이들의 전제는 단순한 것이었다. 어린 시절 부모와의 관계에서 형성된 애착은 이후 성인이 된 이후 대인관계에 지대한 영향을 미친다는 것. 부모와 안정적으로 애착을 형성한 아이는 성인이 된 이후에도 대인관계에서 안정감을 보이고 상대와 무난하게 사랑을 주고받을 수 있다. 반면 부모와 불안정적인 애착 관계를 형성한 아이는 성인이 되어서도 타인과의 관계에서 회피와 저항을 일삼는다. 상대방을 지나치게 의심하거나 반대로 지나치게 신뢰하거나 집착하여 건강한 관계를 형성하는 데 어려움을 겪게 된다. 거칠게 이들의 이러한 관점을 정리하면, 다음과 같다.

안정적인 유아 → 자율적인 성인
저항적인 유아 → 관계에 집착하는 성인
회피적인 유아 → 타인을 거절하는 성인
무질서한 유아 → 관계에 우유부단한 성인

이렇게 말하면 어린 시절 부모의 양육 태도가 아이의 전 생애에 지속적인 영향을 미친다고 가정할 수 있는데, 사실 모든 관계가 성장기 가정 배경과 부모의 관심 정도에 의해 고착되는 건 아니다. 물론 부모, 특히 엄마는 아이 정서의 1차적 안전기지secure base가 된다는 점은 부인할 수 없다. 건물로 따지자면, 든든하고 오래가는 건축물을 짓기 위해서 무엇보다 터파기 공사를 깊게 하고 콘크리트로 기초공사를 탄탄히 해야 골조도 올릴 수 있고 건물의 높은 층고를 버틸 수 있다. 뿌리 깊은 나무는 바람에 흔들리지 않듯, 기초가 튼튼해야 외부의 충격이나 태풍, 지진 같은 자연재해가 닥칠 때 견고한 건물로 설 수 있기 때문이다. 하지만 성인기의 모든 관계 문제를 어린 시절로 환원하는 건 옳지 않다. 한편으로 성인기 애착은 아동기 애착의 발전이지만, 다른 편에서 보면 성인기에 겪은 갈등이나 트라우마로 인한 전혀 다른 관계 설정에서 비롯한 것일 수도 있기 때문이다.

성인 애착이란 개인에게 신체적 또는 심리적으로 안정감을 주는 특정한 사람과 근접한 접촉을 유지하는 안정적 경향을 말한다. 성인 애착 유형에 따라 다른 대인관계가 결정되기 때문에 자신의 애착 정도를 파악하는 것은 매우 중요하다. 나타난다. 다음은 성인 애착 유형을 진단하기 위해 개발된 문항이다. 각자 편안한 마음으로 체크해 보자.

문 항	1 전혀 아니다	2 약간 아니다	3 보통 이다	4 약간 그렇다	5 매우 그렇다
1. 내가 얼마나 호감을 가지고 있는지 상대방에게 보이고 싶지 않다.					
2. 나는 버림을 받는 것에 대해 걱정하는 편이다.					
3. 나는 다른 사람과 가까워지는 것이 매우 편안하다.					
4. 나는 다른 사람과의 관계에 대해 많이 걱정하는 편이다.					
5. 상대방이 막 나와 친해지려고 할 때 꺼려하는 나를 발견한다.					
6. 내가 다른 사람에게 관심을 가지는 만큼 그들이 나에게 관심을 갖지 않을까봐 걱정된다.					
7. 다른 사람이 나와 매우 가까워지려 할 때 불편하다.					
8. 나는 나와 친한 사람을 잃을 까봐 걱정이 된다.					
9. 나는 다른 사람에게 마음을 여는 것이 편안하지 못하다.					
10. 나는 종종 내가 상대방에게 호의를 보이는 만큼 상대방도 그렇게 해 주기를 바란다.					
11. 나는 상대방과 가까워지기를 원하지만 생각을 바꾸어 그만둔다.					
12. 나는 상대방과 하나가 되기를 원하기 때문에 사람들이 때때로 나에게서 멀어진다.					
13. 나는 다른 사람이 나와 너무 가까워졌을 때 예민해진다.					

문 항	1 전혀 아니다	2 약간 아니다	3 보통 이다	4 약간 그렇다	5 매우 그렇다
14. 나는 혼자 남겨질까봐 걱정이 된다.					
15. 나는 다른 사람에게 내 생각과 감정을 이야기하는 것이 편안하다.					
16. 지나치게 친밀해지고자 하는 욕심 때문에 때로 사람들이 두려워 거리를 둔다.					
17. 나는 상대방과 너무 가까워지는 것을 피하려고 한다.					
18. 나는 상대방으로부터 사랑 받고 있다는 것을 자주 확인 받고 싶어 한다.					
19. 나는 다른 사람과 가까워지는 것이 비교적 쉽다.					
20. 가끔 나는 다른 사람에게 더 많은 애정과 헌신을 보여줄 것을 강요한다고 느낀다.					
21. 나는 다른 사람에게 의지하기가 어렵다.					
22. 나는 버림받는 것에 대해 때때로 걱정하지 않는다.					
23. 나는 다른 사람과 너무 가까워지는 것을 좋아하지 않는다.					
24. 나는 상대방이 나에게 관심을 보이지 않으면 화가 난다.					
25. 나는 상대방에게 모든 것을 이야기한다.					
26. 나는 상대방이 내가 원하는 만큼 가까워지는 것을 원하지 않는다는 것을 안다.					

문 항	1 전혀 아니다	2 약간 아니다	3 보통 이다	4 약간 그렇다	5 매우 그렇다
27. 나는 대개 다른 사람에게 내 문제와 고민을 상의한다.					
28. 다른 사람과 교류가 없을 때 나는 다소 걱정스럽고 불안하다.					
29. 다른 사람에게 의지하는 것이 편안하다.					
30. 상대방이 내가 원하는 만큼 가까이 있지 않을 때 실망하게 된다.					
31. 나는 상대방에게 위로, 조언 또는 도움을 요청하지 못한다.					
32. 내가 필요로 할 때 상대방이 거절한다면 실망하게 된다.					
33. 내가 필요로 할 때 상대방에게 의지하면 도움이 된다.					
34. 상대방이 나에게 불만을 나타낼 때 나 자신이 정말 형편없게 느껴진다.					
35. 나는 위로와 확신을 비롯한 많은 일들을 상대방에게 의지한다.					
36. 상대방이 나를 떠나서 많은 시간을 보냈을 때 나는 불쾌하다.					

점수가 낮을수록 안정애착에 가까우며 높을수록 불안정애착에 가깝다.

3, 15, 19, 22, 25, 27, 29, 31, 33, 35번 문항(음영)은 역채점을 한다.

홀수 문항은 회피 점수를, 짝수 문항은 불안 점수를 진단한다.

적당한 경계를 무시하는
관계의 독주

흔히 관계중독 하면 부부나 연인, 이성 간에만 나타날 거라고 착각하는데, 실상은 전혀 그렇지 않다. 관계라는 이름을 달고 있는 모든 인간관계에서 똑같이 발생할 수 있다. 남성과 남성, 여성과 여성처럼 동성 간에서도 얼마든지 일어난다. 특히 우리나라의 경우, 부모와 자식 사이에서도 관계중독이 종종 발생한다는 연구도 있다. 수년 전 외동아들에 대한 집착이 강한 나머지 며느리에게 칼부림까지 한 시어머니 이야기를 신문기사에서 읽은 기억이 난다. 젊어서 남편과 사별한 어머니는 청상과부로 억척스럽게 외아들을 양육하며 남편의 빈자리를 채웠고, 금이야 옥이야 애지중지 키우며 아들에게 인생의 전부를 걸었다. 자신은 헐벗고 굶주려도 언제나 메이커 있는 좋은 옷을 사다 입혔으며 주변에서 아빠 없는 자식이라고 손가락질 하면 아들이 기죽을까봐 모든 학교 행사에도 적극적으로 찾아갔다고 한다. 아들이 필요하다면 즉시로 모든 걸 다 해줬고, 철마다 아들을 데리고 전국 각지로 여행을 다녔다. 아들도 그런 어머니를 끔찍이 생각하고 챙겼고 성인이 돼서도 그 효심은 변하지 않았다.

주변에서는 극성이라고 혀를 찼지만 남들의 시선은 아랑곳하지 않았다. 어느 샌가 하루는 아들을 너무 사랑해서 죽을 수 있겠다 싶었다. 아들이 아프면 자신이 대신 아플 수 있고, 아들이 불구가 되면 자신의 사지를 잘라다가 이어붙일 수도 있겠다 싶었다. 그녀에게는 이미 아들이 아들이 아니라 남편이었던 것. 당연히 성인이 된 아들이 결혼할 여자가 있다며 집에 데리고 온 예비 며느리를 보고 어머니는 반가우면서도 한편으로 마음 한구석에서 서운함을 느꼈다. 아들이 가정을 꾸리는 건 기쁜 일이었으나, 삶의 모든 것이었던 하나뿐인 아들이 이제 자신의 곁을 떠난다는 생각에 왠지 마음이 허전하고 헛헛했다. 소위 빈 둥지 증후군empty nest syndrome이 그녀에게 찾아 왔다. '내가 너를 어떻게 키웠는데.' 정말이지 남 주기에는 너무 아까운 아들이었다.

그때부터 그녀는 아들에게 결혼 후에도 자신과 함께 살아야 한다고 으름장을 놓기 시작했다. 아들은 그런 어머니를 달래려고 앞에서는 그러겠노라 약속했지만, 그 일로 결혼 전부터 아내와 다투는 날이 점점 많아졌다. 예비 아내에게는 딱 1년간만 시어머니와 함께 살자며 손이 발이 되다시피 빌었다. 아내 역시 마지못해 그 부탁을 들어줄 수밖에 없었다. 그런데 문제는 신혼여행을 다녀오고 난 뒤 바로 발생했다. 며느리에 대한 시기심이 일면서 급기야 어머니는 신방까지 점령하여 부부관계를 통제하기 시작했다. 아들과 며느리에게는 지옥 같은 신혼생활이 펼쳐졌다. 결국 시어머니의 비이성적인 행동에 1년을 채우지 못하고 며느리는 분가를 요구하면서 친정집으로 피신했고, 배신감에 치를 떨던 시어머니는 칼까지 들고 방에 들어가 며느리에게 행패를 부렸다.

관계중독의 시작은 사소한 감정에서 출발했다. 아빠를 찾는 아들이 너무 불쌍해서 자신이 아빠 몫까지 대신해야겠다고 다짐했던 어머니였다. 낮에는 옥장판을 팔았고 저녁에는 식당 설거지를 했다. 곱상했던 외모 때문에 주변에서 나이가 아깝다며 선 자리도 종종 들어왔지만, 아들이 새아버지 때문에 괜히 힘들어할까봐 재혼은 입 밖에도 꺼내지 않았다. 말 그대로 자신을 통째로 갈아서 오로지 아들 키우는 데에 몽땅 쏟아 부은 셈이다. '이 나이에 내가 무슨… 그저 아들 하나 잘 키워야지.' 솔직히 이런 절절한 모성애를 탓할 사람이 누가 있겠는가? 하지만 이런 애착은 결국 아들의 결혼을 파탄내고야 말았다. 아들은 어머니의 집착과 같은 관심에 질려버렸고, 어머니에게 말도 않고 아내와 남미로 이민을 가버렸다. 말 그대로 야반도주를 한 셈이다. 아무리 모자관계라 해도 넘어서는 안 될 선이 있다.

인간관계에는 넘어서는 안 될 선이 존재한다

직장 내에서 관계중독은 노사관계와 얽혀 심각한 후유증을 낳을 수 있다. 보통 상사와 직원 사이에서 일어나는 감정 의존관계는 직장 내에서 '보이지 않는 손'처럼 작용한다. 직장인들은 상사에게 인정받고 자신이 받아들여졌다는 감정을 느끼기 위해 필요 이상의 신경을 곤두세운다. 상사의 인정이 그들의 자존감을 올리는 데 필수적인 발판이 된다고 느끼기 때문이다. 그래서 자신의 문제는 제쳐두고 상사의 문제를 걱정하느라 많은 시간과 돈을 허비한다. 당연히 자신의 일에 대해 우왕좌왕하기 쉬우며 상대방의 눈치를 보느라 자신의 업무를 제대로 수행할 수 없는 지경에까지 이른다. 반대의 경우도 심심찮게 발생한다. 직장상사는 선배랍시고 후배들에게 필요 이상의 간섭을 시전한다. 요즘 회자되는 '꼰대라떼'가 다른 데 있는 게 아니다. 선배라고 해서 거리를 무시하고 마음대로 후배의 개인 영역으로 들어와서는 안 된다. 사람과 사람 사이의 일정한 심리적 거리psychological distance를 지키는 게 필요하다.

　인간관계에서 적당한 거리감을 갖는 것은 관계중독을 피하는 매우 현실적인 대안이 된다. 일찍이 미국의 인류학자 에드워드 홀Edward T. Hall은 소위 '근접학'이라고 불리는 프록시믹스proxemics 개념을 통해 사람이 문화적으로 갖는 인간관계의 거리감을 연구했다. 그는 사람들이 타인과 공간을 점유하고 거리를 갖는 행동 패턴을 물리적, 심리적, 비교문화적 관점으로 이론화했다. 결론적으로 홀은 인간관계의 거리를 밀접한 거리, 개인적 거리, 사회적 거리, 공적 거리 등 넷으로 나누었다. 보통 친근한 거리intimate distance는 연인 사이처럼 껴안고 접촉하고 귀에다 대고 속삭일 수 있는 정도의 매우 긴밀한 거리(8인치, 약 20cm)로 아무에게나 허락하지 않는 공간이기 때문에 친분이 덜한 사람이 침입할 때 불안감이나 불쾌감을 느낄 수 있다. 반면 개인적 거리personal distance는 친한 친구나 가족들 사이에 있을 수 있는 거리(2.5~4피트, 약 76~122cm)로 밀접한 거리보다는 넓지만 여전히 사적이고 개인적인 영역으로 취급된다. 사회적 거리social distance는 지인들이나 종종 알고 지내는 사이에 있을 수 있는 거리(7~12피트, 약 213~365cm)로 이해되며, 대중적 거리

public distance는 대중 연설에서 있을 수 있는 거리로 사회적 거리 밖의 공간을 일컫는다. 이 위치에 서있는 사람이 나와 구체적 관련이 없는 타인으로 인식되는 공공의 영역인 셈이다. 잘 알지 못하는 사람이 나와 이정도 떨어져 있을 때 우리는 정서적 영향을 받지 않기 때문에 별 불편감을 느끼지 못한다.

1966년, 미국의 심리학자 펠리페N. J. Felipe와 소머R. Sommer는 에드워드 홀의 프록시믹스 개념을 가지고 2년 동안 낯선 사람이 바로 옆에 앉으면 얼마간 머무르다가 자리를 뜨는지 알아보는 흥미로운 실험을 진행했다. 멘도시노 주립병원에서 이루어진 일련의 실험에서 그들은 피실험자와 15cm 정도 떨어진 위치에 실험자가 반복적으로 앉도록 했다. 전혀 모르는 사람이 가까이 다가서는 것에서 불편함을 느낀 환자가 의자를 옮기거나 몸을 옮겨서 떨어지려고 하면 그 거리만큼 실험자가 다시 가까이 다가갔다. 홀의 표현을 빌자면, 개인적 공간으로 침입한 것이다. 펠리페와 소머는 개인당 최대 20분간 총 64명의 환자를 상대로 실험을 진행했는데, 실험자가 가까이 앉자 환자들은 대부분 즉각 거리를 두며 떨어지려고 하는 것을 발견했다.

나중에 그들은 대학도서관에서 후속연구를 진행했다. 넓은 공간이기 때문에 공간에 있어 개인성이 손쉽게 확보될 수 있는 곳을 고른 것이다. 이번에는 반대로 여성을 대상으로 유사한 과정을 따라 실험을 진행했는데, 많은 학생이 다가오는 타인으로부터 금세 자신의 팔을 몸 쪽으로 당기거나 멀리 벗어나려 했다 아니면 팔꿈치를 책상 위에 올려놓거나 책, 지갑 겉옷을 놓아서 둘 사이에 경계선을 그어버렸다. 만원 버스에서 용케 자리가 난 곳에 자신의 장바구니를 던지는 아줌마나, 콘서트장 앞에 장사진을 치며 줄을 설 때 사람 대신 자신의 책가방을 순서대로 놓아두는 팬들의 경우와 같다고 할 수 있다. 남들에게 특정 공간을 자신이 점유한 곳으로 인식시킬 때 자신의 물건을 마치 분신인 것처럼 취급하는 건 사람들 사이에서 흔히 있는 사회적 합의와 같은 것이다. 한 여학생을 상대로 최대 30분간 앉아 있었는데, 여학생 중 70%가 자리를 떴다고 그들은 보고했다.

필자는 에드워드 홀의 프록시믹스가 단순히 물리적인 거리만을 의미한다고 생각하지 않는다. 우리 심리에도 프록시믹스가 존재한다. 나에게 친근한 관계로 여겨지는 심리적 거리에 미지의 사람이 불쑥 들어오면 대번 불편하고 어색하다. 심지어 내 개인 존재가 침범 당했다는 불쾌감마저 든다. 흔히 우리가 '오지랖이 넓다.'라는 말을 하는데, 오지랖은 웃옷이나 윗도리에 입는 겉옷의 앞자락을 일컫는 순우리말이다. 오지랖이 넓으면 본의 아니게 지극히 사적인 영역으로 느끼는 상대의 개인 공간까지 덮어버리는 수가 있다. 오지랖이 넓다 보면 괜히 남의 일에 배 놔라 감 놔라 하는 '프로참견러'가 될 수 있다. 사람과 사람 사이의 심리적 거리감에 대해 한 정신건강의학과 전문의의 고백을 들어보자.

"자신에게 너무 깊숙이 다가오는 사람을 경계한다. 자신만의 영역을 가지고 싶어 하고, 그것은 누구도 방해해선 안 된다고 생각한다. 어린 시절을 그리워하면서도 그 친구들과 적당한 거리를 유지한다. 자칫하다간 자신의 고요한 삶을 방해하는 조짐이 보이면 연락하지 않는다. 인생의 아픔을 경험하면 자신보다 앞서가는 친구들이 유난히 두드러져 보인다. 그들은 아픈 나를 더욱더 힘들게 하는 사람이다. 그들에게 어떤 잘못도 없음을 알지만 괜히 밉다. 그리고 그들을 좋지 않은 친구로 분류하고 미워한다. 친구 관계로 힘들어하는 환자들도 보고, 친구로 인해 힘을 얻는 환자들의 이야기도 들으며, 지금 내가 친구라는 관계에 대해 내린 결론은 이렇다. 때에 따라 친구와 나만의 각자 상황이 있다. 그래서 서로가 원하는 거리에 대한 조율이 필요하다는 것이다."*

---

* 홍종우, 『관계의 거리, 1미터(메이트북스)』, 113.

일정한 거리감은 모든 관계를 유지시키는 데 필수적인 균형 감각이다. 사람은 누구나 다른 사람을 찾아 끌어당기는 인력引力과 함께 혼자 있고 싶어서 다른 사람을 밀어내는 척력斥力을 관계에서 동시에 사용한다. 이를 두고 칸트는 비사교적 사교성ungesellige Geselligkeit이라는 개념을 만들어 냈다. 분명한 건 인간은 혼자서 살 수 없다. 하지만 인간은 다른 사람에게 의존할 수만은 없다. 인간은 태어나면서부터 죽을 때까지 자존自存과 의존依存을 바삐 오가는 존재다. 독립과 자립은 고립도 대립도 아니다. 관계중독자들은 자존의 추를 의존으로 옮겨놓은 이들일 뿐이다.

"마음과 성마음"

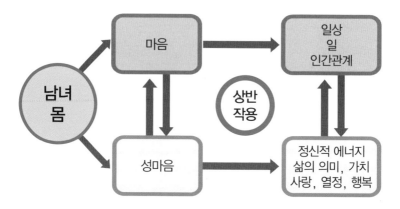

인간은 두 가지 마음을 갖고 살아갑니다. 바로 마음mind과 성마음sex-mind(몸)입니다. 마음은 일상의 삶에서 닥쳐오는 위험으로부터 자신의 신체를 보호하고 새롭게 접하는 사물과 정보를 이해하여 잠재적 위험과 안전을 구분하는 사고입니다. 우리는 보통 이 마음을 써서 일상생활 속에서 직업을 갖고 일을 수행하며 살아갑니다.

성마음은 인간관계 속에서만 작용하는 몸과 마음의 에너지입니다. 성마음은 몸의 성인 섹스sex와 정신의 성인 리비도libido로 이뤄집니다. 성마음은 인간관계 속에서 대상을 통해 사랑과 열정, 관심, 위로, 믿음과 신뢰와 같은 반응을 통하여 정신적 에너지를 만들며 그 대상과 함께 삶의 의미와 가치를 만들어 가는 사랑의 완성입니다. 이때 몸의 성인 섹스는 아주 일부분입니다. 성마음을 오로지 섹스에만 제한하다 보면 몸과 마음 그리고 인생까지 망가트리는 우를 범하게 됩니다. 성마음에 대한 정확한 이해야말로 관계중독과 외도, 성범죄를 예방할 수 있는 핵심이라고 할 수 있습니다. 더불어 행복한 인생, 원만한 관계를 갖는 지름길입니다. 일상을 살아가는 마음은 남녀가 별 차이를 보이지 않지만, 성마음은 남녀가 두드러지게 반대되어 있기 때문입니다.

출처: 마음구조이론(박수경, 2021)

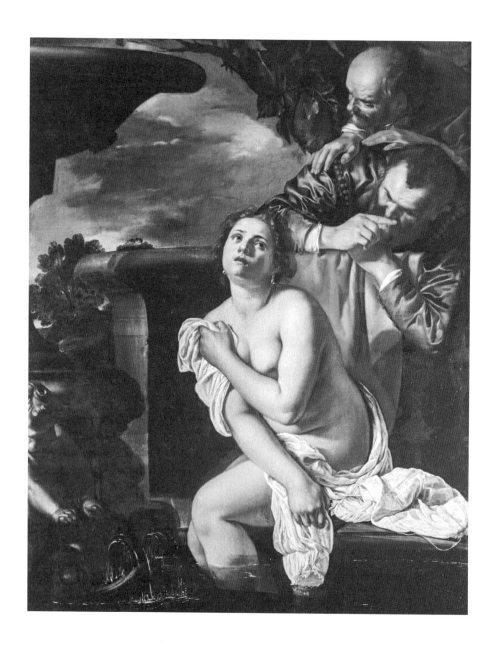

❖ 아르테미시아 젠틸레스키(Artemisia Gentileschi), 「수산나와 노인들(Susanna and the Elders, 1622)」,
  버글리하우스컬렉션(The Burghley House Collection) 소장

chapter 3
—
어느새 '나'는 없고 '너'만 있는
관계의 아이러니

"낮은 자존감은 핸드 브레이크를 올리고
인생이란 자동차를 모는 것과 같다."
—맥스웰 몰츠—

"소장님, 저는 열등감에 쩔어 있어요."

Y(30대)가 상담소의 문을 열고 필자에게 처음으로 했던 말이다. 그녀는 유독 자존감이 낮았다. 선천적으로 돌출된 뻐드렁니 때문에 학창시절부터 놀림을 받기 일쑤였다. 입을 다물어도 윗입술 아래로 훤히 드러나는 앞니가 언뜻 토끼를 연상시켰고, 그래서 '옥토끼' '엽기토끼' '진격의 앞니' 등의 별명을 달고 살았다. 마냥 예쁘고 싶은 여자로서 견딜 수 없는 수치심을 느꼈다. 직장을 다니며 악착

같이 돈을 모아 치아 교정에 몽땅 쏟아 부었던 것도 이런 열등감에서 해방되고 싶었기 때문이다. 덕분에 필자의 상담소를 찾았을 때에는 의식하지 않으면 전혀 눈치 채지 못할 정도로 일반인과 크게 다를 바 없는 구강 구조를 갖게 되었다. Y는 이제는 과거지사가 된 자신의 뻐드렁니를 가리키며 자조 섞인 말투로 넋두리를 읊조렸다. "여기에 경차 한 대 값은 때려 부었죠."

　문제는 그녀의 뻐드렁니는 온데간데없이 자취를 감췄지만, 그녀의 자존감에는 지워지지 않는 이빨자국이 선명하게 남아 있었다는 것이다. Y는 낮은 자존감과 외모에 대한 열등감 때문인지 남녀관계에서도 언제나 수동적이고 서툴렀다고 한다. 대학생 시절, 같은 동아리에서 만난 동갑내기 남자친구와 사귀면서 Y는 전형적인 '내조의 여왕'처럼 굴었다고 필자에게 고백했다. 자신이 알바해서 번 돈을 털어 남친에게 노트북을 사주기도 했고 졸업 기념으로 해외여행 비용도 다 자신이 냈다고 한다. 졸업과 동시에 회사에 취직한 자신과 달리 남자친구는 뜻밖에 취준생 기간이 길었고, 결국 자신을 차버리고 노량진 모 공시학원에서 만난 8살 어린 여친의 품에 안기기까지 3년여의 기간 동안 Y는 남친의 고시원 월세며 한 달 생활비를 고리대금업자에게 꽁짓돈 바치듯 따박따박 갖다 바쳤다. "지금 생각해도 내가 왜 그랬는지 모르겠어요. 그렇게 해야 계속 저를 만나

줄 거라고 생각했는지….”

　당연히 모텔비도 Y의 몫이었다. 그렇게 장수커플로 사귀면서 Y
는 그간 뜻하지 않은 임신으로 두 번이나 낙태수술을 받아야했고,
몸과 마음이 완전히 만신창이가 되었을 때 대학 때 나름 캠퍼스 커
플로 유명했던 두 사람의 애정전선은 그렇게 장렬하게(?) 막을 내
렸다. 남친은 단물 다 빨아먹고 아무런 양심의 가책을 느끼지 않고
조강지처와 같던 그녀를 헌신짝처럼 버렸다. 하지만 헤어지고 나서
도 Y는 이상하게 전 남친이 밉거나 저주스럽지 않았다. 이별의 원
인이 자신에게 있다고 느꼈기 때문이다. “취업이 되지 않아 초조하
고 예민했을 남친을 넓은 마음으로 보듬어주지 못했던 건 누가 뭐
래도 제 탓이죠. 저한테 질린 게 분명해요. 전 소박맞아도 싸죠.”

　아마 그때쯤이었을 것이다. 직장상사가 자신의 몸을 탐하기 시작
한다는 사실을 알게 된 것이. “모르겠어요. 그냥 될 대로 되라는 심
정이었나 봐요.” 똥배 나온 중년의 그는 Y가 보기에 이상형과 너무
도 거리가 멀었다. 전혀 내키지 않았는데도 Y는 직장상사의 추파를
순순히 받아줬고, 한 달에 두세 번은 의무적으로(?) 모텔에 갔다고
했다. “괜히 거절했다가 직장에서 불이익을 당하거나 해고당할 수
있다고 생각했나요?” 이유를 물으니 그녀는 도리어 이렇게 말했다.

"아뇨. 저한테 먼저 좋다고 말한 남자가 부장님이 처음이었어요. 허구한 날 저만 먼저 좋다고 설레발 치고 그 잘난 남자들 뒤꽁무니만 쫓아다녔는데 처음으로 제가 좋다고 해주니 기분이 묘하더라고요. 그래서 그냥 대쳤죠." 문제는 그러다가 유부남이었던 직장상사와 사이에서도 아이가 생겼고, Y가 이 사실을 직장상사에게 알리자 겁을 먹은 그는 그녀를 바로 해고해 버렸다.

점점 멀어져가는 너,
점점 공포를 느끼는 나

김종서의 「아름다운 구속」이라는 노래가 있다. 가사 중에 이런
부분이 있다.

아름다운 구속인걸
사랑은 얼마나 사람을 변하게 하는지
살아있는 오늘이 아름다워

세상에 아름다운 구속이 있을까? 사랑의 콩깍지가 씌지 않으면
결코 있을 수 없는 일이다. 인간은 근본적으로 자유를 갈망한다. 자

신의 자유를 방해하는 모든 시도와 환경은 악으로 간주한다. 20세기 소련과 동유럽을 장악했던 사회주의가 왜 하루아침에 무너졌는지 역사에서 교훈을 얻을 수 있다. 사회주의의 몰락은 정치적인 이유에 앞서 그것이 인간의 본성에 반하는 체제였기 때문이다. '자유가 아니면 죽음을 달라.' 자유를 향한 구호는 이런 인간의 뿌리 깊은 본성을 반영한다. 관계에서도 마찬가지다. 아무리 물고 빨고 사랑하는 사이여도 서로의 자유가 확보되지 못한 관계는 갑을의 이해관계거나 상하의 계약관계, 아니면 뒤틀린 병리적 관계와 같을 뿐이다.

1) 구속과 사랑은 다르다

관계중독에서 흔히 볼 수 있는 건 바로 구속과 사랑을 구분하지 못하는 것이다. 구속은 상대방을 믿지 못해 일어난다. 필자는 관계에서 구속이라는 개념을 종종 전자발찌에 비유한다. 오늘날 사회가 성범죄자에게 전자발찌를 채우는 이유가 뭘까? 그들의 의도와 행동을 믿지 못하기 때문이다. 누구나 손쉽게 인터넷 웹사이트로 성범죄자의 신상 정보를 열람할 수 있게 해놓는 것도 모자라 아예 성범죄자가 주거지로부터 일정 반경을 벗어나지 못하게 전자발찌를 채워 통제하는 것이다. 창살 없는 감옥인 셈이다. 문제는 눈에 보이는 전자발찌보다 눈에 보이지 않는 전자발찌를 상대 연인에게 채우는 이들이 너무 많다는 사실이다.

"하루에 세 번 이상 전화하면 사랑하는 사이래요."
"다섯 번 이상 전화하면요?"
"미친놈이거나 의처증환자지, 인마."

2018년 개봉한 영화 「완벽한 타인」에서 나오는 대사의 일부다. 잘나가는 유방성형외과전문의인 석호(조진웅)는 정신과의사인 예진(김지수)과 결혼해서 남부럽지 않은 부유한 삶을 산다. 속도위반으로 일찌감치 결혼한 둘 사이에는 이미 장성한 대학생 딸이 있다. 하루는 자신의 집에서 오랜만에 강원도 속초 출신 죽마고우들과 부부동반 저녁식사를 계획하는데, 자리에는 변호사인 태수(유해진)와 전업주부이자 문화센터 문학반 회원인 수현(염정아) 부부, 요식업 사장인 준모(이서진)와 동물병원 수의사인 세경(하윤) 부부, 그리고 여친이 아프다며 혼자 온 영배(윤경호)가 참석하게 된다. 물회와 닭강정, 술빵, 홍게찜에 물곰탕까지 강원도 향토 음식들이 차려지고 동향 친구들을 만나 서로의 안부를 물으며 초반에는 화기애애한 시간이 이어진다.

"그럼 우리 게임 한 번 할까? 저녁 먹는 동안 오는 전화와 문자를 모두 공유하는 거야."

　외도로 패가망신한 친구 이야기를 안주 삼아 씹다가 대뜸 예진
은 짜릿한 게임을 하나 제안한다. 처음엔 다들 정색하고 이 정신 나
간 게임을 하지 않으려 하지만, "왜, 찔리는 거 있어?"라는 질문에
다들 경쟁적으로 식탁 위에 핸드폰을 올려놓는다. 그러면서 이들은
서로의 관계에서 감추고 있던 민낯이 하나씩 드러나고 이중적인 타
인으로 살아가는 관계의 모순이 공개된다. 예진은 남편 몰래 그의
친구인 준모와 불륜 관계였고, 준모 역시 아내 몰래 여러 여자들과
그렇고 그런 관계를 즐기고 있었다. 남편 석호는 아내와 한마디 상
의 없이 친구 말에 묻지마 주식 투자로 20억을 날렸고, 태수는 아내
몰래 텔레그램에서 12살 연상의 여자와 가슴 사진을 주고받는 사이
다. 자신의 어머니를 끔찍이 생각하지만 아내 수현에게는 가부장적
인 태도를 고수하는 권위적인 남편이다. 무엇보다 영배는 동성애
성향으로 학교에서도 잘린 전직 교사로 커밍아웃하고 과감하게 동
갑내기 동성친구를 소개할 수 없다.

　"우리는 서로 같은 일을 하고 있는 거야. 환자들의 가슴을 치료
해주고 있는 거라고."

석호는 자신은 빈약한 가슴으로 자존감이 떨어진 여성의 외모를 고치고, 예진은 열등감으로 힘들어하는 사람들의 내면을 고친다고 둘러댄다. 밤 10시만 되면 가슴 사진을 보내는 연상 여자의 문자가 내심 마음에 걸렸던 태수는 휴대폰이 자신 것과 같은 영배에게 서로 폰을 바꾸자고 제안한다. 하지만 이는 그에게 도리어 화를 자초하는 꼼수가 되었다. 뒤바꿔치기한 영배의 폰에 곧 야시시한 문자가 도착한다. '아직 화났어?' 보낸 사람은 민수, 어라? 남자다. 이젠 전화까지 온다. 스피커폰으로 들려온 음성은 '몸 안 좋다며 집들이 갔니? 걔들은 니가 남자 좋아하는 거 아니?' 졸지에 영배가 아닌 태수가 게이로 몰리는 어처구니없는 상황. 아내 수현은 울먹이며 태수에게 묻는다. "그… 사람이랑 잤어요?"

문제는 여기서 그치지 않는다. 과거 음주운전으로 걸려 들어간 사건의 피의자가 수현이 아닌 태수였던 것. 그 사건 이후로 둘은 섹스리스 부부로 껍데기처럼 살아간다. 모든 것이 깨어져버린 부부 관계, 자신이 머리 한 건 알아보지 못하고 어머니 머리 한 것만 알아보는 무심한 남편을 보고 수현은 흐느끼며 말한다. "왜 날 사랑한다고, 날 용서한다고 말했어? 이렇게 날 숨도 못 쉬게 할 거면서…." 썩을 데까지 썩은 관계는 따로 있다. 준모는 아내 몰래 레스토랑 지배인 채영이를 임신시켰고, 이를 들키면서 세경은 남편에 대한 신뢰를 한 방에 잃어버린다. 자신이 남편에게 줄 수 없었던 2세 임신의 기별을 시어머니에게 전하는 세경. 어쩌면 이들은 영화 제목처럼 가장 가까이 있는 서로에게 가장 '완벽한 타인'으로 살았는지 모르겠다.

K(30대)도 그런 사람 중 한 명이었다. K의 관심은 집착으로 변해 갔다. 그녀는 틈만 나면 남자친구의 휴대폰을 요구했고, 자신과 애인으로 사귀는 동안에는 이성뿐만 아니라 동성 간의 카톡 내용도 모두 자신과 공유해야 한다고 으름장을 놨다. K는 그 대가로 남자친구에게 자신의 몸을 허락했다. 그녀에게 휴대폰 열람권은 그에게 섹스 프리패스와 같았다. 남자친구가 자신에게 관계의 성실성을 입증했기 때문에 사랑도 할 수 있다는 논리였다. 이런 계약 관계는 적어도 서로에게 등가교환이었던 셈이다. 남자친구는 정기적으로 육체관계를 나눌 수 있다는 생각에 처음에는 K의 요구를 순순히 받아들였다. 하지만 시간이 흐르면서 K의 요구는 점점 노골적으로 바뀌었다. 휴대폰을 보는 것으로 일단락되었던 K의 조사는 이제 이-메일과 노트북을 샅샅이 점검하는 과정까지 확대되었다. 잘만하면 팬티까지 뒤집어볼 태세였다.

노트북에서 다량의 야동이 담긴 폴더가 우연히 발견된 건 그들이 사귄지 반년이 지났을 때였다. K는 자신의 남자친구가 야동을 보는 '저급한 인간'이라는 생각에 치를 떨었다. 남자친구는 자신과 같이 혈기왕성한 20대 남자들이 야동을 보면서 욕구를 푸는 건 자연스러운 일이라며 항변했다. 동시에 K는 컴퓨터에서 남자친구가 같은 대학 이성친구 중 한 명과 다정하게 찍은 사진들을 찾아내었고 자신과 만나는 동안에 그녀와도 잠자리를 한다는 합리적(?) 의심을 갖게 되었다. 급기야 K는 그녀의 전화번호를 알아내 직접 전화까지 거는 극성을 부렸다. "내 남자에게서 떨어져. 어디서 꼬리를 치고 지랄이야!" 점차 둘의 관계는 삐걱대기 시작했고 남자친구는 K의 비이성적인 집착과 강박적인 요구에 숨이 막혔다.

남자친구가 반발할 때마다 K는 습관처럼 이렇게 말했다. "못 믿는 게 아니라 사랑하니까 그러는 거야." 남녀 간 사랑을 마치 반도체 공장에 들어가기 위해 거치는 무균실 관리처럼 여기는 K에게 남자는 넌덜머리를 냈다. "이건 사랑이 아냐. 구속이라고, 구속." 소리치는 남자에게 K는 오히려 당당하다. "그럼 너도 구속해." 그녀에게 사랑은 변해선 안 되는 고정불변의 원칙이며 그 원칙을 매번 확인하는 건 사랑을 더욱 공고하게 다지는 필수 과정이었다. K에게 사랑은 통제실의 계기판처럼 훤히 들여다보여야 하는 숫자의 향연이며 그중 어느 것 하나라도 자신의 방정식과 함수에 맞아 떨어지지 않으면 당장 관계에 의문부호를 찍었다.

『어린왕자』를 쓴 생텍쥐페리는 말했다. "사랑은 상대방을 서로 들여다보는 것이 아니라 함께 같은 방향을 바라보는 것이다." 관계의 완성은 믿음이며, 믿음은 상대방에 대한 철저한 인정과 묵인에서 출발한다. K가 바라는 관계는 사랑이 아닌 강렬한 자기애에 불과하다. 모든 것을 간섭하고 통제하려 드는 그녀에게 살아있는 사람보다는 차라리 박제된 미라가 나을 것이다. 앞서 말한 미국의 임상심리학자 앤 섀프는 관계중독에서 흔히 발견되는 통제 욕구에 대해 이렇게 말한다.

"조금 다른 관점에서 보면, 중독적 관계란 것도 바로 이 통제 환상에 기초해 있음을 알 수 있다. 많은 사람들에겐 이상한 믿음이 있는데, 그것은 바로 상대방이 자신을 통제하려고 애쓰지 않는 경우 자신이 사랑받지 못하는 것 같다는 믿음이다. 이에 따르면, 사랑이란, 곧 상대방을 통제하거나 아니면 상대방의 통제를 받는 것이다. 이런 태도는 청소년기의 여자 아이들에게서 유달리 뚜렷하게 나타난다. 이들 중 어떤 아이들은 만일 남자친구가 무엇을 하자고 얘기하지 않으면 도대체 무엇을 해야 할지 전혀 모르는 경우가 많다." [*]

---

[*] 앤 윌슨 섀프, 앞의 책, 90~91.

2) 통제와 관계중독

통제 욕구는 두 가지 방향으로 일어날 수 있다. 하나는 K처럼 머리부터 발끝까지 상대를 통제하고 관리하는 데에서 사랑을 느끼는 방향이며, 다른 하나는 반대로 상대에게서 강박에 가까운 통제를 받는 데에서 도리어 사랑을 확인하는 방향이다. 동전의 양면처럼 전자와 후자 모두 관계중독의 양상이다. 전자의 경우, 상대방이 숨막힐 정도로 일거수일투족 확인하고 따지는 행태를 보이며 상대가 고통을 호소할수록 통제자가 쾌락을 느끼는 가학적 형태로 발전한다. 이 형태가 고착되면 결국 의처증이나 의부증으로 진화하게 된다. 반면 후자의 경우, 상대방이 자신을 통제하고 구속하면 할수록 진한 애정을 느끼는 피학적 형태로 귀착된다. 어떤 경우든 관계중독의 피해자이자 가해자로 남게 된다.

통제자	피통제자
controller	the controlled
통제하는 쾌감	통제당하는 쾌감
가학적 성향	피학적 성향
보통 남성들에게서 발생	보통 여성들에게서 발생

통제자와 피통제자의 특징

보통 성인이 되었으나 스스로 판단을 하지 못하고 가족이나 주변 지인들에게 의지하는 여성들에게서 관계에 있어 피학적 성향이 일어난다. 어려서 엄부 하에서 엄격한 가정교육을 받았거나(예를 들어, 빡빡한 귀가시간이 정해진 경우) 보수적인 종교교육을 강요받았을 때(예를 들어, 이성교제에 대한 필요 이상의 정죄를 받은 경우) 보통 자신보다 나이가 많거나 지위가 높은 사람에게 관계의 주도권을 허락하게 되며 나이가 들고 독립을 해야 할 시기가 되어서도 이런 과정에서 벗어나지 못하고 상대를 바꿔가며(아버지→선배→남자친구) 의존적 성향을 보인다. 이런 유아적 성향의 여성들은 인생 대부분의 결정권을 남에게 넘겨주며 결정에 대한 책임도 남에게 돌린다.

K의 사례는 반대였다. 그녀는 자신이 관계의 통제자로 있을 때 비로소 행복감을 느꼈다. 남자친구의 하루 일과와 동선, 만남과 관계, 심지어 생각까지 훤히 볼 수 있어야 안도했다. 처음에 남자는 그녀가 하루에 있었던 일들을 꼬치꼬치 캐물을 때마다 자신에 대한 진한 애정이 느껴져서 도리어 좋았다. 문제는 그 호기심이 의구심과 거의 같은 종류의 감정이라는 느낌이 들면서 그녀의 집요한 물음에 질려갔다. 특히 그녀가 자신을 바라보는, 명탐정 홈스를 방불케 하는 의혹의 눈초리를 받을 때면 남자는 섬뜩함마저 들었다.

상담을 진행하면서 필자는 K에게 바람난 아버지가 어머니와 자신, 남동생을 버리고 새살림을 차린 사건이 하나의 트라우마로 남았다는 사실을 발견했다. 그녀의 아버지는 80년대 중견 건설회사 간부였는데, 그만 회사 내 젊은 비서와 바람이 났다. 아버지는 도리어 어머니에게 당당히 이혼을 요구했다. 집과 위자료를 받았지만, 서둘러 시작한 고기집은 세상 물정도 모르고 경험도 없던 터에 두 해를 버티지 못하고 헐값에 처분했다. 어머니와 어린 두 자녀는 급격히 가난의 나락으로 떨어졌다. 이후 어머니는 고기집 주방에서 일하며 근근이 생계를 이어갈 수밖에 없었다. 이런 불우한 가정사를 통해 K의 머리에는 부정적인 남성관이 들어섰고 모든 남자들이 '잠재적 바람둥이'라는 결론에 이르렀다. 10회 집중적인 상담을 통해 역기능 가정에서 얻은 나쁜 기억과 남자에 대한 왜곡되고 부정적인 이미지를 돌려놓았다.

통제의 반대에는 의존이 있다. 다음 장에서 공의존 상태에 대해 알아보자.

불평등한 관계로의 전환, 공의존 상태

공의존증은 어떻게 한 사람을 관계중독의 나락으로 떨어뜨리는 가. 2000년대 초반 팝아티스트로 왕성한 활동을 보여주었던 N(40대)이 대표적인 케이스다. N은 모 TV 프로에서 스스로 밝히기를 일찍이 친부가 가정을 버리고 친모가 오랜 투병생활을 하는 등 전형적인 역기능 가정에서 자랐다며 불우한 가정사를 공개하기도 했다. 그래서였을까. 그녀는 2017년 자신을 모 호텔의 창업주이자 카지노의 대부로 알려진 모 회장의 숨겨진 아들이라고 주장하고 다니던 Y(40대)를 사석에서 만나 연인관계를 맺는다. 그는 자신을 '회장'으로 소개했다. Y는 어머니와 누이가 현재 마카오에서 살고 있고 자신은 한국과 해외에서 비즈니스를 하고 있다며 계획적으로 그녀에게 접근했다. 누가 보더라도 전형적인 혼인빙자 사기꾼 수법이었지만, 오랜 연예계 활동과 독신 생활로 심신이 지쳤던 N은 믿고 의지할 대상이 필요했다. 둘은 급격히 가까워졌고, Y가 N의 집으로 들어가면서 본격적인 동거가 시작되었다. 번갯불에 콩 구워먹는다고 바로 결혼날짜까지 잡았다. 둘 다 혼기가 넘은 나이에 결혼을 미룰 이유가 없었던 것.

"어차피 결혼할 건데 당당히 당신과 살고 싶다. 혼인신고부터 하자." N은 혼인신고를 먼저 하자는 Y의 요구에 '이 사람이 나를 얼마나 사랑하면 이럴까.' 생각하고 서류 한 장으로 간단히 부부의 연을 맺게 된다. 그런데 그 결정은 평생 천추의 한으로 남을 비극의 시작이었다. 공교롭게도 혼인신고를 한 바로 다음 날부터 연일 Y의 과거 행적을 낱낱이 파헤친 폭로성 기사들이 뜬 것이다. 기사에 의하면, Y에게는 이미 사실혼 관계의 부인이 존재하고 있었다. 성범죄 전과로 전자발찌를 착용 중이었고, 그 외 다수의 횡령 및 사기로 피의자 신분이었다. 자신에게는 아버지의 유산 상속 문제로 10년간 억울하게 옥살이를 했노라 이야기 했던 남편이 사실 특수 강도 강간 전과자였다는 믿기지 않는 사실을 알고 N의 심정은 어떠했을까? 혼인신고를 서두른 것도 자신의 부동산을 담보로 사채를 끌어

쓰기 위한 그의 치밀한 계략이었다. 뒤늦게 시골에서 농사를 짓던 Y의 친모를 찾아 전모를 알게 되면서 자신이 혼인 사기를 당했다는 걸 깨달았다. 정신을 차렸을 때에는 이미 수억대의 빚을 홀로 떠안은 상태였다. 이후 3년을 끌게 될 N의 지리한 법정 싸움은 그렇게 시작된다.

3년 뒤 이혼소송에서 승소하고 모 TV 프로에 등장한 N의 인터뷰를 우연히 보게 되었다. 처음에는 남편의 말을 그대로 믿었다고 한다. 그래서 언론에 남편의 억울함을 풀어달라고 하소연하기도 했단다. "제 남편이 과거 강도 강간으로 연루된 두 사건은 여러 변호사들과 상담을 해본 결과 전혀 이해가 안 되는 판결이었습니다. 힘들고 고통스러운 옥살이를 했을 제 남편의 억울한 누명이 밝혀져야 합니다. 대한민국 사법부에 정의가 살아 있다면 말입니다." 심지어 미국 시민권자였던 N은 당시 미국 대통령이었던 트럼프 대통령에게 공개편지를 써서 남편의 억울함을 호소하기도 했다. 물론 이는 Y가 뒤에서 사주한 것임이 나중에 드러났지만 말이다. 아마 이때까지 그녀는 Y의 말을 순진하게 그대로 믿었던 것 같다. 그녀는 자신의 유명세를 이용해 남편을 두둔하고 과거 행적을 애써 믿지 않으려는 행동을 보였다. 언론과 대중은 그런 위태로운 애정행각에 우려를 나타냈지만 N은 듣지 않았다. "나에게 충고는 필요하지 않다."며 철저하게 눈과 귀를 막았다.

　이러한 행동을 심리학에서는 흔히 타조 효과ostrich effect라고 한다. 위기에 내몰릴 때 타조는 자신의 머리를 땅속에 파묻고 주변을 무시하는 경향을 보인다. 흥미로운 건 타조효과는 지적 전문성을 갖춘 사람에게 더 빈번하게 일어난다는 사실이다. 『지능의 함정』을 쓴 데이비드 롭슨David Robson은 한 분야에 전문적인 지식을 가지고 있는 사람일수록 불편한 진실을 애써 무시하는 경향이 있다고 말한다. 자신의 분야에서는 디테일한 분야까지 잡아내는 안목을 갖추고 있으면서도 그 밖의 분야에서는 초등학생에 가까운 맹시盲視를 보여준다는 것. "내가 전문가라는 착각은 사람의 마음을 더 폐쇄적으로 만들기도 한다. 시카고 로욜라대학 빅터 오타티Victor Ottati는 사람들에게 자기 지식이 풍부하다고 느끼도록 부추기면 자기와 생각이 다른 사람의 견해를 찾아보거나 그런 견해에 귀 기울이려 하지 않는다는 사실을 알아냈다. 오타티는 일부 정치인이 자기 생각에 점점 매몰되어 자기 지식을 보완하지 않거나 타협책을 찾지 않는 이유도 여기서 찾을 수 있으리라 생각한다. 그는 이런 마음 상태를 '근시안적 자기과신myoptic over-self-confidence이라 일컫는다."＊

＊ 데이비드 롭슨, 『지능의 함정(김영사)』, 이창신 역, 103~104.

Y가 이처럼 근시안적 자기과신으로 무장한 N을 구워삶는 데에는 그리 오랜 시간이 필요하지 않았다. Y는 정신적으로나 육체적으로 그녀를 철저하게 지배했다. Y가 둔기로 문을 부수고 유리창을 깨고 집으로 들어와 자신을 폭행할 때에도 언론에는 자신이 괜히 놀라 즉흥적으로 경찰에 신고한 것이며 남편의 처벌을 원치 않는다고 그를 두둔했다. N이 뒤늦게 자신이 철저히 속았음을 깨닫고 이혼 소송에 돌입했을 때에도 Y는 자살소동을 일으키며 그녀를 붙잡았고, 그때마다 그녀는 언론에 자신이 이혼하려는 건 남편의 숨겨진 과거 행적 때문이 아니라 폭행 때문이었다고 둘러댔다. 한 언론에서 밝힌 그녀의 인터뷰 내용은 이러한 심리상태를 잘 보여준다. "남편이 제 명의의 집을 담보로 수억대 사채를 끌어 썼어요. 세상의 조롱과 갖가지 비난을 견디고 주변 지인들의 반대를 무릅쓰며 남편을 믿어주어 이 사회에 필요한 일꾼이 되길 바랐지만, 돌아오는 건 불어난 이자와 막막한 생활고, 연대보증 피해뿐이었습니다. 하지만 이것이 이혼을 결심하게 된 이유는 아닙니다. 내가 선택한 결혼이고 내가 사랑한 사람이었던 만큼 돈은 중요하지 않았죠." 이혼을 앞둔 마당에 Y를 끝까지 두둔하는 모습을 보이자, 대중은 그녀의 눈물 섞인 변명을 싸늘하게 바라봤다. 이처럼 그녀가 남편에게 면죄부를 주려는 건 그에게 일말 애정이 남아있어서가 아니라 희대의 사기꾼을 선택한 자신의 우매함을 끝까지 인정하지 않으려

는 행태에 불과하다.

"부모도 형제도 없는 나는 꼭 가족을 지키고 싶었다."우리는 그녀의 이 말을 주목해야 한다. 보통 이성적인 판단이 유효한 사람이라면 이런 사기를 당했을 때 자연스럽게 자신의 문제를 돌아보고 원인이 되는 지점으로 돌아가서 해결책을 찾으려 할 것이다. 거기에는 스스로 잘못을 반성하고 뉘우치는 과정에 동반될 수밖에 없다. 하지만 N은 말 그대로 모두가 나서서 말리는 상황에서도 자신은 사랑밖에 몰랐으며 그가 인류애가 넘치는 뇌섹남이라고 추켜세웠다. 결혼생활이 파탄 난 상황에서도 결코 자신의 잘못을 인정하지 않았다. 이후 언론 앞에서 했던 그녀의 핑계는 언제나 사랑타령뿐이다. "고통, 시련, 슬픔 등 감정을 어떻게 설명해야 할지 모르겠다. 물론 내가 선택한 잘못된 사랑과 결혼이었지만, 목적이 오직 하나였다는 것을 알게 된 후 고통스럽고 힘들었다."

보통 나를 힘들게 하거나 고통을 주는 상대방과 멀어지려고 하는 게 인지상정이다. 하지만 공의존상태에 있는 사람은 어떤 대가를 치르더라도 상대방과 떨어지지 않으려는 집착으로 자신이 경험하는 감정과 문제를 회피하거나 부정하는 경향을 보인다. 자신이 아니라 상대방을 의존하기 때문에 문제를 문제로 인식하지 못한다.

'우리 관계에는 별 문제가 없어.' '이 정도면 나름 괜찮지 않아?' 이런 기제를 가지고 있으면 당장은 문제에서 벗어나는 것 같은 착시를 갖지만 시간이 갈수록 관계에서 오는 기쁨과 즐거움을 잃게 된다. 혼자서 끙끙 앓는 경험, 부인과 회피로 일관하다 보면 어느덧 건강한 관계는 사라지고 상처받은 어린아이처럼 의존적이거나 방어적 자세를 취하는 경향으로 흐른다.

관계 = 마약

그래서 임상에서는 관계중독을 의존성 성격장애로 보기도 한다. DSM-V판에 근거하여 현장에서는 성격장애personality disorder를 보통 세 가지로 분류하는데, 각 특성에 따라 A군(기이형)과 B군(충동형), C군(불안형)으로 나누고 하위에 10개의 세부적 성격장애를 위치시킨다. 의존성 성격장애dependent personality disorder는 C군에 속한다.

A군이든 B군이나 C군이든 상관없이 성격장애는 정도의 차이만 있을 뿐 모두 인간관계를 파탄으로 끌고 가며 어떤 방식으로든 관계중독을 가져온다. 그중에서 C군의 의존성 성격장애는 관계중독의 특징적 양상으로 보는데, 많은 경우 관계중독이나 공의존에 빠진 이들이 상대에 의존성 성향을 보이기 때문이다. 의존성 성격장

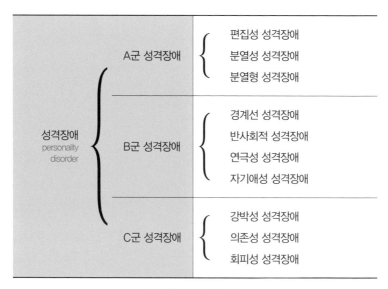

성격장애의 세 가지 종류

애의 증상들에는 비판에 대해 극단적으로 예민하게 반응하는 태도, 이별에 대한 두려움, 관계가 끝났을 때 느끼는 무력감 같은 것들이 포함된다. 일상에서 내리는 사소한 결정조차 혼자서 내리지 못하거나 남의 의견이나 취향에 과도하게 의존하는 습관 역시 의존성 성격장애의 일반적인 증상으로 볼 수 있다.

다음은 의존성 성격장애를 알아볼 수 있는 진단표다. 각 문항을 읽고 '예'아 '아니오'로 답한 뒤 개수를 합산해 판정하면 된다.

항 목	예	아니오
1. 혼자 있는 게 불안하고 힘들다.	☐	☐
2. 남들의 비판이나 지적에 쉽게 상처 받는 편이다.	☐	☐
3. 남들은 다 잘 하는데 나만 잘 못하는 것 같은 피해의식이 있다.	☐	☐
4. 모든 일에 수동적으로 대응하거나 타성에 의해 움직이는 편이다.	☐	☐
5. 긴밀한 지금의 관계가 깨지거나 나빠질까봐 언제나 걱정이 앞선다.	☐	☐
6. 책임을 지지 않기 위해서 일을 남에게 떠넘기거나 회피하는 편이다.	☐	☐
7. 자신을 혼자 돌봐야 한다는 비현실적인 두려움에 종종 사로잡혀 있다.	☐	☐
8. 남의 취향이나 의견에 빠르게 동의하거나 쉽게 의존하는 경향이 있다.	☐	☐
9. 다른 사람의 조언이나 간섭 없이는 일상적인 의사결정을 내릴 수 없다.	☐	☐
10. 새롭게 일을 시작하거나 스스로 작업을 수행하는 데 두려움을 느낀다.	☐	☐
11. 평소 자신의 판단이나 능력에 대한 자신감이 많이 부족하다고 느낀다.	☐	☐
12. 누군가 나를 대신해서 인생의 중요한 부분을 대신 결정해주었으면 좋겠다.	☐	☐
13. 갈등이나 문제가 불거질까봐 자신의 이견을 표현하는데 어려움을 느낀다.	☐	☐
14. 불쾌한 일을 자진해서 할 정도로 남에게 인정을 받으려고 안간힘을 쓴다.	☐	☐
15. 나 자신을 돌볼 수 없다는 두려움 때문에 혼자 있을 때 무력감을 느낀다.	☐	☐
16. 긴밀한 관계가 끝났을 때 이를 대체하려고 빠르게 다른 관계를 추구한다.	☐	☐

- 0~4개: 성격장애로까지 볼 수 없음
- 5~9개: 의존성 성격장애일 수 있음
- 10개 이상: 의존성 성격장애가 매우 의심됨

　　의존성 성격장애는 심리학자나 정신과의사, 경험이 풍부한 상담자 같은 숙련된 전문가에 의해 진단될 수 있다. 처음에는 가정의학과나 일반 클리닉에서 상담할 수 있겠지만, 결국 진단과 치료를 받으려면 전문가의 도움을 받을 수밖에 없다. 문제는 실지로 의존성 성격장애를 가진 많은 환자들이 자신의 병식을 제대로 갖지 못하기 때문에 진단은커녕 치료도 받으려 하지 않는다는 데에 있다. 보통 의존성 성격장애를 가진 사람들은 직장을 잃거나 관계가 어그러지는 등 자신의 정신적 문제가 삶에 상당한 영향을 미친 뒤에서야 병원이나 상담실을 찾는다. 그럴 수밖에 없는 이유는 관계중독을 따지기에 앞서 자기 인식이 부족하기 때문이다.

불안의 그림자가 증폭시켜온 존재의 부정

'나는 누구인가?' 일찍이 소크라테스는 '너 자신을 알라.'고 말했다. 관계중독을 진단하려면 자신의 감정을 먼저 이해하는 것이 중요하다. 19세기 철학과 분화되기 전부터 자기 인식은 심리학의 오랜 주제 중 하나였다. 오래 전부터 심리학은 자기 인식self-awareness에 대해 여러 가지 기준을 가지고 개인을 규정해왔다. 다음은 흔히 심리학자들이 말하는 자기 인식의 네 가지 분야들이다.

직업 관련 가치관 work-related values	직업은 자아실현에 중요한 통로다. 자신의 관계중독 위험도를 알기 위해서는 평소 직업에 대한 관심과 가치관, 노동윤리, 비전을 점검해야 한다. 직업과 관련하여 스스로 중요하게 여기는 가치에는 자율성, 명성, 안전, 대인관계, 다른 사람들을 돕는 것, 유연한 업무 일정, 야외 근무, 여가 시간, 높은 급여 따위가 포함될 수 있다. 직업을 선택할 때 이러한 것들을 미리 고려한다면, 더 만족스러운 직장을 얻는 것뿐만 아니라 직업 관련 관계중독을 피할 수 있는 단서를 얻을 수 있다.
관심사 interests	다양한 활동에 대한 개인적인 취향과 관심사는 타인과 인간관계를 설정하는 데 매우 중요한 토대가 된다. 자신의 관심사를 제대로 알면 직업을 선택하는 것뿐만 아니라 취미와 기타 사회활동을 결정하는 데 귀중한 자기 이해를 얻을 수 있다. 에드워드 스트롱Edward Kellog Strong 같은 심리학자들은 일찍이 이러한 관심사를 반영한 「스트롱 직업흥미검사Strong Interest Inventory」 같은 검사지를 개발하기도 했다.
성격 유형 personality types	자신의 성격 유형은 사회적 특성과 동기부여, 욕구, 그리고 태도로 구성되어 있다. 정신분석학자 칼 구스타브 융Carl Gustav Jung의 성격 유형을 토대로 만들어진, 우리들에게 흔히 MBTI로 알려진 마이어스-브릭스 성격유형검사Myers-Briggs Type Indicator는 대표적인 검사로 꼽힌다. 외향-내향(E-I), 감각-직관(S-N), 사고-감정(T-F), 판단-인식(J-P) 등 네 가지 분류 기준을 가지고 총 16가지 성격 유형을 찾아낸다. 자신이 어떤 타입의 성격을 가지고 있는지 아는 것은 직업을 선택하거나 관계를 형성하는 데 더 없이 도움을 얻을 수 있다.

적성 aptitudes	적성은 개인의 타고난 재능과 습득 능력을 말한다. 적성은 단일한 것이 아니라 다면적이고 여러 개일 수 있기 때문에 자신의 적성을 면밀하게 탐구하고 살피는 것은 자기 인식뿐 아니라 직업 및 관계에 도움이 된다. 현장에서 다양한 적성검사가 행해지는데, 여기에는 언어논리, 추리력, 수리능력, 공간지각력 등 다면적인 능력을 측정하는 항목들이 포함된다.

자신에 대한 이해는 거울을 들여다보는 것으로 충족되지 않는다. 진정한 자기 이해는 타인의 도움이 필수적이다. 1955년 심리학자인 조셉 러프트Joseph Luft와 해리 잉햄Harry Ingham은 타인과의 관계 속에서 자기 이해에 도움을 줄 수 있는 모델을 만들었다. 전체적으로 4사분면으로 이루어진 이 모델은 흔히 두 사람의 이름을 따서 '조하리의 창Johari's window'이라고 불린다. 간단히 말해서, 조하리의 창은 나의 관점에서 바라보는 나와 남의 관점에서 바라보는 나의 조합으로 만들어진다. 개인 성격을 묘사하는 56개의 단어 조각들을 보여주고 그 중에서 자신의 성격을 잘 표현해준다고 생각되는 단어들을 6개 골라낸다. 동시에 나를 알고 있는 사람도 상대방을 잘 표현해준다고 여겨지는 6개의 단어를 각기 골라내게 한다. 이후 내가 고른 단어들과 남이 고른 단어들을 네 개의 사분면에 위치시킨다. 제일 먼저 나와 남이 모두 고른 단어는 '공개된open 자아'에 놓고, 그

다음 나는 골랐는데 남이 고르지 않은 단어는 '숨겨진hidden 자아'
에, 나는 안 골랐는데 남이 고른 단어는 '가려진blind-spot 자아'에, 나
나 상대 모두 고르지 않은 단어는 '미지의unknown 자아'에 놓는다.
그러면 아래와 같은 4사분면이 자연스럽게 만들어진다.

　철학자 찰스 핸디Charles Handy는 조하리의 창을 두고 '방이 네 개
딸린 조하리 하우스'라고 불렀다. 조하리의 창이 제시하는 자기 인
식의 모델은 자신이 생각하는 자아상self-image에 매몰되지 않고 주
변의 객관적인 시각을 통해 어느 정도 자신의 시각을 교정할 수 있
는 여지가 있다는 점에서 가치가 있다. 나중에 자세히 살펴보겠지
만, 관계중독에 일정한 자양분을 공급하는 서로 상반된 자기 인식
인 수치감과 나르시시즘이 이러한 나와 남의 균형감각을 상실했을
때 얻게 되는 자아상이기 때문이다. 독방에는 거울이 없다. 조하리
하우스에 살면서 나는 남과 함께 마주한다. 첫 번째 방에서 나와 남
들이 보는 내 자신을, 두 번째 방에서 다른 사람들은 보지만 나는
모르는 부분을, 세 번째 방에서 내가 남들에게 숨기고 있는 부분을,
마지막으로 네 번째 방에서 나도 남도 보지 의식하지 못하는 부분
을 마주하게 된다. 우리는 네 개의 방 중에서 어디에선가 머물러야
한다. 과연 어디에서 살 것인가?

독방에는 거울이 없다

	나에게 알려진 나	나에게 알려지지 않은 나
남에게 알려진 나	공개된 자아 나도 알고 남도 아는 자아	가려진 자아 나는 모르는데 남은 아는 자아
남에게 알려지지 않은 나	숨겨진 자아 나는 알지만 남은 모르는 자아	미지의 자아 나도 모르고 남도 모르는 자아

결국 자신을 객관적으로 대면하는 건 '나는 이래'라는 내 이미지
와 '너는 이래'라는 상대의 평가가 중첩되는 교집합 부분이다. 나
자신을 이해하거나 의식하는 모든 행위는 그 자체로 독자적인 과정

능력 있는	원기왕성한	사랑스런	탐색하는
수용적인	외향적인	성숙한	자기주장이 강한
융통성 있는	친근한	겸손한	자의식적인
담대한	베푸는	신경질적인	판단력 있는
용감한	행복한	주의 깊은	감상적인
침착한	도움을 주는	조직적인	수줍음 있는
염려하는	이상적인	참을성 있는	우둔한
쾌활한	독립적인	힘 있는	자발적인
지적인	영리한	자부심 있는	동정적인
복잡한	똑똑한	조용한	긴장한
자신만만한	내향적인	반성적인	신용 있는
믿을만한	친절한	긴장을 푼	따스한
위엄 있는	식견이 있는	신실한	현명한
공감적인	논리적인	반응하는	재치 있는

일 수 없다. 모든 과정에는 타인과의 일정한 관계를 통해 발생하는 자의식이 필요하며, 그 과정에 남이 없다면 '진정한 나'의 완성은 계속 유예될 수밖에 없다. 제일 중요한 부분은 아마 '내가 모르지만 남은 알고 있는 나'일 것이다. 완전한 인격은 나와 다른 타자를 만나는 가운데, 더 나아가 미지의 대자연을 맞닥뜨리는 가운데 이루어진다. 개인 수양과 독처獨處로는 공개된 자아와 숨겨진 자아만 발견할 뿐이다. 내가 모르는 나, 그 중에서도 잠재성을 발현시킬 수

있는 자아는 타인과의 만남을 통해 확보할 수 있다.*

    그 다음은 내가 살아왔던 가정 배경 역시 자기 인식에 매우 중요한 단서를 준다. 나를 아는 것은 나의 성장 배경을 아는 것이다. 미국 미네소타대학의 심리학자 데이비드 올슨David Olson은 부부나 가족의 유형을 원주형 모델circumplex model로 제시한 것으로 유명하다.** 그는 부부나 가족 구성원 간의 유대를 나타내는 응집성과 부부나 가족 구성원 내 관계의 융통성을 나타내는 유연성을 가지고 가정을 25가지의 형태로 나누었다. 여기서 응집성은 부부의 정서적 유대감, 즉 서로에 대해 가지는 친근함의 정도를 나타내는 척도며, 유연성은 부부의 리더십과 역할 관계, 관계 규칙 내에서 일어나는 변화의 양을 가늠하는 척도다. 응집성이 높을수록 부부간 사이는 밀접하며, 유연성이 높을수록 서로의 역할에 대한 이해에 융통성을 갖고 있다. 하지만 응집성이 너무 높으면 도리어 일정한 거리를 두지 못하고 서로 너무 가까워져서 얽힌enmeshed 관계가 될 위험성이 있으며, 유연성이 너무 높으면 서로의 역할과 규율이 실종되어 이도저도 아닌 혼돈스러운chaotic 관계로 떨어질 문제의 소지가 있다.

---

* 조하리의 창에 관한 자세한 내용은 필자의 책 『그 남자 그 여자의 지킬 앤 하이드』, 317~320페이지를 참고할 것.

** 데이비드 올슨, 『Circumplex Model of Marital and Family Systems: An Update』를 참고할 것.

안정과 변화 둘 다 건강한 가정과 부부 관계에서 필요하며, 필요할 때 변화를 허용하는 능력이야말로 위기의 파고를 넘는 데 필수적이기 때문이다.

유연성이 너무 낮으면 본의 아니게 가족이나 부부 관계가 변화에 대응하여 변화하거나 진화할 수 없는 경직성이 발생한다. 반면 너무 많은 유연성은 부부나 가족 구성원들이 그들의 행동과 상호 관계를 지배하는 공유된 합의점을 만들 수 없어 역할에 혼란을 초래한다. 이 두 극단 사이에는 유연하거나 구조화된 가정의 균형 잡힌 선택권이 놓여 있다. 또한 친밀감 역시 너무 높으면 문제를 일으킬 수 있다. 부부간 극도의 감정적 친밀감을 보이고 서로에게 의존적일 때 관계는 파행으로 치닫는다. 아무리 가까운 부부라도 24시간 붙어있을 수는 없으며, 각자 사적인 공간이나 개인적 관계가 필요하다. 반면 부부 사이가 너무 많이 떨어지게 되면 서로의 친밀감이 거의 느껴지지 않는 분리감을 초래한다. 서로 감정적이거나 실질적인 지원과 도움을 받기 위해 서로에게 의지할 수 없게 된다.

이 모델을 활용하면 부부간 관계 유형이나 역기능 가정 여부 등을 판단하는 데 도움을 얻을 수 있다. 모델을 이용하여 가정의 유형을 점검했다면, 일정한 시차를 두고 다시 점검하는 게 필요할 수 있

응집성

	불균형	균형		불균형
	동떨어진	다소 연결된	연결된	매우 연결된	얽힌

유연성

- 불균형 — 혼돈스러운
- 매우 유연한
- 균형 — 유연한
- 다소 유연한
- 불균형 — 딱딱한

데이비드 올슨이 제시한 부부 및 가족 체계 원주형 모델

다. 가정 모델은 고착된 게 아니라 시간의 흐름에 따라 시시각각 변하기 때문이다. 이 모델은 지난 30여 년 동안 대략 1,200건의 연구를 통해 그 타당성이 입증된 모델로 그 효용성이 높다. 이처럼 자기 인식은 현재의 나에 대한 공시적 맥락과 함께 내가 어떤 배경에서 성장했는지에 대한 통시적 맥락도 함께 요구된다. 관계중독과 공의

존중이 갖는 공통분모는 '나는 쓸모없다.'라는 열등감이다. 역기능 가정이 자녀에게 물려준 자랑스런(?) 유산이다. 이런 사람이 '누군 가 이런 나를 사랑해준다면 난 쓸모 있는 사람이야.'라는 착각을 가 지면 관계중독으로 빠진다. 반대로 '내가 누군가 곤경에 처한 사람 을 도울 수 있다면 난 쓸모 있는 사람이야.'라는 만용을 가지면 공 의존증으로 떨어진다.

"마음과 정보"

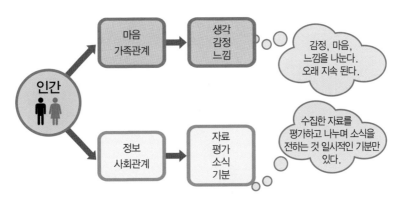

부부나 가족은 일반적으로 사회에서 만나는 인간관계와 다른 특성을 띱니다. 일반적인 관계는 법과 질서를 바탕으로 서로 필요한 정보를 주고받으며 살아가는 관계입니다. 그렇기 때문에 마음이나 감정에 일시적인 스트레스는 받아도 깊은 상처를 받는 일은 별로 없으며, 아주 특별한 경우를 제외하면 소통도 잘하며 살아갑니다.

가족이나 부부는 몸과 마음을 바탕으로 정신적 교감을 나누는 관계입니다. 행복의 감정도 오래 기억하지만 상처의 감정도 오래 기억합니다. 대부분의 부부들이 서로 다른 성마음에 대해 모르고 살아가다가 서로 주고받는 상처가 쌓여 결국 갈등이나 외도가 발생하는 원인이 바로 이 때문입니다. 가족 간에 서로 이해하고 배려하며 보듬지 못할 때 부부나 가족의 아픔은 사회관계에서 만난 이성에게 전이되고 이 과정에서 외도가 발생합니다.

일시적으로 위로 받은 대가로 나눈 부부의 은밀한 상처는 결국 타인에게 가십거리가 되기 쉽습니다. 부부 외의 사람들이 주고받는 정보는 마음이 아닌 단순 정보에 불과하기 때문입니다. 그저 드라마나 영화에서 보는 다른 사람의 사연에 불과합니다. 결국 부부문제를 전문가가 아닌 타인에게 말하는 순간, 부부는 타인에 의해 불행해지게 됩니다. 부부문제나 가족 간의 상처는 타인에게 말하며 위로를 받기보다 전문가를 통해 치유 받아야 하는 이유가 여기에 있습니다. 상담을 통해 더욱 상대방을 사랑하고 행복을 느낄 수 있는 기회를 갖는 게 가장 현명합니다.

출처: 마음구조이론(박수경, 2021)

❖ 마르크 샤갈(Marc Chagall), 「산책(The Walk, 1918)」, 러시아미술관 소장

chapter **4**

—

남성도, 여성도
스스로는 사랑이라 생각했다

"집착은 동일한 질문으로 계속 되돌아가면서도 절대 해답을 구하지 않기 때문에
인간이 가진 단일한 문제 중 가장 쓸모없는 행동이다."
―노먼 메일러―

영화 「인간중독」은 말 그대로 인간관계에서 발생한 중독이 한 사람의 인생을 송두리째 파멸로 이끄는 과정을 여과 없이 보여준다. 필자는 개인적으로 대중 강연을 나설 때에 이 영화를 종종 언급한다. 영화가 보여주는 여러 배우들의 케미 중에서 다양하고 상반된 관계중독의 형태들을 찾을 수 있기 때문이다. 영화는 베트남전이 한창이던 1969년 한국의 모 부대 훈련교장을 배경으로 한다. 월남전에서 혁혁한 무공을 거둔 육군 대령 김진평(송승헌)은 유력한 장군이자 자신이 속한 부대 상사의 딸인 이숙진(조여정)과 결혼한다.

누가 보더라도 둘의 결합은 유력한 장군의 딸이 가진 지위(?)와 반공이 국시인 시절 현역군인의 공훈을 맞바꾼 정략결혼이다. 육사를 수석으로 입학하고 졸업한 진평은 쓰리스타의 사위가 되면서 이미 군대 내에서 초고속 승진의 사다리를 올라탄 가장 핫한 인물이 된다.

그는 생사를 넘나드는 전장戰場의 한가운데에서 살아남은 불사조와 같은 인물이다. 당연히 전쟁터와 지리적으로 수천 킬로미터 떨어져 있는, 그래서 물리적으로 비교적 안전한 후방에서 상대적 안온한 삶에 안착하지만, 총알이 빗발처럼 날아드는 위기상황에서 벗어난 안도감은 도리어 진평의 일상에 무력감을 선사한다. 이런 상황에서 부관으로 경우진(온주완) 대위가 부임하면서 그의 앞에 펼쳐진 장밋빛 미래에 먹구름이 드리우게 된다. 우진은 매사에 싹싹하고 예의바른, 게다가 상관인 진평에 대한 무한한 존경심까지 보이는, 부관으로는 그야말로 안성맞춤인 인물이다. 진평에게 자신의 아내와 진평의 생일이 같다는 우연을 가장한(?) 동질감을 만들며 그의 눈에 들려고 애쓰는 우진, 그는 발령받는 부대마다 상관의 비위를 잘 맞추는 것으로 소문이 자자했던 자신의 유들유들하고 서글서글한 성격을 이번에도 십분 발휘한다. 진평 역시 그런 우진이 싫지 않다.

하지만 인간관계에서 장점이 때론 단점이 되는 법. 조직 내에서 살아남기 위한 그의 필살기는 판단착오였음이 영화 초반부를 지나며 금세 드러나고 만다. 늦저녁 하릴없이 숙사 주변을 어슬렁거리던 진평이 우진의 아내 종가흔(임지연)을 마주치면서 그의 일상은 전혀 다른 방향으로 흐르기 시작한다. 가흔은 관사에 수십 개의 새장을 들여놓을 정도로 애완조 키우는 데 극성스런 애착을 보인다. 마치 새장 속의 새들이 울타리 안에 갇힌 자신의 처지를 대변하는 것처럼. 여기에는 가흔의 출생배경도 한몫한다. 그녀는 화교 출신으로 한국전쟁 중에 부친을 잃고 고아로 한 가정에 식모살이를 하게 되는 기구한 운명을 가졌다. 문제는 그 가정에서 지금의 남편 우진을 만나게 된다는 데에 있다. 한 집안에서 오빠처럼 지내던 우진과 결혼을 하게 된 속내는 어떤 이유에선지 성불구자가 된 우진에게 마땅한 혼처가 없었던 것. 이는 사랑과 동등한 관계가 아닌 기울어지고 뒤틀린 관계를 보여준다.

진평은 아내에게서 느낄 수 없었던 강렬한 열정을 가흔에게 느끼며 한 번 발을 들이면 빠져나올 수 없는 늪과 같은 관계에 빠져든다. 장맛비가 내리는 어느 여름 날, 군용지프 안에서 처음으로 격정적인 관계를 나눈 두 사람은 이후 더욱 대담한 애정행각을 벌인다. 진평은 가흔을 차지하려는 욕망으로 남편인 우진을 미군부대에서 오는 손님을 대접하는 직책으로 보내고 급기야 부대 내 밀수사건과 엮어 그를 영창이나 전방(베트남)에 보내려는 야비한 계획까지 세운다. 마치 자신의 군대장관 우리아를 사지로 내몰아 전사시키고 그의 아내 밧세바를 합법적으로(?) 취하려 했던 이스라엘의 왕 다윗처럼. 이미 이성을 잃은 진평은 그의 장인이 힘을 쓴 덕분인지 예상보다 빨리 장군으로 승진하게 되고 부대에서 벌어진 송별파티에서 이제 어쩔 수 없이 헤어지게 된 가흔에게 함께 도망가자는 대담한 제안을 한다.

영화는 진평과 가흔의 관계중독에 집중하지만, 사실 영화에 등장하는 모든 인물들은 서로의 관계 속에 매몰된 다양한 관계중독자의 모습들을 보여준다. 필자는 아내 숙진의 행동을 통해 과거 우리나라 부부관계에서 흔히 볼 수 있는 삼종지도의 위험한 멘탈리티가 읽힌다. '내 남편의 성공을 위해 이 한 몸 불사르리라.'는 무아적_{無我的} 희생정신으로 똘똘 뭉친 그녀는 무속인에게 합방 날짜까지 받는 눈물겨운 노력을 보인다. 그러한 노력은 남편의 외도로 일순간 물거품이 되고 그녀의 존재 전체가 한꺼번에 무너지는 재앙을 불러온다. 반면 가흔의 남편 우진은 자의반 타의반 자신의 아내까지 내어주면서까지 조직 속에 안착하려는 기회주의자의 전형을 보여준다. 영화 중반에 아내에게 그가 보여준 우유부단한 태도는 한 남자

의 성공지상주의가 부부관계에서 얼마나 치명적인 독소를 뿜어내

는지 보여준다.

사랑과 집착은 어떻게 다른가

가수 이선희의 히트곡 중에 「알고 싶어요」라는 노래가 있다. 그 노래에는 이런 가사가 들어있다.

때로는 일기장에 내 얘기도 쓰시나요?
나를 만나 행복했나요? 나의 사랑을 믿나요?
그대 생각하다 보면 모든 게 궁금해요.
하루 중에서 내 생각 얼마큼 많이 하나요?
내가 정말 그대의 마음에 드시나요?…
난 정말 알고 싶어요. 얘기를 해 주세요.

우리는 보통 사랑하는 사람에 대해 시시콜콜한 것까지 알고 싶어 한다. 그가 평소에 좋아하는 음식이 뭔지, 어떤 책을 감명 깊게 읽었는지, 퇴근 후 누구를 만나는지, 취미와 관심사는 뭐가 있는지 등등 상대에 대한 관심이 꼬리에 꼬리를 문다. 절절한 순애보 뒤에는 집요한 궁금증이 똬리를 틀고 있다. 문제는 상대방에 대한 궁금증이 집착으로 변할 때다. 단순한 호기심은 상대를 알고 싶다는 관심에서 벗어나 상대를 통제하고 지배하겠다는 욕망으로 진화한다. 하루 한 번이던 통화는 시도 때도 없이 걸려오고 급기야 상대가 개인적인 업무를 볼 수 없는 지경에까지 이른다. 마냥 행복하고 즐거워야 할 둘의 만남은 검사와 피고가 만나는 취조실을 방불케 한다. 알콩달콩 사랑의 밀어가 오가는 대신 "어제 왜 전화 안 받았어? 어떤 년이랑 있었어?" 핏대를 세우며 고성이 오간다. 상대의 정기적인 휴대폰 검사는 요즘 디지털수사대에서 흔히 하는 포렌식을 능가하고 현미경으로나 볼 수 있을 옷깃에 묻은 아주 작은 얼룩 하나라도 당장 국과수에 보낼 태세다.

남자에게 아예 없는 건 아니지만, 이런 부류의 집착은 보통 남자의 마음에 대하여 잘 모르는 여자가 여자의 마음으로 남자를 이해하고 배려하기를 반복하며 열등감으로 인해 자존감이 낮아진 여자에게서 발견된다. 그룹 자두의 노래 「대화가 필요해」 중에는 이런 가사가 나온다. 남자(강두)가 이렇게 말한다. "지금부터 내 말을 들어봐. 넌 집착이 심해." 그러면 여자는 이렇게 답한다. "그건 집착이 아냐." 이 말은 "이건 널 사랑하기 때문이야." 라는 말을 깔고 있다. 여자는 사랑하기 때문에 상대방을 간섭하고 구속한다고 말한다. 남자는 다시 이렇게 되받아친다. "나를 너무 너무 구속해." 그러면 여자는 눈 하나 깜짝 안 하고 퉁명스럽게 답한다. "그럼 너도 나를 구속해." 남자는 더 이상 대화가 안 된다는 듯 고개를 저으며 한마디 내뱉는다. "우린 결혼한 사이도 아닌데 마치 와이프처럼 모든 걸 간섭해." 이것이 누구에게는 가슴 먹먹한 사랑 고백일 수 있지만, 정도가 지나치면 어느 순간 상대방에게 스토킹이 될 수 있다. 마치 정의의 교도관처럼 자신이 만든 구속복을 상대에게 입혀놓고 창문도 없는 1평짜리 독방에 가둔 채 자신만 생각하고 자신만 바라보라고 강요하지만, 그런 관계는 상대뿐 아니라 자신에게도 아무런 득이 되지 않는다. 결국 서로 다른 남자와 여자의 마음과 성마음 그리고 남녀의 인간관계 속에서 늘 작용하는 서로 다른 심리와 성심리를 모른다면 남자와 여자의 관계는 사랑하면 할수록 집착하고 깊은 상처를 서로 줄 수밖에 없다. 또한 그러한 상황에서 헤어지지도 못 하고 결국 사랑이 아닌 서로 필요한 것을 주고받으며 의존하고 살아가는 관계중독을 사랑이라 착각하는 불행한 삶을 살게 된다.

집착은 구속복을 입히고 상대를 독방에 가두는 것과 같다

1) 남녀의 상반된 성심리

J(30대)가 그랬다. 그녀는 모 무역회사의 경리로 있으면서 같은 회사 대리로 있던 두 살 연하의 남직원과 연애를 시작했다. 그녀에게 먼저 대시한 건 남자였다. 남자는 나이에 비해 조숙하고 얌전해 보이는 J의 곱상한 외모에 끌렸다. J는 남자의 귀여운 면모를 보고 마음이 동했다. 처음에는 모든 것이 좋았다. 문화 코드와 음식 취향에서부터 게임을 좋아하는 취미에 이르기까지 같았기 때문에 둘의 사이는 급격히 가까워졌다. 주말이면 당시 부모에게서 독립하여 혼자 살고 있던 J의 원룸에 남자가 찾아가 이틀간 머물렀다. 주말부부가 따로 없었다. 어쩌면 J는 정말 둘의 관계를 모종의 부부관계로 여겼을지도 모른다. 그녀는 연하의 남자에게 모성애 비슷한 감정을 느꼈고, 남자는 그런 J에게서 어머니나 누이 같은 푸근함을 느꼈다. J는 관계가 깊어질수록 만족스러웠다고 했다. '이래서 연하, 연하 하는구나.' 그런데 문제는 엉뚱한 곳에서 불거졌다. J는 마냥 어리고 순진하게만 보았던 남자의 모습 속에서 바람둥이의 면모(?)를 찾아낸 것. 하루는 자신의 브래지어 클립을 한 손으로 쉽게 푸는 남자를 의심하기 시작했다. "왠지 자기가 의심스러워. 여자 경험이

하나도 없다면서 여자 속옷은 왜 이렇게 잘 알아? 아는 언니한테 물어보면 보통 순진한 남자는 브래지어 푸는 것조차 몰라 침대 위에서 쩔쩔 맨다고들 하던데 자기는 너무 능숙하잖아." 처음에 남자는 이런 말도 여친의 애교 섞인 앙탈로 느껴져서 그녀가 더욱 사랑스럽게만 느껴졌다. 하지만 J의 앙탈은 점점 무서운 집착으로 변해갔다. 관계를 가진 후, 대뜸 남자의 휴대폰을 열어 보거나 문자로 날아온 카드 내역들을 일일이 확인하는 것에서부터 남자의 속옷을 점검하거나 자신이 만족스러운 답변이 돌아올 때까지 같은 질문들을 계속 반복하는 것에 이르기까지 정신적, 신체적 취조가 계속되었다.

남자는 무서워졌다. 여자가 자신의 친구관계들을 살펴보고 이런저런 조언들을 할 때는 숨이 막혔다. 처음에는 자기를 너무 사랑해서 그런 거라고 여겼던 행동들이 어느 순간 족쇄처럼 느껴지기 시작한 것이다. 그러던 어느 날 J가 자신의 동성 친구에게 몰래 전화를 걸어 며칠 전 남자와 어떤 곳에서 무슨 일을 했는지 물어보았을 때 그는 그만 폭발하고 말았다. "니 여자친구 좀 또라이 아냐? 글쎄 어제 나한테 전화해서는 며칠 전 너랑 있었던 테이블에 누가 함께 앉아 있었는지를 묻더라." 그 친구가 자신에게 전화로 그간 있었던 J의 만행(?)을 전해주었을 때는 화가 머리끝까지 치밀었다. 그날 둘은 대판 싸웠다. "너 미친 거 아냐? 니가 뭔데 내 친구한테 전화를 해서 나를 미행하냐?" "미행이라니? 애인이 그 정도로 못 물어봐?" "그 정도가 아니잖아? 너 대체 뭐가 의심스러워서 그러는 건데?" 남자는 J가 자신이 친구와 미리 알리바이를 맞추었다고 의심했다. 그런 그녀에 남자는 진절머리를 냈다. 결국 둘의 관계는 파국으로 치달았고 남자는 그녀에게 절교를 선언했다.

"소장님, 이런 제가 소름끼친대요. 저 정말 이상한가요?"

J가 처음 상담실을 찾았을 때 필자에게 물은 첫 번째 질문이었다. 앞 장에서 언급한 것처럼 집착은 상대에 대한 통제 욕구를 만든다. 집착이 강한 사람은 상대가 가시권 안에 머물러 있어야 마음이 놓이고 조금이라도 자신의 통제에서 벗어나려고 하면 상대를 심하게 조이거나 애걸복걸한다. 상대를 통제하기 위해 '사랑'이라는 단어를 가장 많이 끌어들인다. "나를 사랑한다면 이 정도쯤은 해줘야 하는 거 아냐?" "너를 사랑하니까 이러는 거야." 이런 논리는 상대를 숨 막히게 하면서도 정작 자신의 병적 집착은 문제로 생각하지 못하게 하는 이유가 된다. J 역시 그랬다. 자신의 열등감이 상대에 대한 집착을 만들고, 그 집착은 무소불휘의 통제를 낳았다. 결국 남자가 떠나고 나서야 그녀는 상담실을 찾았다. 상담 과정 중에 남자가 회사에서 새로운 인연을 만나 사귀는 사태가 발생하면서 J는 남

자에 대한 분노와 상실감, 질투심에 심하게 흔들리기도 했지만 이내 마음을 잡고 상담 프로그램에 집중했다.

여자의 성심리는 사랑이고 남자의 성심리는 열정이다. 여자가 남자에게 요구하는 건 사랑밖에 없다. 노랫말에도 있듯이 여자는 사랑밖에 모른다. 사랑하기 때문에 남자에게 몸을 주고 사랑하기 때문에 섹스를 허락한다. 그럼 여자가 생각하는 사랑이 무엇일까? 남자가 보여주는 말과 행동이 여자의 성마음에 일치될 때 여자는 몸과 마음으로 사랑을 느낀다. 이것이 여자의 사랑이다. 여자는 그 사람이 내 옆에 있어야 하기 때문에 그에게 몸을 열어준다. 사랑하지 않는데 자신의 가장 소중한 부분을 내어주는 여자는 성심리가 뒤틀린 비정상적인 여자거나 남자의 성마음을 철저하게 이용하려는 꽃뱀이거나 아니면 될 대로 되라는 식으로 살아가는 상처 많은 여자다. 성심리가 온전할 때 비로소 여자는 자신의 외모도 꾸미고 스스로의 가치를 높이기 위해 관계에서 노력도 한다. 이렇게 여자는 남자의 성마음에 에너지를 준다. 남자는 여자에게 에너지를 받고 이 열정으로 여자의 울타리가 되어 살아간다. 남자는 자신의 사랑을 확인한 후 사랑을 영원히 유지하고 지키기 위해서 사랑을 나눈다.

과거의 트라우마나 부정적 경험으로 뒤틀린 성심리를 소유한 여자는 외모를 꾸미거나 자신의 가치를 높이지 않는다. 태진아의 '거울도 안 보는 여자'라는 노래가 있다. 미안한 얘기지만 거울도 안 보는 여자는 갈 데까지 간 여자다. 자신을 사랑하지 못하기 때문에 거울을 볼 이유도 여유도 없다. 그런 여자는 아무도 찾지 않는다. 그래서 가사에도 나오지 않는가. '거울도 안 보는 여자, 거울도 안 보는 여자, 외로운 여자~'라고. 그와 반대로 과도한 관심을 받기 위하여 외모에 집착하는 성형중독, 상식 밖의 패션 추구로 나타나는 쇼핑중독 등의 증상들은 대부분 남녀의 성심리를 모르기 때문에 발생한다.

남자의 성심리는 열정이다. 상대가 여자로 인식되는 순간 남자의 무의식에 열정이 일어나 여자를 위해 희생하고 헌신, 배려를 하게 된다. 때문에 여자에게 열정이 없는 남자는 빈껍데기 같은 남자다. 그런 남자에게 여자가 사랑과 위로를 기대하며 달려들면 둘 다 불행해진다. 남자는 책임감을 느끼는 대상 이외에 대부분의 이성관계에서는 섹스에서 오는 말초적 쾌락만 느낀다. 그런 성마음은 수수한 남자의 열정과는 전혀 다른 종류의 왜곡된 마음이다. 이런 왜곡된 마음을 가진 남자가 주는 위로가 사랑이라고 착각한 여자는 그 남자에게 헛된 마음을 품고 몸을 허락한다. 하지만 애초에 남자는 자신의 처자식 외에 그 여자에게 줄 열정이 없다.

물론 남자와 여자가 결혼을 하기 전 연애를 할 때는 다르다. 남자가 여자를 어떤 목적으로 열정을 주고 있는지가 중요하다. 결혼하여 미래를 함께 설계하기 위한 열정인지 단순히 성적인 욕망을 풀기 위한 열정인지에 따라 여자에게 사랑이 형성될 수도 있고 심리장애가 발생하여 평생 상처를 갖고 살아갈 수도 있다. 남자의 왜곡된 성정보로는 여자에게 순수한 열정을 줄 수 없기 때문에 결혼 후 남자는 여자가 점점 시시해진다. 남자는 철새처럼 자신에게 열정을 줄 수 있는 새로운 대상을 찾아 날아가 버린다. 여기서 여자는 커다란 충격을 받는다. 그렇다고 떠난 남자가 새로운 여자와 행복한 관계를 만들어갈 수 있는 것도 아니다. 남자는 이런 일련의 과정을 무한 반복할 뿐이기 때문에 스스로 만든 관계의 늪에 빠지게 된다. 자기도 모르게 새로운 여성만 찾아다니는 무한루프에 갇히게 된다. 이것이 안으로 열정을 만들지 않고 여자를 사귄 관계는 남자에게 모두 독으로 돌아오는 이유다. 그래서 이덕화는 과거 CF에서 '사랑과 정열을 그대에게~'라고 외친 것이다.

여자는 사랑을, 남자는 열정을

남자가 사랑에 당당해질 수 있으려면 열정을 키워야 한다. 본래 남자는 남편이 되어 한 여자를 책임지고 그녀에게 울타리가 되어

줄 때 무한한 열정을 느낀다. 이것이 남자의 책임감이다. 이러한 남자의 마음은 단 한 명의 여자에게 형성된다. 그 여자를 제외하고는 모두 성적 대상이나 성적 발언에 대해 아무렇지 않게 말하는 경우가 많다. 즉 여자들을 도마 위에 올려놓고 가십거리로 이야기를 한다. 단순한 농지거리지만 이런 가십이 행동이나 사건으로 비화되면 성범죄가 된다. 그래서 남자 역시 자신의 성마음과 성심리에 대하여 정확하게 알고 살아야 한다. 흔히 농담 삼아 "남편은 내 편이 아닌 남 편"이라고 말하는데, 남편husband은 집의 울타리house-band가 되어주는 존재다. 그 울타리 안에 있을 때 여자는 사랑을 느낀다. 여자는 한 명의 남자에게 희로애락을 느끼며 자신의 사랑을 확인한다. 남편과 자식에 대하여 열 가지 중 한 가지만 잘못되어도 그 잘못된 부분을 해결하려고 집착한다. 이 집착이 부정감정으로 나아가는 경우는 남자보다 여자가 많다. 그리고 그 부정감정을 해결하기 위해 남자의 위로가 필요하다. 여자는 사랑하는 내 남자가 처자식을 위해서 열정을 다하면 좋은 감정을 만들어 사랑의 감정이 형성된다. 이때 여자도 남자의 헌신에 걸맞게 모성애를 만들어낸다.

여자의 부정감정은 남편과 자식만 보며 살아가면 발생된다. 위로도 자신의 남편에게만 받고 싶어 하고 여자로서의 관심도 남편에게만 받고 싶어 한다. 사랑하는 내 남편이 관심과 위로를 해주면 이것을 여자는 성행동인 섹스로 표현한다. 하지만 여자의 성마음과 성심리가 이렇다는 것을 남편은 잘 모른다. 때문에 여자의 말을 귓등으로 듣거나 아예 회피하게 된다. 남편의 위로와 관심이 부재할 때 외로운 여자는 남편 이외의 이성에게 위로나 관심을 구한다. 이것이 아내 외도이고 아내의 관계중독이다. 여자는 남편이 아닌 다른 남자의 위로와 관심은 성정보로 인식한다. 이 정보로 착각하여 성관계를 갖게 되면 그 다음부터 여자는 남자에게 성정보를 제공하는 성적 대상이 되고, 여자는 상간자의 관심과 위로로 인하여 남자와 섹스를 하게 된다. 이러한 관계중독은 서로에 대한 마음이나 책임이 없다. 서로의 반응과 관심 그리고 위로에 대한 정보에 집착되어 성관계를 맺는 것이 전부다. 여자는 자신의 사랑을 지키기 위해 남자에게 섹스를 허락하기도 하고 사랑의 확인으로 섹스를 하기도 한다.

남자는 여자의 성행동인 섹스를 통해 남자로 거듭난다. 남편은 자신이 헌신한 것들로 기뻐하는 여자를 보고 더욱 큰 열정을 만들어 간다. 남자는 그렇게 세팅되어 있는 존재다. 하루 24시간 몸이 열 개라도 부족할 만큼 부서져라 일하면서도 아내housewife가 집안을 쓸며house-wiper 행복해 하는 모습을 보면 몸에 쌓인 피로가 싹 가시는 게 남자다. 그러나 단지 성욕을 해소하는 대상에게는 시간이

지날수록 쾌락적 감정인 성스트레스와 부정감정인 심리적 스트레스가 교차한다. 왜곡된 남자의 성심리는 점차 여자를 변태적으로 학대하는 심리로 발전한다. 이 과정에서 존중이란 존재하지 않는다.

2) 마음욕동 무의식의 상반성 이론

J는 무엇이 잘못된 것일까? 남자와 여자의 서로 다른 마음과 성마음을 이해하지 못했기 때문이다. 필자는 관계중독의 모든 발단이 남녀의 상반된 마음과 성마음에서 비롯된 심리와 성심리를 잘못 알고 인간관계와 부부관계 그리고 가족관계를 맺고 살아가며 말과 행동으로 심리작용을 하고 있기 때문이라고 생각한다. 이를 인간의 모든 행동은 심리적 원인이 없이는 결코 일어나지 않는다는 소위 '심리결정론psychic determinism'이라고 한다. 이 심리결정론에 대한 학자들의 의견이 분분하여 필자가 연구한 마음구조이론과 마음욕동 무의식의 상반성 이론에서는 인간이 생존과 번식을 위한 일차적 정신의 활동에 의하여 마음과 성마음이 형성되며 이러한 마음과 성마음은 몸을 생존시키기 위해 작용하며 발생된다. 남자와 여자의 몸 구조 중 성과 관련된 가슴과 성기의 부분이 가장 상반되게 발달되어 있듯 성마음에서는 남자와 여자가 하늘과 땅의 차이를 갖고 있다.

성마음은 세상 모든 문제의 이면에서 정신의 에너지를 담당하고 인간관계 속에서 끊임없이 작용한다. 이러한 관점에서 필자는 프로이트가 개발한 심리결정론에서 한 단계 더 연구를 하며 마음결정론을 정의하였다. 마음결정론이란 남자와 여자가 태어나서 9세 이전까지 양육자와 관계를 맺으며 생존을 위한 정신의 활동을 한다. 이때 남자는 남자의 몸을 생존시키기 위한 정신의 활동에 의하여 몸과 마음이 발달되어 가고 여자는 여자의 몸과 마음을 생존시키기 위한 정신의 활동에 의하여 몸과 마음이 발달되어 간다. 이후 학교와 같은 사회 속 인간관계를 맺으며 마음과 성마음인 자신의 마음을 중심으로 세상의 정보를 인식하고 생각하며 정보를 이해하고 사회인이 되기 위한 준비를 한다. 때문에 어떨 때는 사람의 마음은 다 똑같다고 말하기도 하고, 어떨 때는 사람은 다양하다고 하기도 한다. 생존을 위한 마음과 성의 마음은 모두 똑같지만 남자와 여자는 완전히 반대로 발달되어 생각이나 성격은 저마다 다양하게 작용하기 때문이다.

마음은 일상의 과업을 수행하기 위한 정신의 활동이 무의식화 되는 것이라면 성마음은 관계 속에서 작용하며 상대의 반응, 인정, 믿음과 신뢰, 위로, 의미와 가치, 행복, 열정, 책임감, 모성애와 같은 마음이 형성되는 것을 말한다. 건강한 대상에게 건강한 성마음이 형성된 무의식은 인간관계 속에서 사람들의 마음에 에너지를 줄 수 있는 매력적인 사람으로 살아갈 수 있게 한다. 이처럼 의부증에 가까운 J의 집착도 그녀의 무의식화 되어 있는 성마음을 중심으로 인식하고 생각하여 기억된 감정을 표현하고 처리하는 성심리에서 기인한 것이다. 그녀는 남자에 대한 성마음을 모르고 살면서 여자의 성마음으로 남자를 이해하려 했다. 그 결과가 남자에 대한 왜곡된 이미지와 성역할의 이해, 관계를 통해 얻은 성정보가 모두 그녀의 무의식에 기반해서 행동으로 표출된 것이다. 그녀의 행동에서 우연히 일어나는 건 없다. 모두 그녀의 성심리가 빚어낸 결과에 불과하다. 그럼 J는 과연 어떤 성심리를 가지고 있었을까?

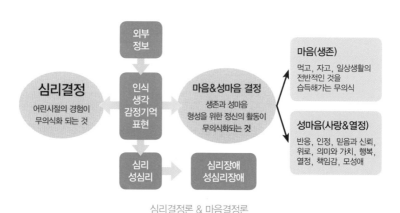

심리결정론 & 마음결정론

19년 동안 상담실에서 많은 내담자들을 만나고 그들의 이야기를 듣고 그들과 함께 울고 웃으면서 필자는 남녀가 서로를 바라보는 무의식이 상반성opposition을 그 특징으로 한다는 사실을 깨달았다. 인간은 삶의 에너지를 가지고 쾌락을 얻기 위한 욕동drive을 가지고 있다. 욕동은 정신분석학을 창시한 프로이트가 주창한 개념이다. 그에 의하면, 인간은 삶을 살아가기 위해 일정한 에너지를 필요로 하는데, 그 에너지는 성적인 에너지, 즉 리비도libido라는 것으로 이루어져 있다는 것이다. 죽지 않는 한 무의식에 내재되어 있는 이 리비도는 없애거나 줄일 수 없다. 아니 없으면 죽는 것이 바로 리비도다. 프로이트는 인간의 무의식을 움직이는 리비도가 삶의 기본적인 욕구를 채우기 위해 충동하는 힘을 드라이브, 즉 욕동이라고 불렀다. 이를 구성하는 것에는 배고픔이나 섹스, 수면과 같은 일차적이고 생리적인 욕동도 있고 인정과 관계, 성취와 같은 이차적이고 정신적인 욕동도 있다.

문제는 이 욕동에 남녀의 차이가 있다는 것이다. 게다가 성욕을 리비도로 표현할 때 성욕이 마치 정신적 에너지의 전부라는 착각을 낳게 했다. 그러나 필자는 프로이트가 표현한 성욕과 리비도를 성마음으로 재정립하였다. 이 성마음의 구성에는 몸이 느끼는 성욕은 아주 일부분이고, 섹스 역시 성의 마음에 일부분만 존재할 뿐이다.

실제 인간의 정신적 에너지와 욕동을 만들어 내는 성의 마음은 남자는 열정, 여자는 사랑의 욕동을 채우기 위한 정신의 활동이다. 남자는 여자의 반응, 인정, 믿음과 신뢰, 미소와 같은 반응에 의하여 정신적 충동과 에너지가 발생되는 것이 95%를 차지하며 성욕에 의한 섹스는 5%정도 밖에 되지 않는다는 것이 연구결과로 나타났다. 이러한 연구결과는 남자도 성욕과 섹스가 삶의 에너지고 살아가는 목적이 아니라 실질적으로는 남자로서 발생된 열정에 대한 인정과 반응 그리고 그 열정에 대한 믿음과 신뢰의 반응인 것이다.

생존을 위한 식욕과 수면욕에는 남녀의 차이가 없지만, 유독 성마음에 의한 성심리 작용으로 발생된 성감정에 있어서는 남녀가 상반성을 보인다. 필자는 이를 '마음욕동의 상반성'이라고 정의한다. 그러면 어떻게 남녀가 다를까? 남녀는 다른different 게 아니라 상반된opposite 성마음에 의한 성심리를 가지고 있다. '상반되었다'는 의미는 쉽게 말해 정반대正反對라는 뜻이다. 사실 상반성은 남녀의 차이를 넘어 인류 문명의 골격에 해당할지도 모른다. 인간의 문화 속에 이러한 상반성이 숨어 있다는 전제를 파고들었던 구조주의 인류학자가 바로 클로드 레비-스트로스Claude Lévi-Strauss다. 그는 원주민들의 삶을 들여다보고 원시인들의 신화와 무의식 속에 들어있는 신화적 사고를 짐작했다. 그것은 하늘과 땅, 빛과 어둠, 남자와 여자,

왼쪽과 오른쪽, 물과 불, 날 것과 익힌 것처럼 대립과 상반성을 드러내는 개념이었다. 가장 하찮은 문화적 요소도 자연-문화, 혼돈-질서, 남자-여자, 밝음-어두움, 우호적-적대적 같은 상반된 개념으로 제시되어 있다는 사실을 발견하고 그는 이항대립binary opposition 의 분류를 통해 원시인들의 신화와 문화를 도식화했다.

세상이 결국 남자와 여자가 전부기 때문에 레비-스트로스의 가정은 틀리지 않았다. 남자와 여자는 성마음에 의한 성심리의 작용으로 성정보를 받아들이는 방식에서 차이를 보인다. 남자의 두 눈은 여자의 클리토리스다. 남자는 눈으로 성정보를 수용한다. 시각적인 정보가 일차적으로 뇌에 전달된다. 그래서 남자들이 포르노를 보고 바로 흥분할 수 있는 것이다. 반면 여자의 두 귀는 남자의 페니스다. 여자는 귀로 성정보를 수용한다. 청각적인 정보가 일차적으로 뇌에 전달된다. 그래서 여자는 남자의 칭찬과 달콤한 밀어에 마음을 빼앗긴다. 여자가 남자보다 청각 정보에 훨씬 민감하다는 연구 결과도 있다. 남자는 두 귀로 들어도 절반만 듣고, 여자는 두 눈으로 봐도 절반만 본다. 남자에게 상대가 제 눈에 안경이라면, 여자에게 상대는 제 귀에 보청기쯤 될 것이다!

남자의 심리적 성감대는 시각이고 여자의 심리적 성감대는 귀다.

생존을 위한 생물학적 본능으로 분석해 보면 남자는 번식을 하기 위해 성기가 발달되어 발기되어야 하기에 어린 시절부터 시각적으로 상대의 반응에 예민하며 긍정반응은 수용하고 부정반응은 바로 거부할 수 있도록 진화하였다. 성마음 관점에서 분석하면 자신의 남근을 발달시켜 씨를 여자에게 주기 위한 생물학적 작용이다. 남자는 인간이 내면을 보고 공감하는 능력보다 보이는 것이 전부이고 보여지는 것을 전부로 인식하여 여자가 웃어주면 나를 좋아하는 것이고 예쁜 여자이며 착한 여자라고 인식을 한다. 그와 반대로 여자는 번식을 위해 남자에게 씨를 받아야만 한다. 때문에 안전한 대상인지 예민하게 확인을 하고자 한다. 이러한 여자는 겉으로 드러나는 것보다 남자의 내면적 가치나 인성 또는 품성들을 보고 느끼고자 한다. 이때 남자의 내면적 가치를 파악하는 것이 청각이다.

성마음에 의한 성심리를 표출하는 것도 남자와 여자는 정반대다. 남자와 여자의 성의 표현이 어떻게 다른지 이해하기 전에 성의 표현 자체가 무엇인지에 대한 이해가 필요하다. 일상을 살아가는 마음에서의 표현은 자신의 마음이나 감정을 표현하는 것을 말한다. 그러나 성마음에 의한 성심리 작용으로 발생된 성의 표현은 일상의 마음을 표현하는 것과 매우 다르다. 남자의 성표현은 상대가 여자로 인식이 되면 열정이 발생을 한다. 이때 남자가 여자에게 열정적으로 희생과 헌신을 다하는 표현을 하게 되는 것이 남자의 성표현이다. 또한 이것에 대하여 여자가 인정해 주고 받아주는 반응에 의하여 남자가 성욕이 발생되어 섹스로도 표현하게 되는 것이 다. 이와 반대로 여자는 남자의 열정 희생과 헌신 그리고 여자에 대한 이해와 존중을 해주는 것이 인식되면 좋은 사람으로 인식하고 생각하면서 좋아하는 감정이 발생된다. 그 좋아하는 감정이 지속되도록 남자의 열정이 반복된다면 여자는 남자에 대한 긍정감정을 지속적으로 기억하게 되는 것이 여자의 사랑이다. 이때 여자도 남자를 위해 희생과 헌신을 반복하며 모성애가 형성되는 것이 여자의 성표현인 것이다.

이러한 성표현은 남자의 경우 열정으로 표현되고, 여자는 모성애로 표현되지만 남자는 여자의 인정이나 긍정반응을 성욕과 섹스로 표현하고, 여자는 남자의 관심과 위로를 섹스로 표현하게 되는 것 또한 성표현이다. 때문에 남자와 여자는 미래가 있고 서로 마음을 교감하는 사이인지 아니면 정보만 주고받는 일반적인 인간관계인지에 따라서 사랑도 될 수 있고 중독도 될 수 있는 것이다. 이쯤 되면 많은 사람들은 마음은 좋은 것이지만 정보를 주고받는 관계는 왠지 나쁜 것 같다는 생각이 들기도 할 것이다. 하지만 장단점이 있다. 마음을 주고받는 관계는 조건이 없는 사랑이 형성되는 대신에 객관성이 없다. 어쩌면 객관성이 없는 무조건적인 사랑이기에 어려운 상황에서도 정신적 힘을 낼 수 있는 것이다. 그러나 정보는 아주 객관적이다. 상대의 반응이나 관심에 대한 정보가 객관적으로 인식되게 타인의 눈과 귀 그리고 평가는 아주 냉정하다. 때문에 가족 간이나 부부관계에서는 서로 마음을 주고받으며 마음을 교감하여 정신적 에너지를 줘야 하고, 사회관계에서는 정보를 통하여 자신을 객관적으로 볼 수 있어야 한다. 하지만 우리는 서로 다른 마음이나 성마음에 대하여 단 한 번도 제대로 배우지 못하고 성장하여 연애를 한 후 결혼을 한다. 일정기간 동안 서로 죽도록 사랑하다가 어느 순간 갈등하게 된다. 서로 다른 마음 때문이다. 남자는 밖에 나가서 즐거움과 재미를 통한 여러 가지 활동으로 갈등을 풀고 살지만, 여자는 대화로 풀고 싶어 한다. 하지만 남들에게 말을 하면 가십거리가 될 것 같고, 친정 부모님께 말하면 걱정하실까봐 참고 산다. 때문에 남편에 대한 불만을 많이 표현하게 되는데 이때 남자인 남편은 회피를 한다. 여자는 점점 외로워지고 결혼생활에 한계를 느끼며 결혼 5년차쯤 되면 이혼하자는 말을 습관적으로 하게 되고, 남자는 이혼이라는 단어에 극도의 스트레스를 받으며 특정한 대상에 몰입되어 풀고자 하는 중독이 발생된다.

남자의 중독은 정말 다양하게 발생된다. 일에만 몰입하는 경우.

외도를 하는 경우, 동호회에 몰입하는 경우 등 다양하다. 여자인 아내는 더욱더 외로워지며 참고 또 참고 살다가 결혼 12년차쯤 되면 아내 외도가 발생된다. 즉 자신의 어려움, 마음을 남편이 아닌 다른 이성에게 위로 받으며 풀고 싶었던 것에 몰입되어 벗어나지 못한다. 여자인 아내는 남자와의 섹스가 중요하지 않다. 여자의 힘든 마음을 위로해 주는 상대 남자의 관심정보만 있으면 된다. 여자는 남자에게 마음을 주지 않았기 때문에 그 어떠한 상처의 마음도 작용하지 않은 채 남자의 관심과 위로 정보가 여자의 기분을 좋게 만든다. 그 기분 좋은 감정을 가지고 위로의 대가로 다른 이성과 성적 행동을 하는 것이 여자의 쾌락이다. 이때 여자의 즐거움은 남자들이 성욕을 배설할 때 느끼는 쾌락 그 이상이다. 그만큼 여자에게 관심과 위로 정보는 여자의 마음에 강력하다.

마음을 교감하고 사는 남편은 내 아내인 여자에게 위로와 관심이 이토록 중요하다는 것을 잘 모른다. 왜냐하면 남편도 아내와 마음을 교감하기 때문에 아내가 힘들어 하면 마음의 스트레스가 극도로 작용을 하기 때문이다. 그러나 밖에 있는 여자들이 어려움을 이야기 할 때는 모든 것이 정보로 인식되어 쉽게 위로해 주고 그 대가로 나오는 반응에 의해 만들어진 성욕을 여자의 몸에 해소하면서 열정이 왜곡된다. 아내에게 선물을 줄 때 아내의 반응에 행복을 느낀다면 외부 여성의 반응에는 쾌감이 극대화된다. 반면 여자는 자신의 남자인 남편에게 이런 관심과 사랑을 받을 때 행복이 극대화된다. 그러나 외부의 남자에게 관심과 위로를 받을 때 사랑의 왜곡으로 성적 대상이 된다. 이처럼 여자는 남자가 자신을 아끼고 사랑한다는 느낌을 통해 존재의 이유를 발견한다.

남자는 사랑을 느끼는 여자의 반응에 대한 생각과 감정, 기억을 열정으로 표현하고 이를 무의식에 사랑인 책임감으로 만드는 체계를 갖추고 있다. 남자는 열정을 자신의 여자인 아내에게 표현하고 여자가 긍정반응을 해주면 몸과 마음에 에너지가 생성되며 행복을 느끼지만, 외부의 여자가 해줄 때는 일시적인 기분이 좋아진다. 남자는 기분이 좋아지든 아니면 에너지를 받고 싶든 자신의 기분과 감정이 좋아지려면 여자에게 이 열정을 표현해야만 하는 성마음에 의한 성심리가 작용을 한다. 이처럼 "남자의 심리적 행복은 인정받기 위한 목표를 달성하기 위해 열정을 다한 후 상대의 반응에 의해 얻어지는 성취감, 그리고 그 결과로 발생하는 성욕, 즉 심리적 에너지다. 남자의 열정 안에는 미래가 있는 여자와 일이 함께 있다. 열정은 자신은 재미있지 않아도 상대를 즐겁게 해주기 위한 노력이다. 남자가 자신의 여자를 즐겁게 해주려고 노력할 때, 긍정적 반응과 인정을 해주면 자연스럽게 성욕이 생긴다." 이때 생기는 성욕은

남자의 자존감을 높여주지만 외부 이성에 의한 성정보로 발생된 성
욕발생과 해소는 허무감과 허탈감을 느끼게 한다.*

남자의 성마음(무의식)	여자의 성마음(무의식)
몸이 먼저 반응함 시각적으로 성정보를 수용 Beauty is in the EYES of the beholder. 미래를 설계함 섹스 = 열정 성에 대한 긍정적 인식	맘이 먼저 반응함 청각적으로 성정보를 수용 Happiness is in the EARS of the listener. 현재를 살아감 섹스 = 사랑 성에 대한 부정적 인식

남녀의 무의식 상반성 구조

　여자는 상대에게 사랑의 감정을 느끼면 관계를 유지하기 위해 섹
스를 한다. 여자에게 발생되는 사람의 감정이란 성마음보다도 인간
적으로 좋은 사람이라는 확신이 있어야 한다. 즉 여자는 좋은 사람
과 좋은 시간을 보내는 것이 마음을 나누는 시간이며 이러한 시간
을 나누는 동안 남자가 어떤 인성을 가진 사람인지 검증을 한다. 여
자의 사랑은 자신이 사랑하는 대상과 섹스를 하지 않아도 좋은 그

---

* 박수경, 『그 남자 그 여자의 바람바람바람(가연)』, 28.

대상에게 좋은 감정을 갖는 자기 충족적인 만족감이다. 그렇기 때문에 여자에게 섹스는 목적이 아니다. 그래서 사랑이 식으면 여자는 남자에게 몸부터 차단한다. 손끝하나 대지 못하게 한다. "남자가 상대를 여자로 인식하고 내부에서 열정이 끓어 넘치게 되면, 그 과정에서 성적 즐거움과 재미를 추구하게 되고, 사랑의 감정과 성심리가 결합하면서 성행위를 통해 여자와 깊은 교감을 나누게 된다. 어쩌면 사랑은 열정의 과정에 이미 만들어졌는지도 모른다. 섹스는 단순히 그 사랑을 확인하는 과정일 뿐이다. 여자는 이런 남자의 열정을 받으며 바늘에 실 가듯 사랑의 감정이 생성되고, 이 사랑의 감정을 확인하는 방식의 하나로 남자와 섹스를 허락하게 된다. 이처럼 여자의 성심리는 반드시 남자의 열정이라는 연료가 주입되어야 자가 연소를 시작한다. 따라서 남자는 여자와 섹스하기 전에 '마음의 애무'를 먼저 해야 한다."[※]

이렇게 남녀의 무의식이 상반성을 띠고 있기 때문에 관계중독에 들어가는 방식도 서로 정반대로 진행된다. 남자의 경우, 처음이 어렵지 일단 한 번 관계중독에 빠지게 되면 습관성을 띠는 특징이 있다. 관계에 중독된 남자는 대상을 바꿔가면서, 혹은 여러 여자들을

※ 박수경, 『그 남자 그 여자의 바람바람바람(가연)』, 40~41.

동시다발적으로 만날 수 있고 관계를 가질 수도 있다. 남자의 관계 중독의 경우, 남자의 관심사는 상대가 보여 주는 반응 정보 그 자체에 몰입되어 있다. 섹스도 물론 중요하지만, 여자가 보여주는 관심 정보를 구체화하는 데 더 심혈을 기울인다. 때문에 즐거움의 감정과 성욕이 증폭되는 증상을 보인다.

남자가 느끼는 반응 정보에 의한 성욕은 생각보다 쾌락적이기 때문에 뇌를 장악한다. 반응 정보를 준 대상과 섹스를 하고 난 후에는 그 여성과 연결된 모든 정보가 성욕을 만드는 성정보로 치환되어 남자의 몸과 마음을 지배한다. 이처럼 남자의 관계중독에 의한 성관계는 반복적인 외도 발생의 원인이 되고, 결국에 성범죄자의 삶으로 전락하는 요인이 된다. "그저 여자들을 만나서 대화를 나누고 섹스를 했을 뿐인데 너무 가혹하지 않나요?" 하지만 관계중독 단계에서 여자가 보여주는 반응 정보가 성정보로 전환되어 성관계까지 이어진다면 남자의 이성은 이미 성정보로 장악된 것이나 다름없다. 이는 자신의 삶과 인생 그리고 가족의 안정과 행복까지 위험에 노출시키는 짓이다. 하지만 마음을 나누고 사는 아내에게는 인간적인 사랑과 마음 그리고 성마음이 함께 작용하기에 남자도 '두 집 살림'이라는 말이 통용될 수 있다.

반면 여자는 마치 가랑비에 옷 젖듯 서서히 관계에 빠져드는 특성을 갖는다. 여자는 남자처럼 상대에 섹스를 위해 접근하지 않는다. 대부분 정상적인 여자라면 남편 이외에 다른 남자와 성관계를 가질 이유도 목적도 없다. 여자가 상간남과 섹스를 하는 경우는 마음의 상처로 인하여 관심과 위로의 정보가 인식되어 발생된 관계중독뿐이다. 그래서 도리어 관계중독에 빠진 여자는 남자의 관심이나 위로 정보가 인식되면 무책임한 섹스를 더 갈망하게 된다. 여자의 행복은 현재의 행복이다. 현재 심신의 안정을 행복으로 느낀다. 때문에 현재의 잘못된 부분을 찾아내어 그 부분을 해결하고 자신의 사랑과 행복을 지키려고 욕구가 강하다. 반면 남자는 현재보다는 미래 행복을 추구한다. 여자는 곁에 있는 남자가 현재의 상처를 받아주지 않을 때 다른 남자를 찾게 되지만, 남자는 곁에 있는 여자가 미래를 위해 노력하는 자신을 인정해 주지 않거나 믿고 신뢰하지 않을 때 다른 여자를 찾게 된다. 위로와 관심 그리고 인정과 같은 성마음의 에너지를 부부나 가족이 아닌 다른 이성 또는 다른 대상이 해주었을 때 관계중독에 빠지는 것이다. 대부분의 사람들은 사회생활 속에서 당연히 인간관계를 맺고 살아가고 건강한 인간관계는 꼭 필요하다고 생각한다. 하지만 이런 생각에는 함정이 있다. 건강한 심리와 마음을 가진 상태로 인간관계를 맺을 때는 문제가 발생하지 않겠지만, 마음과 감정에 문제가 발생했을 때는 무분별한 인간관계도 인생을 뒤흔들 만큼 커다란 문제가 된다.

관계중독은 결국 남자든 여자든 그 감정을 소진하여 망각하거나 쾌락으로 잃어버리기 때문에 성장이 없다. 남녀가 어려움을 극복하면서 함께 만드는 게 사랑인데, 관계중독에 노출된 사람들은 그 어려움을 극복하려고 들지 않는다. 조금만 어려움이 닥치면 바로 회피하거나 서로를 저주한다. 그래서 남자든 여자든 섹스와 성마음을 구별할 필요가 있다. 성마음을 중심으로 정신적 에너지가 형성되어야 할 자리에 섹스를 들이밀고, 사랑에 의한 섹스가 들어가야 할 자리에 상처의 감정을 제거시키기 위한 성심리를 들이민다. 둘은 전혀 다른 별개의 감정이다.

관계중독은 관계에서 발생한 상처를 제때 치료하지 않거나 엉뚱한 치료제로 땜질할 때 발생한다. 남편이 주는 상처가 여자에겐 관계의 안전망이고 반대로 여자가 주는 스트레스가 남자에겐 관계의 에너지다. 인생에서 처음 경험하는 것들은 모두 상처로 남는다. 남자와 여자는 서로 다른 마음을 교감하며 상처받고 성장하기를 반복하며 행복을 만들어가는 최고의 영혼적 스승이자 동반자다. 하지만 마음의 상처를 해결하지 못하고 살아가면 누구보다도 많이 상처를 주는 관계로 돌변한다. 이러한 마음의 상처들을 부부나 가족이 아닌 사회관계에서 만난 이들과 해결하려고 할 때 관계중독이 온다.

흥미로운 것은 남녀의 의식과 무의식이 반대로 구조화되어 있다는 점이다. 의식에 긍정심리가 만들어지면 무의식은 부정심리가, 의식에 부정심리가 만들어지면 무의식은 긍정심리가 만들어진다. 그래서 내가 긍정을 의식해도 사실 무의식은 부정이 커지고 있는 것이며, 내가 부정을 의식한다면 무의식에서는 긍정이 자라나고 있다는 뜻이다. 사람은 행복을 위해 좋은 것들을 추구하면서 도리어 무의식에서 부정의 강박이 만들어지고, 현재의 행복을 더 강화하기 위해 부정적인 것들을 찾아나서는 아이러니한 존재다. 그러나 이는 한꺼풀 벗겨 보면 자신의 감정을 계속 이어가기 위한 장치에 불과하다. 관계중독에 빠진 여자는 남편에 대한 부정심리가 만들어져야 상간남을 만날 수 있다. 남편에 대한 부정 감정이 없는 상태에서 구조적으로 상간남을 만날 수 없기 때문이다. 여자 입장에서 남편은 상간남을 만나기 위해 나쁜 남자가 되어 있어야만 한다.

남자 또한 마찬가지다. 아내와 가족을 부정해야 상간녀를 만날 수 있는 명분이 생긴다. 자신의 미래였던 처자식을 부정하는 것이다. 게다가 관계중독의 특성상 가족이 아닌 외부의 사회관계에서 위로나 즐거움과 재미가 몰입되면 무의식적 양심은 자동적으로 과거 희로애락의 행복을 모두 부정하는 방어기제가 발생한다. 이러한 심리적 기능에 의해 발생된 관계중독은 실제 자신이 배우자와 가족을 얼마나 사랑하고 소중해 했는지 망각하고 상실하게 한다. 인간의 삶을 여러 형태로 파괴하거나 정신적인 문제를 일으키는 핵심 원인이 바로 관계중독이다.

02 집착의 또 다른 이름,
질투와 분노

J는 전 남친이 자신과 헤어진 직후 사내에서 새로운 연애를 시작하자 이를 자신에 대한 보복이라고 생각했다. 자신에게 질투심을 일으키려는 목적으로 도발을 한다고 착각한 그녀는 사내 직원 게시판에 전 남친의 새 여친에 대한 험담을 올려놓기 시작했다. 그것으로도 직성이 풀리지 않자, J는 아침 일찍 회사에 출근해 여자의 자리에 눈알을 파놓고 빨간 페인트로 덧칠을 한 그녀의 명함판 사진들을 뿌려놓기도 했다. 그녀가 속해 있던 부서는 그 일로 발칵 뒤집어졌다. 당연히 남친은 그녀의 소행임을 알아차렸고, 그녀에게 찾아가 자초지종을 물었다. J는 도리어 적반하장으로 나왔다. 어이가

없어 하는 전 남친에게 아기를 가졌다고 협박했다. 물론 거짓말이
었다.

　그녀는 남자친구를 잃으면 모든 것을 잃을 것이라고 생각했다.
서로 사랑한다면 상대방의 모든 것을 속속들이 알아야 한다고 믿었
다. 감추는 것 없이 내면의 모든 것을 오픈한 채 일심동체, 아니 자
웅동체처럼 활보할 수 있어야 한다고 고집했다. 친밀감으로는 관계
의 갈증이 더 이상 해소되지 않았다. J는 남친과 자신을 나누는 경
계를 허물어 버렸고, 급기야 하나가 되기를 희구했다. '그 둘이 한
몸이 될지니라. 이러한즉 이제 둘이 아니요 한 몸이니.'* J는 사랑
을 완전히 오해하고 있었다. 마사 비레다Martha Bireda는 이를 사랑
중독이라고 불렀다. "사랑에 중독되었다는 것은 누군가를 지나치
게 사랑하면서도 자기 자신은 지나치게 사랑하지 않는다는 점에서
역설적이며, 그것은 균형이 깨진 사랑이다. 중독된 관계에서는 자
신과 상대방의 경계가 약하거나 아예 존재하지 않는다. 사랑에 중
독된 사람의 관심은 자기 자신보다는 오로지 상대방에게만 집중된
다."** 충분한 자기애 없이는 타인과 건강한 관계를 가질 수 없다는
사실을 그녀는 몰랐다. 그녀는 과연 어디서 잘못된 것일까?

---

* 마가복음 10장 8절.
** 마사 비레다, 『사랑중독증(학지사)』, 신민섭 역, 14.

비레다는 자신의 책에서 이러한 사랑중독에 세 가지 유형이 있다고 말한다.

- 상대방에 대한 과잉 반응
- 상대방과의 관계에 과도한 몰입
- 상대방에 대한 비현실적인 기대

---

1) 자존감과 집착

자존감에는 세 가지 기본 축이 있다고 한다. 바로 자기효능감과 자기조절감, 자기안전감이다. 자기효능감은 자신이 얼마나 쓸모 있는 사람인지 느끼는 것을 말하며, 자기조절감은 스스로를 조절하고 마음대로 하고 싶은 걸 할 수 있는 능력을 의미한다. 자기안전감은 혼자서도 충분히 안전감과 편안함을 느끼는 것을 의미한다. 윤홍근은 이 세 가지가 우리의 자존감을 형성하는 축대와 같다고 말한다.[*] 이 세 가지 중에서 어느 하나 부실하거나 무너지면 자존감의 균형을 잃게 된다는 것이다. 맞는 말이다. J의 관계 집착은 자존감의 상실에서 비롯되었다. 자존감의 상실은 집착을 낳게 된다. 집착

---

[*] 윤홍근, 『자존감 수업(심플라이프)』, 17.

은 십중팔구 상대방에 대한 통제로 이어진다. 물론 상대방을 100% 통제하는 건 현실적으로 불가능하다. 따라서 통제의 욕망은 대번 상대방에 대한 질투와 분노로 이어진다.

미국의 사회심리학자 모리스 로젠버그Morris Rosenberg는 자존감 self-esteem을 '비교적 안정적이고 전반적인 자기가치감'이라고 정의 했다. 쉽게 말해, 자존감은 자신을 존중하고 사랑하는 자기존중감 을 말한다. 자신의 능력과 한계에 대해 스스로 어떻게 생각하는지 스케치한 밑그림과 같다. 자존감은 자의식이 발달하는 사춘기 때부 터 만들어지며, 성장기 양육과정과 개인적 경험에 의해 꼴 지워진 다. 물론 한 번 만들어진 자존감은 고정된 것이 아니라 성인기 이후 여러 일들을 겪으면서 끊임없이 지속적으로 변화한다. 높은 자존감 은 스스로 역경을 헤쳐 나갈 수 있다는 자신감을 심어주며, 낮은 자 존감은 문제를 회피하고 도망가도록 이끈다.

흔히 생각하는 것과 달리, 자존감自尊感과 자존심自尊心은 비슷해 보이지만 다르다. 자존감은 스스로 매긴 자신의 전반적인 가치를 말하는 반면, 자존심은 고집스런 프라이드에 가깝다. 자존감은 상 대가 없어도 성립하지만, 자존심은 상대가 있을 때에만 성립한다. 자존감은 자기가 자신을 존중하는 마음이기 때문에 장점뿐 아니라 단점조차 모두 인정하는 관점이라면, 자존심은 상대방에게 드러내고 싶은 자신의 가치이기 때문에 단점을 인정할 여유가 없다.

자존감	자존심
self-esteem	pride
높거나 낮음(high/low)	세거나 약함(strong/weak)
대상이 불필요	대상이 필요
자기에 의한 인정	상대에 의한 인정

자존감과 자존심의 차이

　로젠버그는 이러한 자존감을 개인적으로 측정할 수 있는 로젠버그 자존감 척도RSES; Rosnberg self-esteem scale*라는 걸 만들었다. 로젠버그 자존감 척도는 뉴욕 주에서 무작위로 선택된 10개의 학교에서 5,024명의 고교생과 노인을 대상으로 실시한 설문을 토대로 작성되었다. 현재는 더 복잡하고 다양한 척도 모델들이 개발되어 사용되지만 즉석에서 간편하게 점검할 수 있다는 장점 때문에 오늘날에도 여전히 사용되는 척도이기도 하다. 이 척도는 0에서 30까지의 점수로 자존감의 수위를 정할 수 있는데, 15보다 작은 점수는 낮은 자존감 문제를 나타낼 수 있다.

---

* 모리스 로젠버그, 『Society and the Adolescent Self-image(Princeton University Press)』

문 항	점수
1. 나는 전반적으로 나 자신에게 만족한다. 매우 동의함(4점) 동의함(3점) 동의하지 않음(2점) 매우 동의하지 않음(1점)	
2. 때때로 나는 모든 걸 잘하지는 않는다고 생각한다. 매우 동의함(4점) 동의함(3점) 동의하지 않음(2점) 매우 동의하지 않음(1점)	
3. 나는 여러 가지 좋은 자질이 있다고 생각한다. 매우 동의함(4점) 동의함(3점) 동의하지 않음(2점) 매우 동의하지 않음(1점)	
4. 나는 대부분의 다른 사람들만큼 일을 잘 할 수 있다. 매우 동의함(4점) 동의함(3점) 동의하지 않음(2점) 매우 동의하지 않음(1점)	
5. 나는 자랑할 만한 게 많지 않다고 생각한다. 매우 동의함(4점) 동의함(3점) 동의하지 않음(2점) 매우 동의하지 않음(1점)	
6. 나는 때때로 확실히 아무 쓸모가 없다고 느낀다. 매우 동의함(4점) 동의함(3점) 동의하지 않음(2점) 매우 동의하지 않음(1점)	
7. 나는 적어도 다른 사람들과 같은 선상에서 가치 있는 사람이라고 생각한다. 매우 동의함(4점) 동의함(3점) 동의하지 않음(2점) 매우 동의하지 않음(1점)	
8. 나는 내 스스로 더 존중할 수만 있다면 좋겠다. 매우 동의함(4점) 동의함(3점) 동의하지 않음(2점) 매우 동의하지 않음(1점)	
9. 나는 결국 내가 실패자라고 느끼는 경향이 있다. 매우 동의함(4점) 동의함(3점) 동의하지 않음(2점) 매우 동의하지 않음(1점)	
10. 나는 나 자신에 대해 긍정적인 태도를 취한다. 매우 동의함(4점) 동의함(3점) 동의하지 않음(2점) 매우 동의하지 않음(1점)	

- 10~19점: 자존감이 낮은 편에 속함
- 20~29점: 자존감이 보통 수준임
- 30점 이상: 건강하고 바람직한 자존감을 가지고 있음

　자존감과 자기애는 남녀가 정상적인 관계를 설정하는 데 매우 중요한 요소다. J는 바로 이 부분이 결여되어 있었다. 남자친구만 있으면 자신의 모든 문제가 해결될 수 있을 거라고 생각했다. 자신의 미래와 자기실현, 궁극적인 존재의 이유도 모두 남자친구로 치환되어 버렸다. 물론 그런 백마 탄 왕자는 동화 속에서나 존재하지 이 세상에 존재하지 않는다. J가 사랑했던 건 남자친구라기보다 자신의 욕망이 투영한 허상에 불과했다. 사랑을 하면서도 정작 제대로 사랑은 하지 못하는 역설적인 상황. 딱 J가 겪었던 상황이었다. 그래서 떠나간 남자를 되찾기 위해 회사에서 그 난리를 쳤고 그의 새 여자친구에게 광분했던 것이다.

　이러한 과정을 우리는 소위 '중독성 사고addictive thinking'라는 개념으로 이해할 수 있다. "중독성 사고의 여러 가지 특징은 중독자에게서만 아니라 공동의존자에게도 볼 수 있는데, 그 이유는 그 특징들의 근원이 유사하기 때문이다. 즉, 낮은 자존감이 그것이다. 신

체적 원인에서 비롯되지 않은 대부분의 감정 문제들은 어떤 형태로 건 낮은 자존감과 관련이 있다. 낮은 자존감은 사실의 근거 없이 자기 자신에 대해 부정적인 감정을 갖는 것을 말한다. 다시 말하면, 어떤 사람들은 자신에 대해 과대망상과 같은 왜곡된 자기 인식을 갖는 것과는 반대로 자존감이 낮은 사람들은 자신이 열등하고 무능력하며 무가치하다는 망상을 가지고 있다. 이상하게도 자신이 뭔가 부족하다는 강한 열등감은 대부분 능력이 있는 사람들이 가지고 있다."[*]

중독성 사고는 1983년 데이비드 세들럭David Sedlak 박사의 논문에서 처음 제시되었다. "세들럭 박사는 중독성 사고란 스스로 일관성 있게 건전한 결정을 내리는 능력의 부재라고 하였다. 그는 중독성 사고란 의지력에서 도덕성의 결함이 있음을 의미하는 것이 아니라 이는 단지 의지의 병으로써 의지를 사용할 수 있는 능력의 상실이라고 주장한다."[**] 트워르스키Abraham J. Twerski는 중독성 사고를 구성하는 요소로 부정과 합리화, 및 투사를 제시했다. 사랑에 빠지면 바보가 된다는 말이 있듯, 보통 멀쩡한 사람도 눈에 콩깍지가 씌우면 평소와 다른 행동을 보이기도 한다. 하지만 트워르스키는 이러

---

[*] 에이브러햄 트워르스키, 『중독성 사고(하나의학사)』, 이호영 외 역, 43.

[**] 위의 책, 62.

한 비합리적이고 부적절한 행동과 감정에 치우친 판단이 지속되면 중독성 사고가 뇌에 자리를 잡고 점차 관계를 지배하게 된다고 말한다. 심지어 중독성 사고가 때때로 조현병을 앓고 있는 사람의 사고와 유사할 정도다. 관계중독자가 가진 중독성 사고에도 조현병과 유사한 기만적이고 피상적인 논리가 작동하기 때문이다.

자존감 상실 → 집착과 통제 → 질투와 분노

---

2) 자기효능감과 관계중독

심리학자 앨버트 반두라Albert Bandura는 자기효능감이라는 개념을 통해 이러한 문제적 사고를 해결해야 한다고 주장했다. 그는 인간을 자신의 감정과 사고, 행동을 스스로 통제하고 결정할 수 있는 자기 반영적 존재라고 보았고, 그것이 자기효능감으로 발휘된다고 주장했다. 여기서 자기효능감self-efficacy이란 자신이 남의 도움 없이도 어떤 일을 스스로 잘 해낼 수 있다는 개인적 신념을 말한다. 사회학습에 관심이 많았던 그는 자기효능감이 높은 이들이 과제에 대한 남다른 집중력과 집착력, 지속성을 가지고 있으며, 긍정적인 자아상을 통해 높은 성취동기를 보인다는 사실을 발견했다. 자기효능감을 가지고 있는 사람은 특정 상황에 공포감을 느끼고 문제를 회피하는 게 아니라 자신감을 가지고 적극적으로 행동에 나섰다. 또한 업무에 대한 노력과 열성 또한 높았으며, 작은 실패나 어려움을 겪어도 능력에 의문을 갖지 않고 다시 문제에 달려드는 지속성을 보였다.

자기효능감을 주장한 앨버트 반두라
(출처: google.com)

다행스러운 건 반두라는 자기효능감을 후천적인 교육과 훈련으로 얼마든지 올릴 수 있다고 말했던 점이다. 1977년 그는 자신의 이론을 발표하면서 자기효능감을 올릴 수 있는 네 가지 요인도 함께 제시했는데, 성취 경험과 대리 경험, 칭찬, 정서적 각성을 들었다. 제일 먼저 성취 경험mastery experience은 목표를 달성하기 위해 노력했던 결과, 그 과정에서 자그마한 성공을 거둔 사람은 그렇지 않은 사람보다 자기효능감이 더 높을 수밖에 없음을 말한다. 물론 그는 이 경험을 나만의 경험으로 한정하지 않았다. 누군가 위대한 성공을 거두는 과정을 옆에서 지켜보는 대리 경험vicarious experience만으로도 자신의 자기효능감에 긍정적인 영향을 줄 수 있다고 본 것. 세 번째, 선생님이나 직장선배, 주변 사람들로부터 칭찬을 듣거나 격려를 들어도 자기효능감은 상승한다. 이를 반두라는 '언어적 설득 verbal persuasion'이라고 명명했다. 마지막으로 상담이나 멘토링, 명상을 통해 자신의 불안과 좌절, 실패에 대한 두려움 같은 부정적 정서를 극복하고 조절하는 능력을 키우는 정서적 각성emotional state이 필요하다. 이 네 가지 요인이 합쳐졌을 때 비로소 자기효능감이 생기고 중독적 관계가 아닌 건강한 관계를 가질 수 있게 된다.

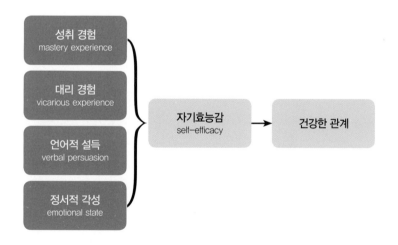

심리장애는 관계중독으로,
관계중독은 다시 섹스중독으로

그리스의 시인 소포클레스Sophocles는 말했다. "모든 삶의 무게와 고통에서 우리를 자유롭게 해주는 하나의 단어가 있으니 그건 다름 아닌 사랑이다." 맞는 말이다. 삶은 누구에게나 힘들고 고단하다. 인간이라는 존재 자체가 숨을 쉬며 사는 매 순간 고통을 동반하고 있는지 모른다. 나의 영원한 반쪽을 만나 정신과 육체가 하나 되는 아름다운 사랑이야말로 이런 거친 세상을 살아가게 해주는 든든한 힘이다. 하지만 그 완전한 사랑이 조금이라도 변질되거나 왜곡되면 그것만큼 우리를 아프게 하는 것도 따로 없다. 세상 모든 유행가는 사랑의 기쁨만큼이나 이별의 아픔을 노래한다. 그래서 독일의 철학자 울리히 벡Ulrich Beck은 '사랑은 지독한, 그러나 어쩌면 지극히 정상적인 혼돈'이라고 말하지 않던가?

<blockquote>사랑은 지독한, 그러나 어쩌면 지극히 정상적인 혼돈이다</blockquote>

관계중독의 위험성은 단순히 그것으로 그치지 않고 심각한 섹스중독과 기이한 변태적 성행동으로 뻗어간다는 데에 있다. 과연 섹스중독은 무엇이며 일상에서 어떤 문제를 일으킬까? 섹스중독의 정의는 사실 관계중독만큼이나 쉽지 않다. 이 문제에 관하여 여러 학자들의 의견이 팽팽히 맞서고 있기 때문이다. 일부 연구자들은 섹스중독을 하나의 병리적 문제로 보는가 하면, 다른 전문가들은 그러한 문제 행동이 비정상적인 성욕에서 비롯된 것인지 충동조절에 문제가 있어서 일어나는 것인지 불분명하다고 반박한다. 또 다른 전문가들은 섹스중독의 진짜 원인이 정서적 상태, 즉 불안이나 우울증 같은 문제에서 비롯된 일시적 현상이라고 평가한다.

이러한 상황을 잘 보여주는 사례가 섹스중독에 관하여 ICD*와 DSM**이 서로 다른 접근을 보여주고 있는 데에서 여실히 드러난다.

---

* 국제질병분류(The International Statistical Classification of Diseases and Related Health Problems)

** Diagnostic and Statistical Manual of mental disorder; 정신장애의 진단과 통계 편람

세계보건기구WHO가 발행한 국제질병분류ICD에는 '강박적 성행동 장애compulsive sexual behavior disorder'라는 별도의 항목이 등재되어 있다. 반면 미국정신의학회APA;American Psychiatric Association가 발행한 DSM-IV에 '성적 장애Sexual Disorder'로 기재되었던 병명이 DSM-V에서는 빠져 버렸다. 섹스중독에 관한 항목 삭제를 두고 개정 작업에 참여한 전문가들은 섹스중독을 과학적으로 뒷받침할만한 충분한 경험적 증거가 없다고 주장했다. 그들은 섹스중독을 일반인들이 흔히 사용하는 명칭과 달리 중독으로 보지 않고 도박과 같은 다른 행위중독과 유사하지도 않다고 여겼다.

1) 섹스중독의 정의

자, 이제 여러분들은 관계중독에서 가장 치료하기 힘든 섹스중독 문제로 넘어왔다. 성性이나 섹스 문제는 사람들이 드러내놓고 말하기 꺼리는 분야 중 하나다. 그렇기에 혼자서 끙끙 앓다가 상당히 문제를 키운 상태에서 상담소의 문을 두드리는 경향이 있다. 과연 섹스중독은 언제부터 연구되어 왔고, 그간 어떻게 정의되어 왔을까?

"사건을 어떻게 생각하는가 하는 신념체계가 우리의 감정과 행동에 영향을 미친다."고 주장했던 합리적정서행동치료REBT; Rational Emotive Behavior Therapy의 대가 앨버트 엘리스Albert Ellis는 섹스중독에 관해 체계적인 연구를 수행한 최초의 인물로 알려져 있다. 우리에게 「킨제이보고서」로 유명한 앨프레드 킨제이_{Alfred Kinsey} 박사와 함께 1960년대 성문화에 관한 선구적인 연구를 수행했던 그는 섹스중독이라는 개념을 학문의 영역 안으로 처음 끌어들였다. 특히 그의 고전작 『죄책감 없는 섹스』는 오늘날까지 미국 내 페미니스트와 동성애자 진영에서 성해방의 지침서로 사용되고 있다. 학계에서조차 터부시했던 동성애에 관한 과학적 연구는 그에게 '20세기 최고의 성심리학자'라는 수식어를 안겨 주었다.* 그가 1964년 뉴욕시립대 사회학과 교수이자 당대 동성애 해방 운동가였던 에드워드 사가린 _{Edward Sagarin}과 함께 쓴 『님포매니아』라는 책은 섹스중독자에 관한 첫 사례연구로 꼽힌다.

여기서 여성색광증_{女性色狂症}을 의미하는 개념어 '님포매니아 _{nymphomania}'는 신화 속 샘의 요정을 뜻하는 님프_{nymph}라는 단어에서 왔다. 요정과 색광이 무슨 연관이 있을까? 언뜻 순수 그 자체인 물의 요정이 병적으로 섹스를 밝히는 색광증과 아무런 관련이 없어 보인다. 하지만 여성의 성기 중에서 흥분했을 때 애액이 들어차는

---

* 엘리스의 저서들은 이미 우리말로도 여러 권 번역되어 있다. 특히 REBT 개념에 대해 관심이 있는 분들이라면 『행복에 이르는 길(교육과학사)』과 『오늘부터 불행을 단호히 거부하기로 했다(시목)』를 참고하기 바란다. 필자 역시 그의 저서들에서 많은 영감을 받았다.

소음순이 영어로 '님파nympha'인 것을 감안하면 이야기가 달라진다. 상대적으로 감각이 무딘 대음순과 달리 조그만 자극에도 민감하게 반응하는 소음순에 광적으로 집착하는 증세가 님포매니아인 것. 이후 색광증에 대한 여러 연구가 봇물처럼 줄을 이었다. 1975년 UCLA의 심리학 교수였던 로버트 스톨러Robert Stoller는 님포매니아의 반대 개념으로 남성색광증을 뜻하는 돈후아니즘DonJuanism을 주창했다.

　라스 폰 트리에 감독의 영화 「님포매니악」은 여성색광증이 한 여자에게 얼마나 파괴적인 영향을 미치는가 적나라하게 보여준다. 포르노를 방불케 하는 화면 구성도 놀랍지만, 섹스중독자가 보이는 문란하고 퇴폐적인 행위와 각종 기이한 성적 행각들도 사뭇 놀랍다. 온몸이 피투성이가 된 채로 밤거리에 쓰러져 있는 여자주인공 조는 우연이 그 옆을 지나가던 남자주인공 샐리그만의 눈에 띈다. 그녀는 그의 부축을 받으며 가까스로 그의 집까지 가게 되고, 남자의 침대에 누워 자신이 누구며 자신이 왜 거리에 누워있어야 했는지 마치 신부에게 고해성사를 하듯 고백한다. 두 살 때 이미 예민한 자신의 성기를 비비며 오르가슴에 눈을 뜬 조. 성인이 되자마자 기차에서 생전 처음 보는 남자들을 꼬시는 일부터 직장에서 아홉 명의 동료와 섹스를 하던 이야기, 해도 해도 채워지지 않는 성욕을 참

을 길 없어 쩔쩔 맸던 경험들을 담담하게 말한다. 영화는 그녀의 회
상으로 넘어가고 낚시나 등반, 피보나치수열과 같은 은유들을 동원
하여 그녀의 기이한 성적 집착을 담아낸다. 그녀는 평소 사랑하는
남자와 결혼을 하지만 오르가슴을 느끼지 못하는 현실에 좌절한다.
둘 사이에 아이까지 낳았지만 새 생명은 축복이 아니라 저주로 뒤
바뀐다. 주인공 조는 평생 아주 단순한 그것, 오르가슴만을 원했다.
"내 몸에 난 모든 구멍을 메워 달라."고 외친 그녀는 아버지가 죽었
을 때도 길거리 남자와 섹스를 했고, 아들을 잃었을 때에도 아랑곳
하지 않고 섹스를 즐겼다.

1983년 패트릭 카네스Patrick Carnes는 섹스중독에 빠졌던 자신의
경험을 기반으로 『그림자 밖으로Out of the Shadow』라는 책을 냈다. 카
네스는 성중독이 그릇된 신념체계에서 비롯한 착각이라고 말한다.
똑같은 현상이나 동일한 상황을 보고서 일반적인 사람들과 전혀 다
른 이해와 성적 자극을 받는다는 것. "중독자의 신념 체계는 잘못
되거나 부정확하고 그래서 결과적으로 중독의 중요한 계기를 제공
하는 특정한 핵심 신념들을 담고 있다. 일반적으로 중독자들은 스
스로를 가치 있는 사람으로 인식하지 않는다. 또한 중독을 포함한
자신들에 관한 모든 것이 알려진다면 다른 사람들이 자신들을 돌보
아 주거나 그들의 욕구를 충족시켜 줄 것이라고 믿지 않는다. 마침

내 그들은 성욕이 가장 중요한 욕구라고 믿는다. 섹스는 고독을 견딜 수 있게 해준다. 그들의 핵심 신념은 성중독의 주축점이다. 여러분이 사람들을 신뢰하지 않는다면, 성ー그리고 알코올, 음식, 도박 그리고 위험한 행동ー에 대해 확실한 한 가지는 당장에는 그것이 주기로 약속한 것을 준다는 것이다. 게다가 중독에 대한 우리의 정의에 따르면, 그 관계는 사람들이 아니라 섹스와의 관계이다."*

여기서 주목해야 할 문장은 마지막 문장이다. 성중독에서 관계는 사람과의 관계가 아니라 섹스와의 관계다. 섹스중독에 빠진 사람들은 보통 사람과 관계를 맺는다고 착각한다. 하지만 사실 섹스를 나누는 사람은 익명에 가려진 불특정다수인 경우가 태반이다. 심지어 원나잇스탠드를 거친 사람들의 얼굴과 이름조차 잘 기억나지 않는다. 1989년, 카네스는 그의 동료 연구자들과 함께 성중독을 스스로 진단할 수 있는 성중독 선별도구SAST, Sexual Addiction Screening Test라는 모델을 만들어 보급했다. 그는 1,600명 이상의 사례들을 축적하여 진단의 타당성을 점검했다. 문항은 25개로 이루어져 있고 각 문항에 예와 아니오로 답변을 하면 2~3분 만에 결과를 알 수 있게 설계했다. 이후 2010년에는 문항을 45개로 늘려 성중독 선별도구를 개선했다. 독자들도 한번 문항들에 답을 체크해 보기 바란다.

---

* 패트릭 카네스, 『그림자 밖으로(시그마프레스)』, 신장근 역, 45~46.

항 목	예	아니오
1. 유아 또는 청소년기에 성적으로 학대를 받았는가?	☐	☐
2. 춘화잡지를 구독하거나 혹은 정기적으로 구입한 적이 있는가?	☐	☐
3. 부모님들이 성행위 때문에 어려움을 겪었는가?	☐	☐
4. 종종 성적인 상념에 사로잡혀 있는 자신을 발견하는가?	☐	☐
5. 자신의 성행위가 정상적이지 않다고 느끼는가?	☐	☐
6. 배우자나 중요한 이들이 자신의 성행위를 걱정하거나 불평하는가?	☐	☐
7. 부적절하다고 알면서도 성행위를 멈추는 데 어려움을 겪는가?	☐	☐
8. 자신의 성행위에 대해 나쁜 감정을 느끼는가?	☐	☐
9. 자신의 성행위가 자신과 가족에게 문제를 일으킨 적이 있는가?	☐	☐
10. 자신이 했던 좋아하는 성행위에 대해 도움을 요청해 본 적이 있는가?	☐	☐
11. 사람들이 자신의 성행위에 대해 알게 될까봐 걱정해 본 적이 있는가?	☐	☐
12. 자신의 성행위로 정서적 상처를 받은 사람이 있는가?	☐	☐
13. 법에 저촉되는 성행위가 하나라도 있는가?	☐	☐
14. 자신의 성행위의 어떤 측면을 그만두겠다고 스스로 약속한 적이 있는가?	☐	☐
15. 어느 유형의 성행위라도 그만두려고 애썼지만 실패한 적이 있는가?	☐	☐
16. 자신의 성행위 중 어떤 부분은 남에게 숨겨야 하는가?	☐	☐
17. 성행위 중 일부를 멈추려고 시도한 적이 있는가?	☐	☐
18. 자신의 성행위로 인해 저속해졌다는 느낌을 받은 적이 있는가?	☐	☐
19. 섹스가 자신의 문제에서 벗어날 수 있는 하나의 방법이 되었는가?	☐	☐
20. 성관계를 가질 때, 이후 줄곧 우울함을 느끼는가?	☐	☐
21. 어떤 형태의 성행위를 중단할 필요성을 느껴본 적이 있는가?	☐	☐
22. 자신의 성생활이 가정생활을 방해한 적이 있는가?	☐	☐
23. 미성년자와 성관계를 가진 적이 있는가?	☐	☐
24. 자신의 성욕에 스스로 압도된다는 느낌을 갖는가?	☐	☐
25. 자신의 성욕이 자신보다 더 강하다고 생각해 본 적이 있는가?	☐	☐

- 0~4점: 비중독자 89.3%   중독자 10.7%
- 5~8점: 비중독자 89.6%   중독자 10.4%
- 9~12점: 비중독자 77.2%   중독자 22.8%
- 13점 이상: 비중독자 3.5%   중독자 96.5%

2) 섹스중독의 과정

카네스는 섹스중독의 과정을 네 단계의 주기로 구성했다. 제일 첫 단계는 개인이 섹스에 몰두하고 성적 자극을 찾아다니는 몰입과 집착의 과정이다. 성적 충동과 판타지가 머릿속에 머무는 단계다. 그 다음에는 직접적으로 성관계에 들어가기 위한 특별한 절차들, 이를테면 어떤 식으로 해야 더 깊은 만족감과 흥분을 느낄 수 있는지 파악하고 이런 행동을 의례로 강화하는 의례화 과정이다. 자신만의 특별한 행동이 성적 판타지를 자극하고 이 자극은 성행위에 대한 크레이빙craving을 강화한다. 그 다음 그 개인의 뇌에서 성에 대한 의식이 충분히 만들어지면 실제적으로 섹스나 자위에 몰입하는 성행위 과정이다. 성행위는 마치 매우 짧은 불꽃놀이와 같다. 성적 만족을 얻으면 곧바로 해일처럼 자괴감이 밀려드는 절망 과정이 이어진다. 이 네 가지 과정을 도식화하면 다음과 같다.[※]

※ 패트릭 카네스, 「그림자 밖으로(시그마프레스)」, 50~51.

집착 preoccupation	• 뇌에서 성적 충동과 환상이 시작됨 • 과거 경험했던 성적 경험을 회상함 • 그와 유사하거나 더 자극적인 경험을 희구함
의례화 ritualization	• 자신만의 특별한 의례적 행동을 시작함 • 의례화는 환상을 증폭시키고 집착을 강화함 • 쾌감과 각성을 증가시키기 위해 노력함
성적 강박행동 sexual compulsivity	• 의례화를 통해 직접 강박행동을 실시함 • 성적 행동에서 쾌감을 얻기 위해 이를 반복함 • 성적 강박행동으로 절정에 도달함
절망 despair	• 현실을 직시하며 죄책감과 무력감을 느낌 • 문제를 인식하고 다시 반복하지 않겠다는 결심을 함 • 무력감과 고통을 잊기 위해 다시 성적 집착을 시작함

카네스가 제시한 성중독의 네 단계

내연기관은 흡입→압축→폭발→배기라는 4-행정사이클four-stroke cycle로 돌아간다. 이 사이클은 카네스가 말한 성중독의 네 단계와 매우 흡사하다. 제일 먼저 주변의 모든 정보들이 들어오는 단계다. 섹스중독자에게는 주변의 모든 것이 성적 자극제로 활용된다. 길거리를 지나가는 미니스커트의 여성이나 잠깐 스쳐지나간 TV 광고에서도 섹스를 연상시키는 아주 작은 단서만 발견되면 급속도로 그 씨앗을 머리에서 키우기 시작한다. 사실 성과 아무런 상관이 없는 정보들도 성과 연결시키는 메커니즘이 탁월하다. 자극(S)과 반응(R)은 무의식적으로 이어진다. 섹스중독이 깊으면 깊어질수록 이 과정은 의식하지 못할 정도로 단축된다. 마치 방아쇠를 당기듯 그의 뇌리에 지나간 섹스의 추억들이 파노라마처럼 펼쳐진다. 섹스중독자들은 자신의 성적 환상에 집착할 정도로 몰두한다. 그가 만나는 모든 사람은 나이와 직업, 관계를 무론하고 성적인 대상으로 간주된다. 일단 섹스중독자가 이러한 몰입에 빠져들게 되면, 외부의 개입 없이는 다음 단계로의 이행을 막을 수 없다.

섹스중독자는 성적 판타지를 의식화한다. 그는 컴퓨터에 접속해 자신이 좋아하는 포르노사이트로 가거나 곧장 택시를 타고 사창가가 몰려 있는 거리로 간다. 이도저도 할 수 없는 상황이라면 자유롭게 공상을 확대할 수 있는 화장실로 직행한다. 섹스중독자들은 포르노를 보면서 자위를 하거나 캬바레나 성인클럽에서 원나잇스탠드를 해줄 상대를 찾거나, 아니면 급한 대로 안마시술소나 사창가에서 돈을 주고 상대를 산다. 여자의 경우, 주변에서 유혹의 대상을 찾는다. 필자의 내담자 중에는 같은 아파트 동에 살고 있는 유부남을 엘리베이터에서 유혹한 적도 있었다. 어떤 경우에는 간혹 유흥업소에 나가서 몸을 팔기도 한다. 그 다음 중독자는 마치 의식을 치르는 사제처럼 자신의 판타지를 실현한다.

짧은 섹스가 끝난 뒤 섹스중독자는 급격한 좌절과 무력감을 느낀다. 참지 못하고 비이성적인 행동을 반복하는 자신을 부끄러워하고 죄책감을 느끼며 후회한다. 이러한 원치 않는 감정은 자신이 중독의 사이클을 멈추는 데 철저하게 무력하다는 사실로부터 기인한다. 그들이 애초에 탈출하려고 했던 것이 어떤 현실이었든 간에, 그들이 이미 경험하고 있었던 자기혐오와 불안, 우울증을 다시 경험하게 된다. 아니 더 깊은 나락으로 떨어진다. 그리고 바로 그 감정이야말로 섹스중독을 유발하는 방아쇠가 되며 중독자를 다시금 사이클의 1단계로 되돌려 놓는 결정적인 동인이 된다. 종착지가 다시 시발점이 되는 순간이다.

3) 섹스중독의 치유

섹스중독자들의 처절한 도전과 재활을 그린 영화 「땡스 포 쉐어링Thanks for Sharing」은 섹스중독에서 벗어나는 과정을 매우 사실감 있게 그렸다. 영화에는 각기 다른 배경과 환경의 섹스중독자 세 사람이 등장하는데, 자조모임에서 만나 서로에게 순차적으로 멘토와 멘티의 관계를 맺는다. 마약과 좀도둑질로 교도소를 들락거리는 아들 때문에 고민이 많은 아버지 마이크(팀 로빈스)는 그 중에서 제일 나이도 많고 치유 경험도 풍부하다. 반면 그를 자신의 멘토로 삼은 아담(마크 러팔로)은 지독한 섹스중독에서 탈출하여 5년 동안 금욕을 실천하는 사업가다. 한편 그를 자신의 멘토로 삼은 닐(조시 게드)은 지하철에서 여자들에게 껄떡대다 뺨을 맞거나 상사의 치마 속을 몰래 촬영하다 걸려 해고당한 응급실 의사다.

자조 모임에서 아담은 섹스중독을 두고 이렇게 말한다. "마약중독보다 더 무시무시하죠. 마약 주삿바늘을 몸속에 품고 있는 것과 마찬가지니까요." 5년 만에 새로 여자친구를 사귀며 감미로운 애정전선을 만들던 그가 과거 심각한 섹스중독자였다는 사실이 그녀에게 들통 나자 난감해한다. "그런 게 있어요? 바람피우다 걸린 남자가 둘러대는 변명 아닌가요?"라는 그녀의 말에 그는 정색을 하며 "변명이 아니라 진짜 병"이라고 말한다. 자신의 숙소에서 매일같이 포르노를 시청하며 자위를 하는 닐은 수백 개의 몰카 영상과 야동 CD를 소장하고 있다. 성적 충동을 제어하지 못해 혼자서는 지하철을 타지도 못할 만큼 그 자체가 걸어 다니는 시한폭탄과 같다.

섹스중독은 주삿바늘을 몸속에 품고 있는 것과 같다

영화는 이들의 눈물겨운 사투를 담담히 그려낸다. 모든 중독이 그렇듯 오랜 세월을 인내하고 절제해도 어느 순간 단 한 번의 실수로 공든 탑이 와르르 무너질 수 있다. 아담은 여자친구와 헤어지고 자괴감과 불안감을 떨쳐내지 못하고 5년간 끊었던 자위를 재개하고 기어코 호텔에 콜걸을 불러 질펀한 관계를 갖고 만다. 수도승처럼 살아온 마이크 역시 아들과 주먹다짐을 하다가 아내가 다치게 되고 혼란스러운 마음에 마트에서 본 흑인 여자에게 급격히 흔들리는 자신을 발견한다.

보통 섹스중독을 치유하는 상담 기법으로는 인지행동치료CBT; cognitive behavioral therapy와 동기강화치료MET;Motivational Enhancement Therapy가 활용된다. 본래 알코올이나 마약 같은 물질중독을 고치는 데 사용되었던 상담 기반의 접근법으로 섹스중독에도 좋은 예후를 보인다. 필자 역시 내담자의 상황과 수준에 따라 두 가지 상담 기법을 적절히 활용하고 있다. 둘 다 중독을 일으키는 문제의 본질을 탐색하고 해결방법을 모색하여 보다 건강한 일상으로 복귀할 수 있도록 돕는 심리치료법이다. 먼저 인지행동치료는 중독으로 고통받는 내담자의 과거보다는 '지금 여기' 현재의 삶에 더 초점을 맞춘다. 먼저 중독자의 생각과 감정은 대인관계에 지대한 영향을 미치기 때문에 문제를 인지하는 과정부터 변화시켜 나간다. 이 과정에서 중독자는 자신의 왜곡된 시각을 교정하고 잘못된 믿음과 판단에서 벗어나도록 요구받는다. 보통 문제는 객관적인 현실보다는 주관적인 이해에 의해 발생하기 때문이다.

예를 들어, 영화 「오! 수정」을 보자. 영화 속에서 케이블TV 구성작가인 수정(이은주)과 후배 재훈(정보석)은 수정과 같은 회사의 PD인 영수(문성근) 때문에 우연히 술친구가 된다. 본래 영수와 썸을 타던 수정은 재훈과 관계가 깊어진다. 재훈은 여관에서 수정과 관계를 갖고 그녀가 숫처녀임을 알게 되면서 감격한다. 그에게 처녀성은 순수한 여성의 지표였던 셈. 흥미로운 건 수정과 재훈이 동일한 장소에서 함께 겪은 정사를 전혀 다르게 기억한다는 점이다. 쉽게 말해, 영화에서 남자가 바라본 정사와 여자가 바라본 정사가 전혀 다른 층위의 의미를 갖고 있다. 이러한 기억의 괴리로 인해 영화는 자연스레 전반부와 후반부로 나뉜다.

인지행동치료의 선구자인 아론 벡Aaron T. Beck은 특히 중독자가 가지는 왜곡된 생각의 오류들에 천착했다. 인지적 왜곡cognitive distortion은 종종 부정확하고 부정적으로 편향된 습관적인 사고방식이다. 아론 벡은 대개 부정적인 경험이나 관계가 빚은 나쁜 기억 때문에 이러한 인지적 왜곡이 발생한다고 보았다. 그는 인지행동치료를 시행하면서 대략 십여 개의 왜곡된 사고 패턴이 있다고 주장했다. 대표적인 것들에는 다음과 같은 것들이 있다.

이분법적인 사고 polarizing thinking	"사랑 아니면 미움이지. 중간은 없어." 모 아니면 도. 흑백논리라고 불리는 이 왜곡된 사고방식은 자신이 양극화된 판단으로 기울 수밖에 없게 한다. 주변 사람들이 천사 같거나 악마와 같다. 이런 종류의 왜곡은 비현실적이고 관계중독에 아무런 도움도 되지 않는다. 왜냐하면 대부분의 사람들은 두 극단 사이의 어딘가에 존재하기 때문이다.
성급하게 일반화하는 사고 overgeneralizing thinking	"이러니 모두가 이 모양이지." 한두 가지 문제를 가지고 모든 것을 싸잡아 잘못되었다고 판단하는 사고방식이다. 지나치게 일반화하다 보면, 하나의 사건에 대한 결론에 도달한 다음 그 결론을 나머지 모든 전체에 잘못 적용하려고 든다. 한 가지 관계에서 부정적인 경험을 가지고 있다면 다른 모든 관계가 비틀어질 것이라는 그릇된 믿음을 갖는다.
재앙으로 여기는 사고 catastrophizing thinking	"끝장이야. 큰일 났어." 문제에 직면했을 때 최악의 상황이나 극단적 시나리오를 가정하도록 이끄는 사고방식이다. 문제는 일어나지도 않았는데 이미 자신은 걱정과 번민으로 초죽음이 되어 있는 식이다.
개인화하는 사고 personalizing thinking	"나 때문이야." 일이 자신과 아무런 관련이 없는데도 자신과 매우 긴밀하게 연결되어 있다고 믿는 사고방식이다. 이 경우에 보통 자신이 통제할 수도 없고 관여할 수도 없는 일인데 자신의 문제로 여긴다. 자신이 의도적으로 배제되었거나 반대로 자신이 문제의 일부라고 생각한다. 대부분 모든 문제가 자기 탓이라고 본다.

독심술적인 사고 mind reading thinking	"너 그래서 그렇게 행동했지?" 다른 사람들의 생각을 잘 알고 있다고 믿는 사고방식으로 관계에서 타인의 생각을 임의로 추정하고 그 결과를 속단하는 태도를 보인다. 일이 일어나지도 않았는데 마치 관심법을 쓰는 궁예처럼 미리 결과를 다 안다는 듯이 여긴다.
의도적으로 걸러내는 사고 mental filtering thinking	"잘 된 게 하나도 없잖아?" 긍정적인 면을 일부러 걸러내고 오로지 부정적인 면에만 집중하는 사고방식이다. 부정적인 필터를 사용하여 상황을 과도하게 나쁘게 해석하거나 사소한 결함이나 단점을 크게 부풀려서 바라보는 것은 부정확할 뿐만 아니라 문제를 도리어 악화시킬 수 있다.
긍정적 측면을 깎아내리기 discounting the positive	"내가 잘했다기보다는 운이 좋았을 뿐이야." 사고를 필터링하는 것처럼, 긍정적인 측면을 애써 무시하는 태도는 생각의 부정적인 편향을 내포하고 있다. 이들은 좋은 결과가 현명한 선택의 결과라고 인정하지 않고 긍정적인 것을 단순한 행운이나 요행이라고 여긴다. 이유는 상황이 부정적으로 돌변할 때를 대비해 마음을 미리 준비시키는 것이다.
가정법적 발언 should statement	"그때 그랬어야 했는데." 인지 왜곡을 범하는 중독자들은 보통 '해야만 했는데 should'와 같은 말을 종종 한다. 특정한 상황에서 마땅히 해야 할, 그러나 하지 못한 일들을 두고 부정적인 후회와 유감을 나타내는 말은 중독자들의 사고방식에서 종종 발견할 수 있다. 이는 엄격한 가정에서 자란 성장배경을 가진 사람에게 흔하며 자신과 타인에 대해 이유 없이 완강하고 엄격한 자세를 취한다.

감정적 추론 emotional reasoning	"이유는 없어. 난 그저 지금 하고 싶을 뿐이야." 자신의 감정이 믿을만하다는 잘못된 믿음에 기반하여 이성보다는 일시적 감정에 휘둘리는 사고방식을 말한다. 감정에 충실하고 감정을 표현하는 게 중요하긴 하지만, 확실하고 합리적인 증거에 토대를 두고 판단을 내리는 일 역시 중요하다. 보통 감정적인 판단은 즉흥적이고 우발적이며 임의적이기 때문에 나중에 후회할 결정을 내리도록 이끈다.
낙인찍기 labeling	"난 구제불능이야." 자신이나 다른 사람들을 '술주정뱅이'나 '실패자' 같은 낙인을 찍는 사고방식으로 사람들을 단일하고 부정적인 특성의 존재로 환원시켜 생각하려는 특성을 갖는다. 이러한 낙인은 한 사람을 뜻하지 않게 오해하거나 과소평가하면서 진짜 문제를 일으킬 수 있다.

　이처럼 같은 상황, 같은 사건을 보고도 사람마다 상이한 관점과 해석을 품게 마련이다. 이는 섹스를 둘러싼 특정 유형의 신념 및 기대가 작용한 것이다. 만약 불안을 겪는 사람이 나이트클럽에서 처음 만난 상대와 묻지마 섹스를 나눈 뒤 불안감이 해소되는 경험을 한다면, 이후에도 불안감을 줄이기 위해 계속 섹스 상대를 구하러 다닐 게 뻔하다. 인지행동치료는 이렇게 다른 관점을 가진 사람들의 이해에 착안하여 부정적 결과를 낳는 섹스중독의 원인을 제거하고자 한다. 그리스의 철학자 에픽테토스는 말했다. "인간은 상황

인지행동치료

1960년대 초 미국의 심리학자 아론 벡Aaron Beck에 의해 고안된 치료법으로 내담자의 인지 패턴을 분석하여 개인이 가진 특정 믿음과 행동에 변화를 모색하는 상담치료기법이다. 아론 벡은 우울증이나 물질중독으로 고생하는 내담자들이 종종 보이는 인지적 왜곡cognitive distortion을 수정하여 스스로 문제에서 탈출하도록 돕는 치료 방식을 연구하고 체계화했다. 인지행동치료는 내담자 스스로 사고를 수정하여 인지 변화가 일어나면 자연스럽게 감정과 행동이 변화할 것이라는 전제에 기반하고 있기 때문에 부적응적 스키마(인지 패턴)의 영향을 줄이거나 수정하여 무비판적으로 수용되는 인지적 해석을 재구성해야 한다. 여기서 부적응적 스키마라는 것은 자동적으로 연결되는 부정적인 사고와 비합리적인 신념을 의미한다. 아론 벡의 이론은 정신분석학계나 행동주의심리학계의 저항을 받았지만, 이후 수정을 거쳐 여러 임상 사례로 입증되면서 대표적인 이론으로 자리를 잡았다.

자체가 아니라, 그 상황을 바라보는 관점 때문에 고통을 당한다.”
주변 상황에 대한 왜곡된 구성과 집착이 결국 사람을 고통스럽게 만드는 것이기 때문이다. 불가佛家에서 흔히 말하는 일체유심조一切唯心造처럼, 모든 것이 결국 내 관점이 만들어낸 생각에서 비롯되었다는 전제에서 치료적 접근이 이루어진다.

그렇다면 어떻게 이러한 인지적 왜곡을 극복할 수 있을까? 무엇보다 상황을 이전과 다른 각도에서 다르게 바라보는 접근이 요구된다. 이를 현장에서는 리프레이밍reframing이라고 한다. 세상은 마냥 좋은 것만, 그렇다고 마냥 나쁜 것만 있지 않다. 우리 삶에서도 흑백논리로 설명되지 않는 일들이 얼마나 많은가. 새옹지마처럼 좋은 일이 있다가도 다시금 근심과 걱정을 불러오는 일들이 꼬리에 꼬리를 물고 생겨난다. '회색지대'를 수용하라. 삶의 결과에 대안적인 설명을 받아들이고 상황을 보다 잘 설명해주는 객관적인 증거나 자신의 감정을 명확하게 보여주는 사례가 나왔을 때 자신의 사고방식을 바꿀 수 있는 유연함이 필요하다. 이를 돕는 상담적 기법이 바로 인지행동치료다. 궁극적으로 이 기법은 내담자의 생각을 확장시켜주는 긍정적인 해석들을 찾는 것이다.

반면 동기강화치료는 중독자의 주관적이고 내적인 동기를 변화시켜 문제 행동을 교정하거나 제거하는 접근법이다. 인간의 행동은 특정한 동기motivation에 의해 촉발된 것이라는 동기심리학의 원리에 기반하여 고안되었다. 동기의 변화는 행동의 변화를 낳는다. 동기강화치료는 크게 새로운 동기를 만드는 과정과 변화된 행동을 강화하는 과정으로 나뉜다. 제일 먼저 결정 저울decisional balance이라 불리는 기법을 통해 서로 상반되는 두 개의 동기를 맞비교하며 중독자가 긍정적인 변화를 낳을 것인지 부정적인 변화를 낳을 것인지 확인하도록 유도한다. "결정 저울이란 어떤 행동을 했을 때의 장단점, 그리고 하지 않았을 때의 장단점을 비교해 무게를 재는 도구다.

인간은 어떤 결정을 하기 전에 감정에 치우치는 경향이 있다. 이때 그것을 객관적으로 풀어 표현해보면 진짜 중요한 것이 드러난다. 결정 저울을 이용하면 추상적인 감정을 객관적으로 볼 수 있다."[*]

결정 저울을 활용하면 긍정적인 동기 변화를 쉽게 얻을 수 있다

누구나 변화에 대해 양가감정을 갖기 마련이다. 하루에 수백 번 바뀌는 게 사람 마음이라고 누구라도 어떤 대상이나 행동에 대해 자신의 감정이 이랬다저랬다 한다. 이때 결정 저울은 이러한 양가 감정이 지니는 상반된 행동의 결과를 보다 객관적으로 비교할 수 있도록 돕는다. 행동을 바꾸지 않고 현상유지 했을 때 이득과 손실에는 어떤 것들이 있으며, 반대로 행동을 수정했을 때 이득과 손실에는 어떤 것들이 있는지 확인하는 과정이다. 예를 들면, 기존 방식대로 하루에 한두 번 자위에 몰두하는 습관을 그대로 밀고 나갔을 때와 그렇지 않고 변화를 선택했을 때의 이득과 대가를 아래와 같이 결정 저울 위에 올려놓을 수 있다.

---

[*] 윤홍균, 『자존감 수업(심플라이프)』, 104.

현상유지		변화	
이득	대가	이득	대가
성적 욕구가 충족됨 기분이 전환됨 스트레스가 해소됨	절망과 수치를 느낌 건강에 해로움 가정이 깨질 수 있음	건강한 삶을 얻음 삶에 활력이 생김 부부관계가 좋아짐	성적 욕구 미충족 스트레스가 쌓임

과도한 자위 행동에 대한 결정 저울

상담자는 중독자가 긍정적인 행동을 낳는 방향으로 자신의 동기를 옮기도록 한다. 이렇게 동기를 확보한 다음 행동으로 옮기는 과정이 이어지는데, 중독자에게 확신과 자신감을 주어 언제 행동으로 옮길지를 구체화하고 약속을 받아낸다. 이렇게 변화의 이유(중요성)와 능력(가능성)을 인지시켜준 다음 중독자가 자발적이고 적극적으로 새로운 행동을 선택하고 이행할 수 있도록 돕는다. 이 과정은 연결지점을 나눌 수 없을 정도로 매우 유기적으로 연결되어 있기 때문에 상담자가 의도적으로 변화의 방향을 지시하거나 정해주기보다는 동기 변화에 따른 내담자의 의지를 지지해주는 게 제일 중요하다. 질문도 일정한 방향으로 나아갈 수밖에 없는 폐쇄형 질문보다는 여러 방향을 자의로 선택할 수 있는 개방형 질문이 좋다.

동기강화치료를 실천하는 방법에는 소위 프레임FRAMES이라는 요소가 포함되어야 한다고 말한다. 이는 순서대로 피드백feedback과 책임감responsibility, 조언advice, 선택지menu, 공감empathy, 자기효능감 self-efficacy의 이니셜을 따서 만든 두문자어다. 내담자의 말을 고치려 드는 게 아니라 적절한 공감과 함께 긍정적인 피드백을 주어 라포rapport를 형성하는 게 동기강화치료에서는 제일 중요하다. 내담자에게 조언을 건넬 때에도 다양한 선택지를 제시해서 마치 자신이 자발적으로 선택하고 결정할 수 있다는 자기효능감을 주는 게 관건이다. 내담자가 현재 중독 상황과 미래 변화의 이미지 사이의 괴리

동기강화치료

1980년대 초 미국의 심리학자 윌리엄 밀러William Miller에 의해 시작된 치료법으로 내담자가 고집하는 행동의 동기에 주목하여 양가감정을 탐색하고 그 해결책을 스스로 찾도록 도와주는 심리치료기법이다. 밀러는 남아공의 심리학자 스태픈 롤닉Stephen Rollnick과 함께 도박중독이나 알코올중독을 치료하는 과정에서 전형적인 중독치료가 실제로는 변화에 대한 저항을 강하게 만든다고 결론내리고, 관련 문제 행동을 교정하는 데에 주로 초점을 맞추었던 이전의 방식에 앞서 중독자 내면의 동기에 먼저 주목했다. 상담자는 일방적인 권고나 설득을 하는 자세가 아니라 내담자와 동등한 관계에서 숨어있는 양가감정을 탐색하고 긍정적인 결정을 할 수 있도록 지지하는 입장이 되어야 한다는 것이다. 동기강화치료는 변화의 핵심이 동기에 있으며, 자발적인 동기가 변화된 행동을 더욱 강화할 수 있기 때문이다.

에 주목하고 의지를 발휘하도록 격려하는 게 동기강화치료의 핵심이다. 변화해야겠다는 동기를 가지기 위해서 동기강화치료는 다른 접근법과 함께 병행했을 때 효과가 매우 빨리 나타난다는 장점이있다.

"관계중독과 관계회피의 상관관계"

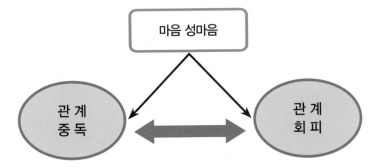

관계중독은 인간관계 속에서 인간에게 감정적으로 중독되는 심리장애입니다. 이러한 심리장애는 인간관계를 유지하며 잘 지낼 수 있는 능력을 상실한 상태이거나 특정인에게 집중 몰입된 상태에서 나타납니다. 그래서 몸과 마음에 중독이 발생하면, 중독이 된 그 대상 외에 모든 인간관계를 회피합니다. 예를 들어 부부가 관계가 좋은 상태로 살아왔는데 외도를 하여 다른 이성에게 관계중독이 되었다면 상대 배우자를 배척하며 부정하는 증상이 심하게 나타나며 관계를 회피를 합니다.

남자의 경우 주로 성감정에 의존하고 여자의 경우 일상에서 나누는 감정의 마음을 의존합니다. 때문에 남자의 경우 관계중독에 의한 외도가 발생하면 가장 먼저 자신의 아내와 성관계를 거부합니다. 여자의 경우 관계중독에 의한 외도가 발생하면 남편과 대화 및 일상의 공유를 먼저 차단하고 성관계를 차단합니다. 부부가 아닌 딸이나 아들이 친구와 관계중독 현상이 발생하면 부모의 모든 것을 배척하며 친구의 말을 맹신합니다. 이처럼 관계중독은 심리 인식장애와 감정기억장애로 인한 심리 기능의 문제로 자신도 모르게 중독자 외에 다른 사람을 배척하는 무의식이 형성됩니다. 타협이나 중간은 없습니다.

❖ 피에터 피에터츠(Pieter Pietersz), 「물레 옆에 앉은 남자와 여자(Man and Woman by the Spinning Wheel, 1570)」, 네덜란드 암스테르담 레이크스뮤지엄(Rijksmuseum) 소장

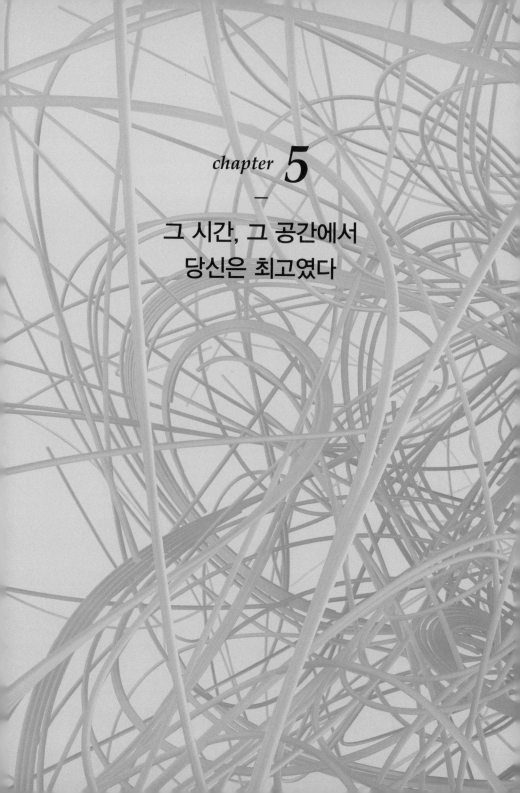

chapter **5**

—

그 시간, 그 공간에서
당신은 최고였다

"모든 중독은 고통으로 시작해서 고통으로 끝난다."
—에크하르트 톨레—

2018년 스티븐 스필버그의 영화 「레디 플레이어 원」에는 현실과 가상을 구분할 수 없는 2045년 미래시대의 게임중독자들이 등장한다. 미래에도 게임중독자들이 있다고? 심하면 심했지 덜하지 않다. 미래의 사람들은 아예 현실과 구분이 안 될 정도로 완벽한 '오아시스'라는 가상현실에서 일도 하고 놀음도 하며 살아간다. 어디 그뿐인가? 남녀가 만나 섹스도 하고 결혼도 한다. 모두 가상으로 말이다. 모두 현실의 불만을 게임의 세계에 들어가 해소하고 있다. 오아시스는 할리데이라는 컴퓨터광(너드)에 의해 창조된 VR 초현실

세계로 단순히 게임을 즐기러 가끔 들르는 곳이 아니라 전 세계 거의 모든 사람들이 서식하는 광활한 하나의 우주와 같다. 마치 영화 「써로게이트」에서 인간들이 모두 집에서 동면을 하고 아바타들만이 활보하는 세상과 유사하다고 하겠다. 오아시스의 엄청난 인기 덕분인지 홀리데이는 사람들 사이에서 단순한 게임개발자를 넘어 위대한 신으로 추앙받는다.

문제는 할리데이가 죽으면서 유언을 하나 남겼는데, 게임 세계에 숨겨 놓은 이스터에그(부활절 달걀)를 찾는 사람은 오아시스의 유일한 후계자가 되어 자신이 남긴 5천억 달러의 유산을 받게 된다는 것이었다. 5천억 달러라면 거의 한 나라의 예산과 맞먹는 액수다. 그런 천문학적인 유산이 담긴 이스터에그를 할리데이가 유치원 봄 소풍 보물찾기처럼 어설프게 숨겨놓았을 리 만무하다. 전 세계 사람들은 수년 동안 플랫폼 곳곳을 샅샅이 뒤졌으나 이스터에그의 행방은 여전히 오리무중에 있다. 여기서 영화의 모든 줄거리를 다 말할 수는 없다. 다만 필자는 주인공 웨이드가 우여곡절 끝에 이스터에그를 찾는 마지막 장면이 아직까지 잊히지 않는다. 남들과 전혀 다른 사고방식과 역발상을 통해 이스터에그를 손에 넣은 웨이드는 생전에 할리데이가 프로그램으로 심어둔 육성 비디오를 보게 된다. 최고의 개발자로서 오아시스라는 판타지 세계를 만든 할리데이지만, 자신의 예상과 달리 세상이 더 없이 차가워지는 것을 안타깝게 지켜보아야 했던 그는 다음과 같은 유감을 전한다. "내가 오아시스를 만든 이유는 현실이 무섭고 고통스러웠기 때문이야. 그러나 부인할 수 없는 사실은 현실이야말로 따뜻한 밥을 먹을 수 있는 곳이지."

"현실로 돌아가. 현실이야말로 따뜻한 밥 한 끼를 먹을 수 있는 곳이니까."
(영화의 한 장면)

그는 비록 자신이 게임의 세계를 창조했지만, 어느덧 사람들 사이의 관계가 실종되고 사랑의 의미가 왜곡되는 현실을 바라보며 가상현실에서만 살아가기 원하는 현대인들에게 경종을 울리기 위해 죽기 전에 이 미션을 만들었다고 말한다. 그의 메시지는 우리가 의지할 수 있는 유일한 관계는 오프라인에 존재한다는 것, 온라인상에 아무리 화려하고 아름다운 관계가 있더라도 현실에서 내가 갖는 인간관계에는 턱없이 모자라다는 진실이다. 우리는 아무리 좋아도 가상현실에서 살 수는 없다. 하루 수백만 원이 넘는 아이템이 숨가쁘게 거래되고 사막 한가운데 최고층 빌딩을 세웠다가 바로 부숴버릴 수 있는 가상의 공간일지라도 그 세계란 정작 따뜻한 밥 한 끼 먹을 수 없는 곳, 파워만 나가면 신기루처럼 바로 사라져버리는 세계일뿐이다.

이번 장에서는 현실이 너무 무섭고 고통스러운 나머지 판타지 세계에서만 머무르는 이들의 관계중독을 다룰까 한다. 영화의 원작자는 오아시스의 소유권을 가진 웨이드가 화요일과 목요일에는 오아시스의 서버를 닫는 것으로 이야기를 끝낸다. 물론 영화는 원작자의 이런 과격한(?) 엔딩을 좋아하지 않았다. 필자는 원작자의 본래 엔딩대로 일주일에 단 두 번만이라도 좋으니 게임중독자들이 가상fake의 세계에서 벗어나 진짜real 사람들과 살과 살을 맞대고 교류하는 삶으로 돌아갈 수 있다면 얼마나 좋을까 생각해 본다. 적어도 화요일과 목요일에는 가면을 벗고 본연의 자신으로 돌아가는 삶 말이다.

사이버 공간에서 관계는
더욱 집요하게 다가온다

우리나라는 IT 강국이다. 대한민국은 인구 대비 인터넷 보급률과 인터넷 속도에 있어 전 세계 1위를 차지해오고 있다. 세계 최초로 5G 서비스를 상용화했고 PC방이 대중화되면서 온라인 게임을 즐기는 인구도 많다. 물론 밝은 면만 있는 건 아니다. 그 이면에 그늘도 도사리고 있다. 온라인중독이나 인터넷중독, 게임중독으로 일어나는 각종 사건 사고의 비중과 빈도 역시 세계 최고 수준이다. 무분별하게 달리는 악플과 신상 캐기, SNS 조리돌림, 인신공격성 정보들도 자살하는 청소년들과 연예인들도 많다. 2018년 기준 우리나라 가구의 인터넷 접속률은 이미 99.5%에 달하며, 이용자 중 95.3%가

하루 1회 이상 인터넷에 접속한다. 인구 100명당 95명이 매일같이 인터넷에 접속한다는 뜻이다. 한국인들의 주 평균 인터넷 이용 시간은 16.5시간에 달하며 이는 그 자체로 세계 최고 수준이다.

상황이 이렇다 보니, 우리나라에서 사이버 상 관계중독의 사례도 전보다 크게 증가하고 있다. 2019년 기준으로 국내 인터넷중독의 실태는 충격적이다. 특히 청소년들의 스마트폰 이용이 위험 수준에 있다는 연구와 보고서들이 꾸준히 제출되고 있다. 한 보고서에 따르면, 청소년(만10~19세)의 스마트폰 과의존 위험군은 30.2%으로 성인(만20~59세)의 18.8%, 60대의 14.9%보다 훨씬 높은 것으로 드러났다. 연령별로 나이가 어릴수록 스마트폰에 의존하는 비율이 높았다. 특히 아동과 청소년은 부모가 스마트폰 과의존 위험군이거나 맞벌이 가정으로 자녀의 스마트폰 사용을 자제시키지 못할 때 더 취약했다. 보고서를 작성한 한 연구원은 다음과 같이 경고했다. "놀라기엔 이르다. 우리나라의 인터넷중독은 아직 시작도 하지 않았다고 생각한다. 앞으로 더 위험하고 치명적인 결과들이 일어날 것이다."

우리나라 인터넷중독은 위험수준에 있다

1) 게임중독의 위험성

스마트폰의 과의존 문제와 함께 게임중독 위험도 자연스럽게 올라갔다. 2018년 조사 결과, 청소년의 게임행동 유형 비율 중에서 게임에 과몰입하는 이들이 0.3%, 과몰입 위험이 있는 이들이 1.5%로 나타났다. 대략 백 명에 약 두 명 꼴로 게임중독에 빠져 있다고 말할 수 있다. 성별 게임행동 유형 비율은 전체적으로 남학생이 여학생보다 과몰입군이나 과몰입위험군에서 높게 나타났다. 특히 두 명 중 한 명 이상(55%)은 자신의 스마트폰으로 게임을 즐기는 것으로 드러났다. 흥미로운 사실은 대도시 청소년들보다 중소도시와 읍면지역 청소년들이 더 게임에 과몰입하는 것으로 나타났다.[*]

상황이 이렇다 보니, 최근 필자의 상담실에도 게임중독을 호소하는 청소년들이 종종 찾는다. 중학교 3학년 K(10대)도 그런 학생 중 한 명이었다. 그는 경기도 모 중학교를 다니다가 부모님을 따라 천안으로 전학을 왔는데, 친구의 영향 때문인지 '배그(배틀그라운드)'라는 스마트폰 대전게임을 하기 시작했다. 공부밖에 몰랐던 K는 그때부터 배그에 푹 빠져들었다. "이렇게 재미있는 걸 왜 이제 알았는지 모르겠어요."K는 필자에게 배그를 하면서 알게 된 친구

---

[*] 한국교육개발원의 「2018 게임 과몰입 종합 실태조사」 보고서를 참고함.

들과 게임을 즐기는 방법들을 주욱 늘어놨다. 원래 학급에서 늘 상위권을 유지하던 K의 성적은 당연히 지속적으로 떨어졌다. 이유 없이 엄마에게 짜증내는 일이 잦아졌고, 툭 하면 사소한 일에 분노하며 이런저런 문제들을 일으켰다. 평소 주일마다 교회 학생반을 다녔는데, 배그를 한 이후로는 예배를 빼먹고 교회 후배들을 꼬드겨 PC방을 전전하다가 교회 목사로부터 경고를 받기도 했다.

"내가 너 때문에 부끄러워서 교회를 다닐 수가 없다." 결국 참다 못한 K의 부모는 그날 그의 스마트폰을 압수했고, 그날 그는 반항의 표시로 곧장 가출을 해버렸다. 교회에서 만난 후배 하나랑 겁도 없이 그날 밤 기차를 타고 해남 땅끝마을로 간 것. 혼자 있겠다고 자기 방에 콕 박혀있는 줄로만 알았던 아들이 사라진 것을 다음 날 아침이 되서야 엄마가 발견한다. 집은 폭격을 맞은 것처럼 뒤집어졌다. 학교에 무단결석한 것도 모자라 집을 가출한 아들을 찾아 동네방네 뛰어다녔다. 하루 종일 친구들이며 지인들에게 전화를 돌리고 난리가 났다. 공교롭게 전날 아들로부터 빼앗은 휴대폰이 그때만큼 절실하게 필요했던 적이 없었다. 연락도 되지 않는 아들이 어디에 있는지 확인할 수조차 없으니 그저 발만 동동 구를 뿐이었다. 그나마 다행인 건 K가 함께 데리고 간 교회 후배가 다음 날 오후 자신의 휴대폰을 켰던 것이다. 만 하루 동안 이리저리 뛰어다니면서

K의 부모가 얼마나 초죽음이 되었을까 필자 역시 같이 자녀를 기르는 부모로써 충분히 짐작이 간다. K의 부모는 당장 해남으로 내려가 아들을 데리고 돌아왔고, 다음 날 회사에는 하루 결근계를 내고 아들을 필자의 상담실로 데리고 온 것이었다.

K의 상담은 매우 우울했다. 그의 모습 속에서 다양한 청소년 내담자들의 특징들이 비춰졌기 때문이다. 게임이 이미 그의 일상을 망가트리고 있었다. 그를 심층적으로 상담해보니, 필자는 그가 기본적으로 불안증과 우울증을 안고 있었다는 사실을 알게 되었다. 그는 자신의 불안과 우울감을 게임으로 해소하려고 했으며, 이것이 게임중독으로 이어지는데 부분적으로 영향을 미쳤을 것이라는 합리적인 결론을 내릴 수 있었다. 최근 게임중독을 조사한 한 연구 결과에 따르면, 게임중독자들은 90% 가량 특정한 공존 질환을 가지고 있다고 한다. 게임중독뿐만 아니라 여러 다른 정신적 문제들도 함께 안고 있다는 뜻이다. 연구는 중독자들이 주의력결핍 과행동장애 ADHD; Attention Deficit Hyperactivity Disorder, 아스퍼거증후군, 우울증, 조울증, 공황장애 같은 문제들을 이미 게임중독에 앞서 가지고 있었다고 입을 모은다. 그 이유로는 환경의 문제, 양육의 문제 등 다양하게 제기될 수 있겠지만, 뇌의 구조적 취약성도 한몫했다는 것. 태어날 때부터 충동 조절에 취약하거나 스트레스를 해소하는 능력이

남들보다 부족한 경우가 게임중독에도 더 쉽게 그리고 더 빠르게 빠진다는 것. 인건 마치 심혈관계 질환이 있는 환자들을 살펴보면 고지혈증이나 중성지방의 수치가 높은 것과 같은 이치라고나 할까?

게임중독자들은 대부분 공존 질환을 갖고 있다

K 역시 수도권 초등학교와 중학교를 다닐 때 방과 후 수학학원과 영어학원을 돌며 과도하게 학업 스트레스를 받았고, 그것이 비록 한동안 가시적인 문제로 불거지지는 않았지만 의식의 수면 아래에 잠재적 위험요소로 가라앉아 있었던 것이다. 그러한 스트레스가 정신적 문제로 튀어나오기 전까지 K는 학교에서는 공부 잘하는 학생, 교회에서는 예의 바른 아이, 집에서는 착하고 말 잘 듣는 아들로 모두에게 사랑받고 인정받았다. 하지만 아빠의 직장 이전 문제로 천안으로 전학 온 뒤, 새로운 학교에서 사귄 친구들에게서 게임에 대한 자극을 받자 이미 정신적으로 문제를 안고 있었던 K의 멘탈은 즉각적으로 균열을 일으키기 시작했다. 1장에서 말한 것처럼, 중독은 대리물을 찾는 행위에서 출발한다. 엄마는 아파트 단지 근처에서 자그마한 카페를 하나 하고 있었기 때문에, K는 이렇게 부모가 모두 자리를 비운 자신의 집을 아지트 삼아 친구들과 어울려 시간 가는 줄 모르고 게임을 했다.

"우리 아들이 왜 이렇게까지 되었는지 모르겠어요. 지금은 대학 하나만 보고 죽어라 공부해도 부족할 판인데⋯. 흑흑." 필자 앞에서 눈물을 흘리는 어머니를 달래면서 지금 K에게 진짜 중요한 일이 무엇인지 차근차근 설명해 줄 수밖에 없었다. "어머니, 지금 아들에게 가장 중요한 게 뭘까요? 대학? 공부? 교회? 아닙니다. 아들은 관심과 사랑이 제일 필요해요. 그걸 가정에서도 학교에서도 교회에서도 얻을 수 없었기 때문에 게임에 빠진 거예요." 이 말을 듣자 어머니는 펑펑 눈물을 흘렸다. 카페를 한 것도 빠듯한 살림에 아들 학원비라도 조금 더 벌어보겠다고 시작한 거였다. 필자 역시 그 마음을 왜 모르겠는가? 그러나 K가 원하는 건 따뜻한 사랑과 관심이었다. 수학 점수 한두 점에 희비가 엇갈리는 부모의 반응을 보며 K는 외로움과 우울감을 느꼈을 것이다. "가끔씩 내가 정말 친자식이 맞나 싶을 때가 있더라구요." K의 이 말이 필자의 뼈를 때렸다. 이런 사실을 깨닫고 어머니는 자신이 정말 있어야 할 자리에서 아들에게 진정 필요한 사랑과 관심을 주지 못했던 일들을 뒤늦게 뉘우쳤다.

게임중독은 단순히 아이들의 시간만 잡아먹는 게 아니라 뇌에도 심각한 후유증을 남기는 것으로 알려져 있다. 대표적인 것으로 닌텐도증후군Nintendo syndrome이 있다. 닌텐도증후군은 오랜 시간 화면에 깜박거리는 빛에 자극받아 생기는 간질성 발작으로 특히 아이들이 일본의 전자오락게임 제조업체인 닌텐도가 출시한 비디오 게임을 하다가 발작을 일으키면서 붙여진 이름이다. 다른 명칭으로 광과민성발작photosensitive epilepsy이라고도 한다. 1980년대 비디오 게임들이 우후죽순 생겨나며 어린아이들을 중심으로 다양한 발작 사례들이 보고되면서 그 위험성이 도마 위에 올랐다. 1993년 초, 한 잡지는 비디오 게임을 하다가 발작을 일으킨 한 영국 소년이 자신의 토사물에 질식해 죽었다는 기사를 실었다. 이후 전 세계 뉴스 매체에 이와 유사한 사건들이 보도되었고, 이에 위기의식을 느낀 모든 비디오 게임 콘솔 제조업체들은 간질 경고를 사용설명서에 포함시키게 되었다. 닌텐도증후군의 증상은 게임 도중 아이들이 갑자기 거품을 물고 쓰러지며 눈과 입이 돌아간다. 발작을 일으킨 아이들은 몇 분 동안 의식을 잃지만 게임을 중단하면 곧 정상으로 돌아온다. 연구 결과 주로 10~13세 사이의 어린이들에게서 자주 발병하는 것으로 알려져 있다.

게임은 기획 단계부터 중독성을 갖도록 설계되어 있다. 적당한 레벨에 아이템이 주어지고 각 스테이지마다 작은 보상들이 주어지면서 유저들을 현혹한다. 랭킹 역시 게임의 재미에 한몫한다. 게임이 재미가 없다면 아무도 돈을 주고 하려 하지 않을 것이다. 물론 승자는 언제나 게임이다. 게임은 마치 정교한 인터페이스를 갖춘

백전필패의 슬롯머신과 같다. 그런 의미에서 어쩌면 중독은 중독자의 책임이기에 앞서 게임 개발업자들의 책임일지도 모른다. 아무 생각 없이 진입했다가 한두 개 소소한 아이템들을 사 모으다 보면 어느새 게임에 몰입하고 있는 자신을 발견하게 된다. "내가 필요한 아이템을 갖고 있지 않으면 불안해서 숨도 안 쉬어지더라구요." K의 고백은 게임중독이 다른 물질중독처럼 강렬하고 위험하다는 사실을 말해준다. 미국정신의학회APA는 게임중독의 증상을 다음과 같이 아홉 가지로 정의했다. 아홉 가지 기준이 게임중독자가 흔히 보이는 증상이라고 생각해도 좋고, 어쩌면 게임중독의 자가 진단 문항으로 활용할 수도 있을 것이다. 다음 문항들을 읽고 '예'와 '아니오'로 답하면 된다.

항 목	예	아니오
1. 강박: 게임을 하지 않을 때에도 게임에 대해 생각하거나 다음에 언제 게임을 할 수 있을지를 계획하는 데 많은 시간을 보내는가?	☐	☐
2. 금단증세: 게임을 줄이거나 멈추려고 할 때, 또는 게임을 할 수 없을 때 안절부절 못하거나, 짜증나거나, 기분이 나빠지거나, 화가 나거나, 불안하거나, 슬퍼지는가?	☐	☐
3. 내성: 더 많은 시간을 플레이하거나, 혹 더 신나는 게임을 하거나, 아니면 이전과 동일한 수준의 흥분을 얻기 위해 더 강력한 장비를 사용해야 할 필요를 느끼는가?	☐	☐
4. 감소/중지: 게임을 덜 해야 하지만, 게임을 하는 데 들이는 시간을 줄일 수 없다고 느끼는가?	☐	☐
5. 여타 활동의 포기: 게임으로 인해 다른 레크리에이션 활동에 대한 흥미를 잃거나 참여하지 않는가?	☐	☐
6. 문제에도 불구하고 지속함: 잠을 충분히 자지 못하거나, 학교/직장에 지각하거나, 너무 많은 돈을 쓰거나, 다른 사람들과 말다툼을 하거나, 혹 중요한 의무들을 소홀히 하는 것과 같은 부정적인 결과들을 인지하고 있음에도 불구하고 게임을 계속하고 있는가?	☐	☐
7. 기만/은닉: 자신이 얼마나 게임을 하는지에 관해 가족이나 친구 또는 다른 사람들에게 거짓말을 하는가, 아니면 가족이나 친구들이 자신이 얼마나 게임을 하는지 알지 못하게 하려고 애쓰는가?	☐	☐
8. 부정적 감정의 회피: 개인적인 문제들에서 벗어나거나 잊기 위해, 혹은 죄책감이나 불안, 무력감, 우울감과 같은 불편한 감정들을 해소하기 위해 게임을 하는가?	☐	☐
9. 위험/관계 및 기회의 상실: 게임 때문에 중요한 관계나 직업, 교육의 기회 또는 직업의 기회를 위태롭게 하거나 상실하는가?	☐	☐

게임중독은 한 개인에게 영향을 주는 것 이상으로 여러 가지 사회적 문제들을 낳는다. 특히 2010년 3월 게임에 중독된 부부가 3개월 된 딸아이를 돌보지 않아 굶어 죽게 한 일은 우리 사회에 게임중독의 심각성을 다시금 일깨워주었다. 해당 부부는 하루에 최소 6~12시간 인터넷으로 게임을 했다고 전해졌다. 아무리 게임을 많이 한다고 하더라도 어린 자녀가 굶어 죽을 때까지 모르고 지낼 수 있는지 상상조차 힘들다. 하지만 뉴스를 조금 더 찾아보면 이보다 더 끔찍한 사건들도 수두룩하다. 2010년 11월 게임에 빠진 중학생이 꾸중하는 어머니를 살해하고 자살한 사건, 같은 해 연휴에 20대 남성이 게임 중독을 나무라던 어머니를 살해한 사건, 5일 동안 PC방에서 인터넷 게임에 빠져 있다 돌연사한 30대 남성 등등 모두가 게임중독으로 벌어진 끔찍한 일들이다.* 게임중독은 단순히 청소년들

---

* 김관욱, 『아프지 않았으면 좋겠습니다(인물과사상사)』, 226.

만의 문제도 아니며 남성들의 전유물도 아니다. 연구를 보면, 성인들과 여성들도 이미 게임중독에서 더 이상 안전한 집단이 아님을 알 수 있다. 하지만 게임중독이 관계중독에 미치는 영향력은 아직 언급조차 하지 못했다.

2) 사이버 섹스중독

2018년 하반기부터 해외에 서버를 둔 메신저앱을 이용하여 여성들을 의도적으로 유인해 성착취물을 찍고 협박하여 노예처럼 학대 및 유린했던 소위 'n번방 사건'이 우리나라를 떠들썩하게 했다. 이 사건으로 구속된 조주빈을 비롯한 공범들(갓갓, 켈리, 와치맨 등)은 피해자들을 교묘하게 속여 자신들과 메시지를 주고받게 유도하고 금품을 갈취하거나 동영상을 텔레그램 채팅방에 올려 회원들을 모으는 수법으로 공급망을 넓혀왔다. 경찰의 조사 결과, 그들에게 당한 피해자는 1,154명에 육박했으며, 이중에서 10대 이하 피해자가 60.7%에 달했다. 처음부터 판단력이 부족하고 세상 물정에 어두운 청소년들을 노린 계획 범죄였다. 이중 '박사방'은 일반 여성들에게 "고액 스폰(성매매) 알바를 하겠느냐?"며 접근해 호기심에 응한 여성들에게서 개인 신상정보와 누드 사진 등을 얻어낸 뒤 이를 이용하여 그들을 협박하여 노골적인 체위와 은밀한 부위가 드러난 사진 및 영상을 찍어 전송하게 했다. 이들은 서로의 신변이 노출되는 것을 극도로 꺼려 오로지 점조직으로만 활동했고 계정을 철저하게 비밀로 관리했으며 노예 영상을 보러 들어온 남성 회원들에게는 거래 내역이 남지 않는 암호화폐로만 받고 판매했다.

특히 이 사건은 경찰의 조사 과정에서 n번방 회원으로 활동한 이들의 신상이 하나둘 밝혀지면서 사회적으로 커다란 파장을 일으켰다. 경찰의 발표에 따르면, 회원 중에는 149명의 현직 공무원들이 있었고, 군인과 교사, 지자체 공무원, 심지어 경찰까지 있었다고 한다. 또한 종교인과 언론인도 다수 포함되어 있어 사회 지도층 인물들의 치부가 드러나는 계기가 되었다. 이 사건은 몸캠 영상과 학대 및 강간 동영상, 리벤지 포르노 등 다양한 성착취물 콘텐츠가 유통되고 있는 사이버 상의 현실과 함께 우리나라가 인터넷 강국이면서도 여전히 사이버 성범죄에 취약한 사회라는 사실을 여실하게 보여주었다. 온라인상에서 포르노를 비롯한 성관련 자료와 콘텐츠들이 빠르게 유통되면서 사이버 섹스물은 어느덧 '인터넷의 코카인 cocaine on the Internet'이 되어 버렸다. 그도 그럴 것이 인터넷상에 존재하는 전체 웹사이트 중에서 대략 12%인 약 420만 개 이상이 성인물을 취급하고 있다. 포르노 페이지의 조회수는 대략 3억7,200만 건으로 하루에만도 전체 검색엔진 요청의 25%인 6,800만 건에 이른다. 인터넷 포털사이트에서 지금까지 인류가 가장 많이 검색하는 단어는 '섹스$_{sex}$'였다.

　사이버 섹스중독은 오프라인 섹스중독보다 훨씬 무섭다. 왜냐하면 자신의 방에 PC만 한 대 있으면 언제나 즉각적이고 손쉽게 온라인에 접속할 수 있기 때문이다. 오프라인에서보다 온라인에서는 성적 대상을 찾는 게 훨씬 쉽고 빠르다. 현실에서는 직접 집창촌이나 성매매업소에 가야 받을 수 있었던 서비스를 온라인에서는 컴퓨터만 켜면 바로 받을 수 있다. 성심리학자 앨빈 쿠퍼$_{Alvin Cooper}$는 이러한 인터넷을 두고 '삼중–에이 엔진$_{triple-A engine}$'이라고 불렀다. 쉽게 말해, 컴퓨터만 있으면 언제 어디서나 포르노 콘텐츠에 접속할 수 있고(접근성$_{accessibility}$), 사이버 상에서 성적 상품들을 자유롭게 실행하고 이용할 수 있으며(이용가능성$_{affordability}$), 게다가 익명 뒤에 숨어서 할 수 있다(익명성$_{anonymity}$). 오로지 전화선(와이파이)과 컴퓨터만 있으면 끝이다. 음란 채팅창이나 인터넷 1인방송 플랫폼에 입장할 때는 주민등록증이나 기타 신분증조차 필요 없다. 오로지 아이디 하나면 족하다. 이러한 맥락에서 바로 n번방 사건이 일어난 것이다. 사건의 주범인 갓갓은 체포되기 전까지 피해자들을 농락하며 이렇게 말했다고 전해진다. "너희들 나는 절대 못 잡아. 내가 누군지도 모르잖아?"

접근성, 이용가능성, 익명성은
사이버 섹스중독의 위험성을 현저히 높인다

게다가 구글과 같은 포털사이트에서 검색된 포르노물은 특유의 알고리즘을 타고 유사한 콘텐츠를 상위에 노출시키기 때문에 일단 중독자가 성적 흥분을 얻을 수 있는 쿠키들이 인터넷 히스토리에 남게 되면 유저가 그에 최적화되어 있는 포르노물을 찾는 게 훨씬 쉬워진다. 이전의 사용빈도만으로 쉽게 사이버 섹스중독자가 될 수 있다는 얘기다. 게다가 포르노물 시청은 자위로 치밀어 오르는 성욕을 간단하게 해결할 수 있기 때문에 유저들에게 에이즈나 헤르페스 같은 성병에 노출될 위험 없이 보다 건전하게(?) 섹스를 즐길 수 있다는 오해를 준다. 실지로 필자는 "포르노 같은 게 무슨 큰 문제라도 되나요?"라고 되묻는 내담자들을 종종 본다. 하지만 이는 대단한 착각이다. 많은 온라인 섹스중독자들이 대수롭지 않게 시작한 포르노물 시청은 건전한 부부관계를 해치고 별거와 이혼의 위험률을 높이며 실제 불륜이나 성매매로 이어지는 경우가 많기 때문이다. 정기적으로 야동을 시청하는 남성들이 자신의 성적 판타지를 직접 현실에서 실천하는 경우가 60%가 넘는다는 미국의 연구 결과도 있다. 결국 사이버 섹스중독은 단순한 자위에서 머무는 게 아니라 장차 실직이나 이혼으로 발전한다는 뜻이다.

사이버 섹스중독은 정신적인 해악만 주지 않는다. 에너지가 고갈되고 생활이 피폐해지며 심각한 경우, 죽을 수도 있다. 2012년, 브라질에서는 소년이 자위에 집착하다가 사망한 사건도 있었다. 당시 16세였던 소년은 사망 전날 밤부터 다음 날 새벽까지 자위를 42번이나 연달아 하다가 탈진해 쓰러진 뒤 다시 일어나지 못했다. 경찰은 그의 컴퓨터에서 포르노 100만 편과 누드 사진 60만 장이 발견되었다고 밝혔다. 게다가 소년의 손에는 3도 화상을 입은 것으로 전해졌다. 얼마나 비볐으면 화상까지 입었을까 싶지만, 그만큼 사이버 섹스중독은 스스로 벗어날 수 없는 위험한 늪과 같다. 영화 「지상 최고의 아빠」에도 그와 유사한 이야기가 등장한다. 고등학교에서 시 창작을 가르치는 영어교사 클레이튼(로빈 윌리엄스)은 베스트셀러 작가를 꿈꾸지만 아직 변변한 책 한 권 내보지 못한 만년 초짜 작가로 등장한다. 매번 창작의 혼을 불사르지만 벌써 퇴짜를 맞은 출판사만 여러 군데에 이른다. 심지어 작가는커녕 학교 수업도 학생들 사이에서 지루하다고 정평이 나면서 교편마저 내려놓을 위기에 이른다.

그런 클레이튼에게 말썽쟁이 아들이 하나 있다. 마음을 알아줘도 모자를 판에 각종 기이한 행동들로 아빠의 마음에 염장을 지르는 사고뭉치 아들 카일(다릴 사바라)이다. 학교에서 온갖 변태 짓만 일삼고 친구에게 독일 하드코어 춘화잡지를 건네다 걸리는 아들 카일은, 소위 '중2병'으로 말하자면, 거의 중증 말기에 해당한다. 같은 학교에서 교사로 있던 아빠 클레이튼을 서슴없이 '패배자(루저)'라 부를 만큼 부자관계도 최악이다. 상상을 초월하는 기행들로 카일은 학교 친구들 사이에서도 왕따를 당하고, 교장은 그를 불러 조심스럽게 발달장애가 있지나 않은지 물을 정도다. 그런 카일이 유일하게 잘하는(?) 게 하나 있었는데, 그건 바로 자위였다. 카일은 진정 올라운드 마스터베이터all-round masturbator였다! 자위 끝판왕이었던 그는 언젠가부터 웬만한 자위로는 성에 차지 않았다. 급기야 그는 평소 쾌감을 극대화한답시고 포르노 사이트를 즐기면서 자기 방 문설주에 벨트를 묶어 목에 감으며 자위를 해왔다. 아빠 클레이튼은 아들의 이 위험천만한 자위 행태에 걱정 섞인 우려를 표하지만, 카일은 도리어 "이런 주제의 이야기를 아빠와 단 둘이 나누는 게 어색하다."며 대화를 자꾸 회피한다.

그러다가 결국 문제가 터진다. 어느 날 클레이튼은 집에서 어처구니없게도 목을 매고 자위행위를 하다가 질식해 죽은 아들 카일을 발견하게 된다. 아들을 잃었다는 슬픔과 절망에 목 놓아 울지만, 주변 사람들에게 아들이 자위하다가 죽었다는 말은 차마 하지 못할 것 같았다. 그래서 그는 묘안을 하나 낸다. 아들의 부끄러운 죽음을 자살로 위장하고, 그럴듯하게 유서를 작성한 것. 단지 아들의 사인 死因을 감추고 싶었던 '지상 최고의 아빠'는 세상과 학교에 대한 비판이 담긴 매우 '철학적인' 가짜 유서를 죽은 아들의 주머니에 끼워 넣지만 어느 순간부터 자신의 예상과 달리 일이 전혀 다른 방향으로 흘러가는 것을 감지한다. 아들의 가짜 유서가 학교 신문에 실리면서 학교와 사회에 큰 반향을 일으켰고, 학내 왕따 문제가 이슈화되면서 죽은 카일은 일약 유명인의 위치에 오른다. 자위를 하다가 죽은 아들이 사회 문제를 고발하다 자살한 영웅으로 둔갑하는 순간이었다.

이 영화는 사회 비판적 블랙코미디로 자위 문제를 그리고 있지만, 현실은 그리 코미디적이지 않다. 2009년 여름, 태국의 어느 호텔에서 비슷한 사건이 일어났다. 호텔룸 옷장에서 목에 밧줄을 묶은 채 기이한 자세로 죽어있는 한 노령의 배우가 발견된 것. 그는 유명 TV 시리즈 「셰인」이나 「쿵푸」에 출연하면서 골든글로브상에 네 번이나 노미네이트되기도 했던 미국 유명배우 데이비드 캐러딘 David Carradine이었다. 먼 타국에서 싸늘한 시신으로 발견된 72세의 전직 배우는 비좁은 옷장 속에서 한껏 몸을 구부린 채 다른 한 명의 현지인 남성과 복잡하게 얽힌 밧줄에 자신의 성기를 감고 있었다. 기괴한 죽음이었다! 현지 경찰의 조사 결과, 그의 죽음은 흔히 저산소애호증hypoxyphilia이라 불리는 성도착증 때문인 것으로 판명되었다. 성도착증은 보통 가학/피학증sadomasochism과 함께 일어나는 경우가 많은데, 올가미나 비닐, 마스크 등을 뒤집어써서 산소를 차단하고 기절하기 직전까지 이르는 극단적인 상태에서 자위를 통해 쾌감을 얻는다. 그는 이 문제로 이미 아내와 이혼한 상태였던 것으로 알려졌다.

　최근 미국 FBI 조사에 따르면, 미국에서만 이런 자위 관련 성도착증으로 매년 500명에서 1,000명 사이의 사망자가 발생한다고 한다. 사망자는 대부분 젊은 남성들인데, 자살로 잘못 판정된 사건까지 합치면 그 수치는 훨씬 더 많을 것으로 추정된다. 대표적인 사례가 1997년 자살로 판정된 호주의 유명 밴드의 리드싱어였던 마이클 허첸스Michael Hutchence였다. 발견 당시 그는 나체로 호텔 객실 문에 걸린 가죽벨트에 목을 매고 있었으며 발밑에는 요란스런 음란서적이 펼쳐져 있었다. 최종 수사에서 자살로 종결되었지만, 훗날 한 매스컴과의 인터뷰에서 그의 아내는 남편이 불안정한 정신상태를 가진 섹스중독자였으며, 자기와 함께 있었을 때조차 도착적이고 기이한 행태로 자위를 반복했다는 증언을 하면서 이 사건이 새로운 조명을 받게 되었다. 보통 극단적인 자위로 사망에 이르는 현상을 소위 데쓰-그립 신드롬death-grip syndrome이라고 하는데, 이는 2003년 섹스컬럼니스트 댄 새비지Dan Savage가 처음 사용했다. 데쓰-그립 신드롬은 유기 용매 본드나 부탄가스 같은 매개를 이용하여 쾌감을 얻는 의도적 질식 행위asphyxiation와 그 특성이 유사하기 때문에 매우 위험한 행동이다.

필자는 얼마 전까지 인터넷에서 품번을 교환하는 일본 AV 비디오 애호가들의 모임을 주도했었던 한 청년 J(30대)를 상담한 적이 있다. 그쪽 업계에서는 가히 신으로 추앙받는 인물이었다. "전 거의 천상계에 살고 있는 셈이죠, 흐흐." J는 아예 일본 포르노 여배우들의 신상과 작품, 내용과 평가까지 각기 별점을 매겨 하나의 AV 빅데이터 백과사전을 만들기도 했다. 필자에게도 보여주었는데, 수백 명이 넘는 배우들이 일정한 원칙에 따라 빼곡하게 정리되어 있었다. 그의 주장에 따르면, 자신이 국내에 유통시킨 일본 포르노 영상(물론 불법이다!)만 해도 대략 2만 편에 달한다고 은근히 자랑(?)했다. "소장님, 제 손을 거치지 않은 AV는 우리나라에 아마 없을 겁니다." 필자 앞에서 득의양양해하던 그의 모습과 달리 현실에서 J는 직업도 없는 백수에 고시원에서 홀로 살고 있었다. 만나는 사람도 친구도 없이 하루 종일 방 안에 처박혀 숨만 쉬며 산다고 했다.

"그냥 라면과 삼각김밥으로 끼니를 때우며 야동이나 정리하는 거죠." 그의 유일한 낙은 자신의 침대에 누워 손바닥에 젤을 바르고 포르노를 보면서 신나게 자위를 하는 순간뿐이었다. 그러다 돈이 떨어지면 동네 택배 물류센터에 가서 상하차를 하며 근근이 생계를 이어간다고 했다.

나는 J의 내면을 보면서 대번 그의 열등감과 수치심이 중독이라는 방향으로 틀어져 나온다는 걸 알 수 있었다. "당신은 지금 사이버 상에서 인정받는 걸 즐기고 있어요. 현실에서는 되는 일도 없고 모든 게 실패지만, 온라인에서는 당신을 포르노물의 제왕으로 떠받들어주니까요. 그 맛에 그만 심취해버린 겁니다. 그러나 이 사실을 알아야 합니다. 마약(메스암페타민)을 유통시키는 멕시코 카르텔의 마약상들도 정작 자신은 마약을 입에도 대지 않죠. 그걸 혀끝에라도 잠깐 찍었다가는 결국 골로 간다는 걸 알기 때문입니다." 안타깝게도 J는 상담 과정 도중에 결국 치료를 포기하고 말았다. 아마 상담비가 버거웠을 것이다. 행여 혼자서 문제를 해결할 수 있을 거라고 자위했는지도 모르겠다. 안타까운 건 처음에도 혼자서 안 되었기 때문에 필자를 찾았던 것인데 두 번째라고 도움 없이 될 리가 없다는 사실이다. 사이버 섹스중독자를 상담할 때마다 필자는 가끔 J가 떠오른다.

다음은 사이버 섹스중독을 자가 진단할 수 있는 항목이다. 각 문항을 읽고 '예'와 '아니오'로 체크한 뒤 개수를 합산하면 된다.

항목	예	아니오
1. 나는 심심할 때나 혼자 있을 때 습관적으로 자위를 한다.	☐	☐
2. 나는 포르노/춘화잡지를 보면서 습관적으로 자위를 한다.	☐	☐
3. 나는 폰 섹스나 사이버 섹스를 정기적으로 접속하거나 이용한다.	☐	☐
4. 나는 포르노에서 본 장면을 실제로 해보고 싶은 충동을 느낀다.	☐	☐
5. 나는 자위를 하고 난 다음에 종종 죄책감과 수치감이 밀려온다.	☐	☐
6. 나는 개인 컴퓨터에 은밀하게 저장해둔 포르노 영상물들이 있다.	☐	☐
7. 나는 회사나 공공장소에서 포르노를 시청하거나 자위를 한 적이 있다.	☐	☐
8. 나는 포르노 때문에 직장이나 일상 업무에 지장을 초래한 적이 있다.	☐	☐
9. 하루라도 포르노를 보지 않으면 초조하고 불안해서 참을 수가 없다.	☐	☐
10. 평소 즐겨보던 포르노 장면들이 갑자기 떠올라 난처한 적이 있다.	☐	☐
11. 강간, 수간(獸姦), 시간(屍姦) 등 변태적인 포르노를 자꾸 찾아본다.	☐	☐
12. 나는 인터넷으로 원나잇스탠드 대상(직업여성)을 물색한 적이 있다.	☐	☐
13. 나는 지나친 자위 때문에 몸이 상하거나 건강에 해를 입은 적이 있다.	☐	☐
14. 포르노를 보지 않겠다고 결심해도 언제나 참지 못하고 다시 보고 만다.	☐	☐
15. 나는 평소 포르노를 보고 있으면 기분이 좋아지고 스트레스가 풀린다.	☐	☐
16. 자위와 결합된 병적인 포르노 시청을 치료받아야겠다고 느낀 적이 있다.	☐	☐

- 1~4개: 아직까지 양호한 상태
- 5~9개: 잠재적인 사이버 성중독 단계
- 10개 이상: 사이버 성중독의 위험이 높음

　사이버 섹스중독은 어떻게 치료할 수 있을까? 코다처럼 온라인 상의 자위와 섹스중독을 치유하는 프로그램이 있다. 대표적인 것이 노팹이다. 노팹NoFap은 2011년 미국 피츠버그의 웹 개발자인 알렉산더 로데스Alexander Rhodes에 의해 설립되었다. '팹'은 일본 망가에서 남자주인공이 자위를 할 때 이를 표현하는 의성어에서 유래한 말로 '노팹'은 말 그대로 온라인 자위를 금지하자는 표어와 같다. 이 온라인 단체는 소위 PMO, 즉 포르노와 마스터베이션, 오르가슴을 절제하여 삶에 에너지와 활력을 찾고 긍정적인 자기절제의 능력을 보다 건설적이고 유의미한 일에 쏟을 수 있도록 지원하는 일을 하고 있다. 이들 중에는 포르노를 시청하며 자위를 하는 이들이 스스로 신체와 정신을 훼손하고 있으며 포르노가 뇌지질에 변형을 가져온다는 주장을 하는 멤버들도 있다. 반대로 일정 기간 동안 포르노와 자위를 금하면 체내에 건강한 에너지를 보존할 수 있다는 것. 이런 자위 금기를 실천하는 이상적인 회원들을 노팹에서는 우주비행사astronaut를 빗대어 '팹스트로넛Fapstronaut'이라고 부른다.

성중독을 위한 자조모임과 함께 약물을 통한 접근도 오늘날 많이 시도되고 있다. 소위 '화학적 거세'에 해당한다고 할 수 있다. 약물에 의한 부작용은 어느 정도 감안해야 한다. 우선 다급한 선에서 약물을 쓰고 어느 정도 진정이 되면 상담과 행동교정을 통해 자위와 관련된 습관을 고치는 게 바람직하다. 사이버 섹스중독도 행위중독의 하나이기 때문에 인지행동치료나 동기강화치료 같은 상담적 접근을 시도해도 효과를 볼 수 있다. 구체적인 치료 방식은 다음 장에서 자세히 다룰 것이다.

익명과 가명으로 누리는
관계의 뒤틀린 신세계

우리에게 영화 「굿 윌 헌팅」의 따뜻한 상담가 역할로 유명한 할리우드 명배우 로빈 윌리엄스가 2014년 미국 캘리포니아 주 자신의 자택에서 스스로 목을 매서 생을 마감했다. 63세인 그의 나이를 감안하면 왕성하게 활동할 시기에 너무 일찍 세상을 떠났다. 푸근한 웃음과 삶을 통찰하는 재치로 전 세계에서 많은 팬들을 확보하고 있던 배우라서 대중들의 충격은 컸다. 매스컴을 통해 알려진 사실은 우리들의 귀를 의심케 했다. 평소 그가 깊은 우울증을 앓아왔다는 것. 남들을 정신없이 웃겼던 코미디영화계의 대표 배우였던 그도 실은 속으로 죽을 만큼 우울했다니 아이러니한 일이 아닐 수 없다. 그가 자살할 수밖에 없었던 원인을 두고 연예계에서 여러 말들이 오고갔다. 그의 전 부인은 윌리엄스가 노인성 치매를 앓아왔고 이 사실을 받아들이기 힘들만큼 매우 비관했었다고 한다. 반면 그의 동료들은 윌리엄스가 각별히 아꼈던 배우이자 친구였던 크리스토퍼 리브가 세상을 떠나자 심한 우울증과 불면증으로 고통받아왔다고 전했다.

그러던 것이 얼마 전 그의 자살이 사실 게임중독과 관련이 있었다는 주장이 나오면서 새로운 국면을 맞았다. 실지로 로빈 윌리엄스는 영화나 텔레비전 쇼, 스탠드업 코미디를 촬영하는 사이사이에 비디오게임을 하는 데 상당한 시간을 할애한 것으로 드러났다. 그의 게임중독은 아주 고질적이었는데, 심지어 '젤다의 전설'이라는 게임에 빠진 나머지 자신의 외동딸 이름을 젤다로 지을 정도였다. 생전에 스스로 게임을 '사이버 코카인cyber cocaine'이라고 부를 정도로 대전게임인 '콜 오브 듀티Call of Duty'를 즐겨 했던 것으로 알려졌다. 그의 자살에 비추어 볼 때, 윌리엄스가 마약중독과 관련된 언어로 자신의 게임 습관을 묘사한 것은 필자에게 매우 의미심장하다. 그는 젊은 시절부터 알코올과 코카인에 중독되어 있었고, 이런 중독물질들을 끊기 위해 가졌던 취미 중 하나가 사이클과 함께 비디오게임이었기 때문이다. 사이클에 집중하는 것보다 게임 한 판 때리는 게 그에게는 더 쉽고 자극적이었다. 결국 대리물이 중독을 낳는다는 대원칙이 그에게도 고스란히 적용되었다고 볼 수 있다.

게임중독은 얼마나 위험한 것일까? 게임중독이 관계중독에 이르는 또 다른 창구로 기능을 한 지 꽤 오래 되었다. 관계중독이 원자로라면 게임중독은 연료봉과 같은 수준이라고 할까? 이는 게임중독이라는 연료봉에 핵분열만 시켜주면 바로 관계중독이라는 원자로가 활성화되는 관계와 같다. 관계중독자들 사이에서 게임중독이 급격히 늘고 있는 건 초고속 인터넷 덕분에 다른 이들(게이머들)과 실시간으로 소통하기가 훨씬 쉬워졌기 때문만은 아니다. 게임 개발자들이 유저들 간에 네트워크를 형성하고 의사소통을 활발하게 유도했기 때문이다. 요즘 십대 소년들, 그리고 이삼십 대 남성들이 하는 대전 게임MOBA; Multiplayer Online Battle Arena이나 롤플레잉 게임RPG; Role Playing Game은 모두 게임 중 실시간 음성채팅창을 통해 게이머들 간에 자유로운 의사소통을 할 수 있게 설계되어 있다. 순전히 우리나라 PC방 온라인 게임의 인기 덕분에 '디스코드'라는 채팅 플랫폼이 큰 인기를 끌고 있을 정도다. 즉 게임이 더 이상 게임에만 머물러 있는 게 아니라 유저들 사이에서 하나의 만남의 장이 되었다는 사실이다. 여기도 작은 사회와 같이 굴러간다. 왕족이 있으면 평민이나 소작농도 존재한다. 현실의 불만과 무력감은 게임 내에서 새로운 집착과 폭력, 착취와 학대로 발아한다. 엄밀한 의미에서 게임 중독이 관계중독의 모사模寫라고 말하는 이유다.

당연히 게임의 세계에서만 살아가는 청소년들은 현실 속에서 남들과 적절한 인간관계를 형성하는 데 어려움을 겪는다. 현실에서의 사고방식과 행동양식이 모두 게임의 그것과 유사하다. 게임에서 살았던 삶의 방식이 현실로 비집고 들어오는 셈이다. "한 연구에 따르면 10~15세에 하루 3시간 이상 게임을 하는 사람은 다른 사람과 공감하는 능력이 떨어지고 자기감정을 적절히 다스리는 법을 습득할 가능성이 낮다. 3시간이면 길다고 느낄지 모르지만 최근 조사를 보면 요즘 아이들은 날마다 화면 앞에 앉아 보내는 시간이 평균 5~7시간이나 된다. 1980년대 초반에서 2000년대 초반 사이에 태어난 밀레니얼 세대가 성인이 되면 오이 상태였던 뇌가 사회성을 발달시키지 못해 오이지처럼 절여져 있을 가능성이 크다."[*]

1) 히키코모리와 관계중독

대부분의 게임중독은 관계중독으로 가는 관문 역할을 한다. 현실은 게임 속 판타지 세계처럼 단순하지 않다. 앞서 말한 것처럼, 내

---

[*] 애덤 알터, 『멈추지 못하는 사람들(부키)』, 홍지수 역, 284.

가 설정한 캐릭터를 가지고 삶의 항로를 정하고 돈 주고 산 아이템을 통해 사회적 지위를 얻는 방식으로는 진짜 세상, 즉 현실을 살아갈 수 없다. 현실과 게임 사이의 괴리는 언제나 인간관계에서 두 가지 방향으로 물꼬를 튼다. 현실과 완전히 담을 쌓고 집 밖을 나가지 않는 히키코모리로 살아가던가, 아니면 현실을 비약과 망상이 난무하는 게임 캐릭터처럼 살아가던가. 전자는 자폐증적 관계무능으로, 후자는 편집증적 관계중독으로 발전한다. 히키코모리引き籠もり는 현실에서 인간과 적절한 관계 맺기를 거부하는 회피성 성격장애자로 볼 수 있고, 후자는 타인이 자신에게 피해를 주지 않았음에도 근거 없이 오해하거나 의심하는 편집증적 성격장애자로 볼 수 있다.

오프라인 관계중독만큼 온라인 관계중독도 위험하다. 게임이나 채팅창에서 온라인으로만 대인관계를 하고 직접 면대면으로 인간관계를 갖지 않을 때에는 개인이 여러 가지 정서적 문제에 노출되기 쉽다. 어쩌면 직접 얼굴을 보고 의사소통하지 않기 때문에 오해와 혐오가 더 많아질 수 있다. 필자는 오늘날 각 세대 간, 남녀 간, 지역 간, 국가 간 혐오의 원인이 상당 부분 이러한 온라인상의 관계중독과 혐오발언hate speech 때문이라고 생각한다. 소년들은 포르노를 통해 여자에 대해 배우고, 소녀들은 로맨스 소설을 통해 남자에 대해 배운다. 때문에 소년들이 이상으로 그리는 여자는 하나 같이 가슴과 엉덩이가 크고 섹스에 순종적이며 남자의 성욕을 풀어주는 대상이 된다. 똑같이 소녀들이 이상으로 생각하는 남자는 키 크고 싸움 잘하고 여자에게 '츤데레'처럼 구는 백마 탄 왕자로 남는다. 자신도 모르게 성역할에 대한 왜곡된 시선을 학습하고 이성을 비뚤어진 프리즘을 통해 바라보게 되면서 실제로 관계중독에 빠지는 비율도 덩달아 증가한다.

히키코모리

일반적으로 반년 이상 집에 틀어박혀 사회와의 접촉을 극단적으로 기피하는 사람을 일컫는 말. 2003년, 일본의 정신건강의학과 의사인 사이토 다마키齋藤環가 처음으로 쓰기 시작했고 이후 자신의 책을 통해 대중화시켰다. 정신병리학적으로는 회피성 성격장애자로 진단할 수 있다. 1970년대 초 일본에서 나타나기 시작한 이들은 이지메나 왕따 같은 정신적인 충격이나 인간관계에 대한 공포로 인해 자발적으로 스스로를 유폐시켰다. 이후 오늘날 대략 60만 명의 히키코모리가 일본에 존재하며 사회에 큰 문제로 여겨진다. 우리말로는 '은둔형 외톨이' '방콕족' 등으로 불리며 영어로는 'shut-in' 'basement dweller' 등이 이에 해당한다.

이런 배경에는 게임업체나 SNS를 비롯한 다양한 인터넷 플랫폼이 만든 메커니즘에 기인한 부분도 없지 않다. 앞서 '삼중-에이 엔진'을 말한 앨빈 쿠퍼는 인터넷을 움직이는 이러한 메커니즘을 '삼중-씨 엔진triple-C engine'이라고 말했다. 다시 말해, 인터넷은 유저들이 모인 공동체community가 네트워크에 적극 참여하도록 긴밀하게 엮여 있고, 비슷한 관심사를 가진 이들이 의사소통communication을 통해 정보를 전달하도록 장을 마련하고 있으며, 결정적으로 일정한 형태의 협업collaboration을 통해 수익을 거두며 운영된다. 이 시스템을 가장 잘 이용하는 것이 바로 인터넷 포르노업체와 게임업체다. 인터넷의 위력은 같은 관심사를 가진 이들끼리 온라인상에서 손쉽게 커뮤니티를 만들 수 있으며, 지역과 계층을 무론하고 의사소통을 자유롭게 할 수 있으며, 다른 단체나 수익모델과 협업을 진행할 수 있다는 데에 있다. 이런 메커니즘이 1년 내내 집밖을 나오지 않아도 살아가는 데 아무런 지장이 없다는 히키코모리가 등장하는 배경이 된다.

히키코모리 생활이 지속되다 보면, 자기연민과 자기혐오로 세상과 담을 쌓게 되고 더 이상 세상 밖으로 나갈 수조차 없는 상태에 이르게 된다. 이 상태에서 우울증이나 분노조절장애, 공황장애, 광장공포증 등이 동반될 수 있다. 되도록 빨리 전문가의 도움을 받아 정서적 문제와 함께 왜곡된 사고방식을 교정하는 치료를 시작해야 한다. 2017년, 청소년정책연구원이 발표한 자료에 의하면, 국내에는 약 32만 명 정도의 히키코모리가 존재하는 것으로 알려졌다. 이들 중에서 대략 70%는 20대로 추정되어 활발하게 사회 일원으로 활동해야 할 이들의 은둔 생활이 사회 문제로 이어지고 있다. 일본

자료에 따르면, 기초수급대상자로 전락한 일본의 히키코모리 청년 1명을 평생 먹여 살리기 위해 국가가 들이는 예산이 1억5천 엔(15억 원)에 이른다고 한다.* 어마어마한 사회적 비용이다. 이처럼 우리나라에서도 히키코모리가 늘어나면서 큰 사회 문제로 인식되고 있지만, 최근에는 더 심각한 사회 문제로 대두되고 있는 사이버 상의 관계중독이 사이버 불링이다. 사이버 불링은 피해자를 극단적인 선택으로까지 몰아갈 수 있기 때문이다.

2) 사이버 불링과 관계중독

히키코모리가 자신을 유폐시키는 행동이라면, 사이버 불링은 온라인에서 언어폭력과 집단적인 린치를 가하는 것이다. 사이버 불링 cyber bulling은 이-메일이나 SNS, 휴대폰을 통해 온라인상에서 상대방을 집단적으로 괴롭히는 현상이다. 무분별한 악플과 공격적인 댓글로 특정 인물을 괴롭히거나 마음에 들지 않는 사람을 타깃으로 잡아 신상 털기를 진행하는 이들도 적지 않다. 스마트폰과 인터넷이 발달하면서 생긴 그늘이라고 할 수 있다. 우리나라에 대표적인 SNS 플랫폼인 카카오톡은 이미 사이버 불링의 온상지가 된 지 오래다. 집단 왕따방을 개설해 놓고 지속적으로 상대를 괴롭히는 '카

---

* https://news.joins.com/article/23700098?cloc=joongang-art icle-clickraking 참고.

따', 단톡방에서 떼를 지어 한 사람을 험담하는 '떼카', 단톡방을 나가도 의사와 상관없이 끊임없이 초대하는 '카톡 감옥', 서로 미리 짜고는 단톡방에 초대해서 한꺼번에 탈퇴하여 당사자만 남겨버리는 '카톡방폭' 등이 청소년들 사이에서 만연하고 있다.

개인적으로 필자가 상담을 진행했던 내담자 D(10대)도 사이버 불링의 피해자였다. 어느 날 그는 중학교에 진학하면서 친하게 지내던 P에게 카톡 초대를 받았다. 그가 들어가기 전 단톡방에는 이미 열댓 명의 친구들이 그를 기다리고 있었다. D가 들어가자 그들은 난데없이 그에게 사이버 불링을 하기 시작했다. 금세 단톡방은 폭언으로 도배되었다. '귀두컷이 촌스럽다.' '다리가 웰시코기처럼 짧다.' '고름 같이 삐져나온 피지 좀 어떻게 해라.'와 같은 신체상 인신공격에서부터 '나 같으면 벌써 죽었다.' '니 애미가 너 낳고 미역국 먹었냐?' 같은 입에 담을 수 없는 험구에 이르기까지 D에 대한 친구들의 괴롭힘은 이미 도를 넘은 상태였다. 당황한 D는 단톡방을 나갔지만, P는 그를 끊임없이 초대했다. 그러기를 수차례, 탈출을 포기한 D는 단톡방의 알림설정을 꺼놓고 아예 들어가 보지 않기로 했다. 그렇게 응대하지 않고 하루를 지나고 다음 날 열어보니 이미 수백 건의 카톡이 와있었다. '내 말을 왜 씹냐?' '죽을 때까지 카톡을 보내겠다.'와 같은 대화들로 채워져 있었다.

사이버 불링

사이버 불링은 가상공간을 뜻하는 '사이버cyber'와 약자를 괴롭힌다는 뜻의 '불링bullying'을 합성한 말로 스마트폰의 보급률 확대와 통신기술의 발달 등으로 최근 등장하기 시작한 폭력 유형이다. 사이버 불링은 신체적으로 타격을 주는 대신, 사이버 상에서 언어폭력과 험담, 중상모략, 거짓말 유포 등으로 상대방에게 정서적 타격을 가하는 것을 목표로 한다. 최근 스마트폰과 모바일기기의 발달로 특정인을 비하하는 글이나 이미지, 동영상 혹은 개인 신상정보를 무분별하게 유포하는 사이버 불링이 빈번하게 그리고 더 교묘하게 일어나고 있다.

사이버 불링은 오프라인 학폭보다 더 위험하다. 신체상 괴롭힘은 일정한 공간에서 제한적으로 이루어지는 반면, 사이버 불링은 시도 때도 없이 언제 어디서나 이루어질 수 있기 때문이다. 또한 학폭위를 통해 징계가 내려지고 가해학생을 전학시키면 어느 정도 문제가 진정되는데, 사이버 불링은 가해자와 피해자가 인터넷으로 연결되어 있기 때문에 물리적 거리를 확보해도 와이파이가 터지는 곳이라면 어디에서도 괴롭힘 문제가 이어질 수 있다. 뒤늦게 문제를 인지한 D의 부모 역시 아들을 전학시키기로 결정했는데, 학교에서 사귄 학생들은 모두 카톡으로 연결되어 있어 관계를 끊는 것이 애초에 불가능했다. 밤이나 새벽에도 날아오는 카톡 메시지 때문에 거의 노이로제에 걸릴 지경이었던 D는 아예 스마트폰에서 앱을 지우고 계정을 폭파하고 나서야 뒤늦게 안정을 찾을 수 있었다.

모든 중독에는 3P, 즉 선행요인과 촉발요인, 지속요인이 있다. 선행요인predisposing factors은 생활환경이나 성장배경에 배태된 중독 요인들을 말한다. 개인이 자라면서 얻게 되는 가정교육과 식습관, 라이프스타일, 교육, 사회 및 문화적 분위기 등이 여기에 해당한다. 물론 우울증을 앓았던 부모를 두었거나 직계 가족 중에 알코올중독처럼 가족력이 있는 유전적 요인도 무시할 수 없는 중독의 선행요인이 된다. 왜냐하면 대부분 이러한 물질중독을 앓고 있는 중독자의 경우 일반인보다 훨씬 쉽게 관계중독이나 성중독의 위험에 노출되기 때문이다. 앞서 K의 경우, 배그에 빠지기 전 우울증과 불안증을 안고 있었다.

반면 촉발요인precipitating factors은 직접적으로 중독을 일으키는 심리적, 신체적 요인들을 말한다. 물질중독의 경우, 알코올이나 담배(니코틴), 마약, 기타 향정신성 물질들이 여기에 해당한다. 반면 행위중독의 경우, 백화점이나 쇼핑몰에서 오는 쇼핑 DM이나 문자, 도박을 미화하는 영화나 소설 및 드라마 같은 스토리텔링 콘텐츠, 과식이나 폭식을 조장하는 각종 먹방이나 푸드 콘텐츠 등이 여기에 해당한다. 사이버 관계중독에 있어서는 성적 자극을 주는 영상이나 영화, 웹툰, 웹소설 등이 촉발요인이 된다. 최근에는 포털사이트와 연결된 매체들에 달려 있는 배너나 광고 영상, 팝업창 중에 성관계

를 연상시키는 사진(jpg.)이나 클립(gif.)들이 즐비하다. K도 자신의
의지와 상관없이 뜨는 배너 때문에 자꾸 게임에 몰입할 수밖에 없
었다.

마지막으로 지속요인perpetuating factors은 개인이 중독을 떨쳐내지
못하고 계속 부정적인 영향을 받으며 망가져가는 정신적, 환경적
요인들을 말한다. 무서운 건 지속요인이다. 선행요인은 중독자가
통제할 수 없으니 어쩔 수 없고, 촉발요인은 예상할 수 있으니 잘
관리하면 되지만, 지속요인은 중독을 지속 및 심화시키는 요인이기
때문에 적절히 대처하지 않으면 매우 치명적인 결과를 낳을 수 있

선행요인	• 중독을 낳는 선천적 원인 • 환경적 문제: 성장 배경, 양육 스타일 • 유전적 문제: 정서적, 정신적
촉발요인	• 중독을 일으키는 직접적 원인 • 물질: 알코올, 니코틴, 마약, 향정신성물질 • 행위: 도박, 섹스, 자위, 쇼핑, 관계
지속요인	• 중독을 지속시키는 원인 • 환경: 친구관계, 주거 형태, 사회적 관계 • 사고방식: 중독적 사고

사이버중독을 낳는 세 가지 요인: 이 요인들은 서로 유기적으로 맞물려 있다.

다. K의 경우, 친구들이 지속요인으로 작용했다. 게임에서 벗어나고 싶어도 친구들과 어울리다 보면 자꾸 게임에 빠질 수밖에 없었다. 또한 그가 가진 중독적 사고도 게임에 몰입하게 만드는 지속요인이 되었다.

잠시도 벗어날 수 없는
극도의 분리불안

  온라인에서 게임만큼 최근 급속도로 성장하고 있는 분야가 남녀를 연결해주는 만남 사이트, 매칭 사이트들이다. 온라인 데이팅 사이트_{online dating service}라고도 한다. 인터넷의 음지에서 익명성과 간편성을 무기로 불법적인 '사랑의 오작교' 사이트들이 우후죽순 생겨나고 있는 것이다. 이러한 매칭 사이트들은 회원가입란에 간단한 신상과 함께 위치만 입력해주면 거주지 내 반경 5~10km 안에서 실시간 접속하고 있는 이성을 자동으로 찾아 매칭시켜 준다. 그 대표적인 사례가 '인생은 짧습니다. 바람피우세요_{Life is short. Have an affair.}'라는 문구로 일약 매칭 사이트 업계에서 1위를 탈환한 모 사이트다. 이 외국계 사이트는 정상적인 사람들의 상식과 달리 오로지 기혼자들을 대상으로 한 만남 서비스를 제공하여 세간에는 '간통 조장 사이트'로도 악명 높았다. 본 사이트의 창업자이자 CEO였던 노엘 비더만Noel Biderman은 이런 비윤리적이고 파격적인 전략을 바탕으로 캐나다에 서버를 두고 사이트를 운영하면서 천문학적인 액수의 돈을 벌어들였다. 그의 사이트에 가입한 우리나라 회원들도 어림잡아 66만 명이 넘는 것으로 알려졌다.

그러던 2015년 해커들에 의해 사이트가 해킹되면서 회원정보가 무단 유출되는 사건이 벌어졌다. 비더만의 퇴진으로 일단락되었던 사건은 우리에게 여러 물음들을 던져 주었다. 우리나라의 경우, 공무원과 교사, 심지어 목사 같은 종교인도 상당수 회원에 포함되어 있었다는 사실을 통해 사이버 상에서 불특정 남녀들을 연결시키는 비즈니스가 얼마나 우리 사회 곳곳에 스며들어갔는지 짐작할 수 있었다. 해당 사이트는 이후 정부의 통신법 방침에 따라 국내 사업을 접고 철수했지만, 여전히 이와 유사한 사이트들이 여러 개 운영 중에 있는 것으로 안다. 물론 이런 만남 사이트가 모두 불법적인 건 아니다. 개중에는 건전한 만남을 주선하는 사이트도 있을 것이다. 하지만 필자가 확인한 결과, 상당수의 사이트에서 불륜을 조장하고 조건 만남을 알선하는 세력들이 버젓이 활동하고 있었다. 그건 여성 회원들의 낯 뜨거운 소개글만 봐도 금세 알 수 있다. '35세, 평택 거주, 왕가슴, 60분, 투샷, 뒤끝 없음'과 같은 노골적인 도배글들이 사이트의 스크롤을 여러 번 내려도 사라지지 않았다. 왜 여성 회원을 소개하는데 가슴 사이즈가 나와야 하는 걸까? 어떤 목적으로 남성 회원들이 이 사이트를 방문하는지 짐작하고도 남는다.

이렇게 온라인 매칭 사이트가 때 아닌 온라인 뚜쟁이로서의 역할을 다하면서 사이버 관계중독은 새로운 서식지를 만났다. 온라인에서 만난 만남은 피상적인 관계로 시작하여 육체적인 관계로 이어지다 불법적인 관계로 끝나는 경우가 많다. 온라인 분리불안은 더 강렬하기 때문이다. 그 대표적인 사례를 하나 소개하면 이렇다. S(30대)는 2002년 인터넷 모 만남 사이트를 통해 당시 사법시험을 준비하던 남자친구를 알게 되었다. 둘은 수개월 인터넷 채팅을 즐기다 이듬해부터 급격히 가까워졌다. 당시 별다른 직업이 없었던 S와 남친은 호기심에 오프라인 만남을 가지게 되었고, 자연스럽게 모텔 등지를 돌며 육체적인 관계를 갖는 사이로 발전했다. 하지만 이런 관계도 잠시, 연애가 공부에 방해된다고 느낀 남친은 2003년 말 사법시험 2차를 준비한다는 이유로 S에게 일방적인 이별 통보를 했다. 내심 법조인의 아내가 되겠다는 기대를 가지고 있던 S는 분노에 치를 떨었다. '이 사람이 나를 가지고 놀았구나.' '재미 삼아 날 농락하다가 단물 다 빼먹고 헌신짝처럼 차버리다니.' 여자가 한을 품으면 오뉴월에도 서리가 내린다고 하던가. 이때부터 S의 집착은 집요함을 넘어 지능적인 범죄로 이어지게 된다.

2004년 초, 몇 달을 끙끙 앓던 S는 전 남친에게 복수하려는 일념으로 그가 자신을 방에 감금하고 흉기로 위협해 두 차례 성폭행했다며 그를 고소했다. 누가 법을 공부하던 그 남친에 그 여친 아니랄까봐 나름 매우 주도면밀하게 각본을 짰다. 황당했던 남친은 그녀와 자신이 매칭 사이트를 통해 서로 사귀던 사이였다고 항변했다. 그러면서 그동안 함께 주고받았던 카톡이나 문자를 증거로 제출했다. "우린 함께 홍콩으로 여행도 간 사이입니다. 예약과 일정도 모두 그녀가 짰다구요." 경찰은 남자가 S를 성폭행했다는 증거가 없고 두 사람이 한때 연인관계였다는 남자 측의 주장에 더 신빙성이 있다고 판단하여 사건을 '혐의 없음'으로 종료했다. 하지만 S의 집착은 여기서 멈추지 않았다. 그녀는 다시 항소했고, 사건은 다시 고등법원으로 올라갔다.

이때부터 S의 망상은 가히 추리물을 방불케 하는 소설로 이어졌다. 자신이 함께 그와 홍콩에 여행을 간 적은 있지만, 그의 성폭행을 피하려고 홍콩에서 마카오로 도망쳤다며 증거물을 제시했다. 당시 그녀의 여권에는 마카오로 건너간 출입국 도장이 명확하게 찍혀 있었다. 더불어 자신이 홍콩에 가는 항공권을 남친과 따로 예약했다는 사실을 입증하는 이-메일 문서도 제출했다. 또 그녀는 남친이 자신에게 약을 먹이고 나체 사진을 찍어 이를 빌미로 돈을 뜯어내려 했다는 주장도 펼쳤다. 이 주장을 뒷받침할 영수증도 제출했다. 사건은 전 남친에게 매우 불리하게 돌아가기 시작했다.

하지만 이 모든 시나리오는 S의 치밀한 자작극이었다. 그녀는 남친의 일관된 주장을 반박하기 위해 자신의 여권과 당시 출입국기록, 항공권 예매 기록 등을 일일이 위조했다. 자신의 나체 사진을 가지고 돈을 요구했다는 주장을 뒷받침할 영수증 역시 그녀의 섬세한 터치로 조작된 상태로 제출되었다. 처음에 이런 S의 주장에 감쪽같이 넘어갔던 법원도 위조 사실을 뒤늦게 감정하고 2007년 말 그녀를 기소했다. S는 점차 재판이 자신에게 불리하게 돌아가자, 멀쩡한 판사를 고의로 바꿔달라며 재판 과정을 지속적으로 방해하고 지연시켰다. 그렇게 재판은 덧없이 7년이나 계속되었다. 그 사이 전 남친은 스트레스로 사법시험도 포기해야 했다. 재판정에서 판사는 "피고인은 헤어지자는 남자친구의 말에 앙심을 품어 그를 무고했고, 자신의 허위 진술을 뒷받침하기 위해 증거를 위조하는 등 죄질이 매우 좋지 않다."며 "그럼에도 피고인은 반성의 기미가 없고 수사 과정에서뿐만 아니라 기소된 뒤에도 다섯 차례나 법관 기피 신청 등을 이유로 절차를 고의로 지연시켰다."고 판시했다. 결국 법원은 그녀에게 징역 2년 6월을 선고하고 법정 구속했다.

그렇다면 S는 왜 이렇게 범죄자로 전락했을까? 시작은 매칭 사이트였다. 만남을 주선해주는 사이트는 기본적으로 매칭해주는 상대방의 프로필을 부풀리는 경향이 있다. 조건 만남을 전제로 서로의 신상을 까는 것도 이미 둘이 깊은 관계를 가진 다음에 이루어진다. S 역시 어느 정도 이런 맥락대로 관계를 가졌고, 상대 남자가 진짜 사법시험을 준비한다는 사실을 인지했을 때 그를 놓치지 말아야겠다고 판단했을 것이다. 이건 어디까지나 필자의 생각이다. 그녀를 상담하지 않았기 때문에 정확히 진단할 수는 없지만, 여러 가지 정황을 종합해 볼 때, 그녀가 관계에 있어 분리불안을 가졌을 확률이 높다. 분리불안separation anxiety은 사랑하는 사람과 헤어지거나 이별하는 것을 참지 못하는 정신장애다. 대표적인 증상은 자신이 애착관계를 형성한 대상과의 분리를 공포스럽게 상상하는 것이다. 보통은 유아기 때 어머니와 애착관계를 맺으면서 시야에서 어머니가 사라지거나 자리를 비울 때 아이가 겪는 심리에서 유래했으나, 정상적인 발달단계를 거치면서 이러한 불안이 해소되는 게 일반적이다. 하지만 일부 아이들은 분리불안을 극복하지 못하고 성인기까지 가지고 가는 경우가 발생하며, 이럴 때 다양한 범불안장애generalized anxiety disorder와 함께 관계중독을 겪을 수 있다.

분리불안은 관계중독으로 가는 또 하나의 관문 역할을 한다. 분리불안은 보통 3세 이후에 사라지는 게 정상이다. 하지만 유아기의 애착관계가 성인기에 다시 나타나는 경우가 있는데, 퇴행적 애착이 만들어진 개인은 떠나는 상대방을 놓치지 않기 위해 그에게 매달리거나 애걸복걸하게 된다. 간이며 쓸개며 다 내어주고 돈도 주고 몸도 준다. 물론 그런 관계는 오래 지속되지 못하기 때문에 불안이 실제 현실로 다가오는 경우가 대부분이다. 과연 분리불안은 어떤 증상을 갖고 있을까? 분리불안은 DSM-Ⅴ판에서 다음과 같이 진단하고 있다. *

---

* Reprinted with permission from the Diagnostic and Statistical manual of Mental Disorders, Fifth Edition, (Copyright 2013), American Psychiatric Association.
한국어판: DSM-5 정신질환의 진단 및 통계 편람(제5판), (주)학지사, 2015

- 개인이 애착 대상과의 분리에 대한 발달상 부적절하고 과도한 공포나 불안으로 다음 중 최소한 세 가지 이상 뒷받침된다.
  - 집 또는 주요 애착 대상과의 분리를 예상하거나 경험할 때 반복적으로 과도한 고통을 겪음.
  - 주요 애착 대상을 잃거나 질병이나 부상, 재앙 혹은 죽음 같은 해로운 일들이 일어날 것이라고 지속적으로 과하게 걱정함.
  - 주요 애착 대상과 분리를 야기한 곤란한 일(예를 들면, 길을 잃거나 납치당하거나 사고를 당하거나 아프게 되는 것)을 경험하는 것을 지속적으로 과하게 걱정함.
  - 분리에 대한 공포 때문에 집을 떠나 학교나 직장, 혹은 다른 장소로 나가는 것을 지속적으로 내키지 않아 하거나 거절함.
  - 집이나 다른 장소에 혼자 있거나 주요 애착 대상 없이 있는 것에 대해 지속적으로 과하게 두려워하거나 내키지 않아 함.
  - 집을 떠나 자거나 주요 애착 대상과 떨어져 자는 것을 지속적으로 과하게 내키지 않아 하거나 거절함.
  - 분리 주제와 연관된 악몽을 반복적으로 꿈.
  - 주요 애착 대상과 분리가 일어나거나 예상될 때 신체 증상(예를 들어 두통이나 복통, 구역질, 구토)을 반복적으로 호소함.

- 공포나 불안, 회피 반응이 아동과 청소년에서는 최소한 4주 이상, 성인에서는 전형적으로 6개월 이상 지속된다.

- 장애가 사회적, 학문적(직업적), 또는 다른 중요한 기능 영역에서 임상적으로 현저한 고통이나 손상을 초래한다.

- 장애가 다른 정신질환으로 더 잘 설명되지 않는다. 예를 들어, 자폐증 스펙트럼 질환에서 변화에 대한 과한 저항 때문에 집 밖에 나가는 것을 거절하는 것, 정신병적 장애에서 분리에 대한 망상이나 환각이 있는 경우, 광장공포증에서 믿을 만한 동반자 없이는 밖에 나가기를 거부하는 경우, 범불안장애에서 건강 문제나 다른 해로운 일이 중요한 대상에게 생길까봐 걱정하는 경우, 질병불안 장애에서 질병에 걸릴까봐 걱정하는 경우처럼.

S가 처음부터 남친에게 복수를 해야겠다는 마음을 먹진 않았을 것이다. 처음에는 상대에게 매달리고 울고불고 했을 것이다. "내가 잘할게, 응? 제발 떠나지만 말아줘." 그럼에도 남자는 요지부동이다. 이제는 분리불안이 분노로 바뀐다. '내가 이렇게까지 붙잡았는데 어떻게 그렇게 차갑게 돌아설 수가 있어?' 그 분노는 자신도, 남친도, 심지어 법원도 상상할 수 없는 방식으로 복수를 다짐하는 계기가 되었고, 단순히 그 목적 외에 그녀의 안중에는 아무것도 없었다. 그렇게 그녀는 범죄자가 되었다.

분리불안

분리불안은 어머니와 같은 애착 대상과 떨어지는 것에 대한 근본적인 불안으로 유아의 발달단계에서 정상적인 현상으로 본다. 분리불안을 겪은 아이들도 약 3살까지는 대체적으로 불안을 극복한다. 3살 이후에 분리불안을 겪으면 불안장애로 규정하며 적극적인 치료가 필요하다. 유병률은 아동 청소년의 경우 4% 정도로 알려져 있으며, 성인도 분리불안을 호소하는 경우가 있다. DSM에서는 분리불안장애separation anxiety disorder라는 항목으로 지정되어 있으며, 공황장애나 공황 발작과 관련이 있는 것으로 본다. 분리불안이 정상적인 발달단계보다 더 심각하다고 우려되는 경우에는 가능한 한 빨리 의사의 진단을 받는 것이 좋다.

"중독의 원리와 관계중독"

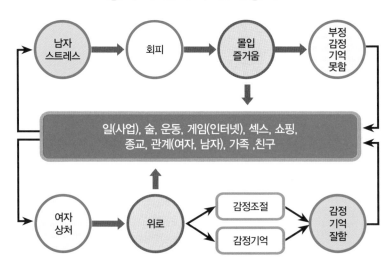

남자는 스트레스를 회피하거나 해소하기 위해 특정 행동에 몰입하는 본능(방어기제)을 갖고 있습니다. 이때 특정 행동이 반복되고 습관으로 굳어지면 심리적 강박과 불안증이 발생합니다.

스트레스를 해소하려고 수단과 방법을 가리지 않고 즐거움을 주는 행동에 몰입하는 것을 중독이라고 합니다. 습관적으로 즐거움에 몰입하고, 몰입되는 대상이 다시 습관이 되는 것입니다. 그런데 그 대상이 이성이면 관계중독에 의한 외도가 발생합니다.

남자에게 관계중독은 일시적으로 발생한 것이 대부분입니다. 반면 여자는 상처를 받으면 위로를 얻으려고 특정 대상에 몰입하는 경향을 보입니다. 이때 특정 대상에게 위로를 받는 습관이 형성되다 보면, 특정 대상에 몰입하지 못할 때 상처를 받는 악순환이 일어납니다. 이 상처를 회피하려고 다시 특정 대상에 몰입하면서 관계중독이 발생합니다. 여자에게 관계중독은 인식장애와 감정기억 장애를 일으킬 정도로 지속적인 영향을 미칩니다. 관계중독이 발생되면 마음을 교감하고 사는 가족이나 배우자는 심리장애가 발생됩니다.

출처: 마음욕동무의식의 상반성이론(박수경, 2021)

❖ 요하네스 베르미르(Johannes Vermeer), 「포주(The Procuress, 1656)」, 독일 드레스덴 게멜데갈러리 알테 마이스터
 (Gemäldegalerie Alte Meister) 소장

chapter **6**

—

당신은 구원받지 못하고
구속당하고 있다

“권위에 서 있는 믿음은 믿음이 아니다.
권위에 대한 의존은 신앙의 쇠퇴, 영혼의 퇴거와 맞먹는다.”
—랄프 왈도 애머슨—

1987년 어느 날, 경기도 용인시 한 기념품 제조공장 천장에서 때 아닌 32구의 시체들이 무더기로 발견되면서 나라 전체가 발칵 뒤집 어졌다. 오대양이라는 회사의 직영 공장으로 밝혀진 이곳에서 죽어간 이들의 토사물과 마지막까지 끼적거린 유서들, 어지러이 널려 있는 옷가지들이 함께 발견되면서 당시 숨 가쁜 상황을 가늠할 수 있었다. 신원미상의 시신들은 모두 위아래 속옷 차림의 기이한 자세로 차곡차곡 포개져 있었다. 마치 누군가 일부러 신에게 인신공양을 바치기 위해 인간탑을 쌓아올린 것처럼 말이다. 이후 조사에서 이들은 모두 박순자라는 여교주가 운영하는 오대양의 직원들인 것으로 밝혀졌다. 신기한 것은 죽은 이들이 모두 약을 먹고 교살되었는데, 아무도 저항하거나 발버둥 친 흔적이 없었다는 점이다. 대체 이들에게 어떤 일이 일어난 것일까?

사건이 있기 수년 전, 박순자는 최근 물의를 일으킨 구원파에 몸담았다가 1984년 탈퇴하여 "내가 이제 오대양을 지배할 사람"이라고 주장하며 오대양이라는 공예품을 만들어 납품하는 회사를 세웠다. 수입품 판매장을 만들면서 회사는 승승장구했다. 오대양이 만든 민속 공예품은 정부로부터 대통령상을 받았고, 1988년 서울올림픽의 공식협력업체로 지정되기도 했다. 아마 그때쯤이었을 것이다. 그녀는 지역에서 유치원과 양로원, 고아원을 사들이거나 임대해 사회사업을 병행하기 시작한다. 당연히 박순자는 사회적으로 덕망 있고 성공한 여성 사업가로 평판이 자자했다. 하지만 이단-사이비종교가 그렇듯, 실상은 전혀 달랐다.

그녀는 종교 논리로 신도들을 철저히 세뇌시키고 마음껏 조종했으며 자신의 공장에서 노예 부리듯 일을 시켰다. 신도들이 다른 생각을 하지 못하게 숙소에 집단으로 거주하게 했으며, 도망치거나 공장을 그만두려는 이들에게는 서슴없이 폭력을 행사하거나 살인을 교사했다. 신도 자녀들에게는 자신을 진짜 어머니로 따르게 했으며, 친부모와 떨어져 공동생활을 하면서 자신에게 충성을 다하도록 분위기를 조성했다. 한 달에 한 번씩 있었던 자아비판의 시간에는 자신의 죄를 공개적으로 고백하도록 했으며, 규율을 어기거나 조금이라도 원칙에서 벗어난 구성원들에게는 공개적으로 불러 세워 가차 없이 집단 구타를 가했다.

신도들은 이러한 박순자의 지시를 철저하게 따르며 살았다. 마치 그녀를 하나님으로 섬기듯 떠받들었다. 장차 오대양을 지배하는 새 시대가 올 것이라고 신도들을 규합했던 그녀의 말을 곧이곧대로 믿었다. 구원救援이 아니라 구속拘束의 관계였다. 회사가 갑자기 운영이 어려워지고 어음이 돌지 않으면서 빚 독촉에 시달리던 박순자는 어느 날 극단적인 선택을 하게 된다. 1987년 어느 날, 박순자에게 7억을 빌려준 채권자가 돈을 받으러 공장을 찾았다가 사주를 받은 십여 명의 신도들에게 둘러싸여 집단 구타를 당하다 겨우 목숨만 건지는 일이 일어난다. 이 사건은 집단에게 하나의 계시처럼 다가온다. 그리고 8월 29일 운명의 날이 다가온다. 그녀는 신도들에게 집단자살을 통해 영의 구원을 이야기했던 걸까?

일찍이 예수는 '진리를 알지니 진리가 너희를 자유케 하리라.'고 말했다. 종교의 참된 가르침에는 자유가 있다는 말일 것이다. 종교가 사람을 속박하고 자유를 제한한다면 더 이상 참된 종교가 아닐 것이다. 이번 장에서는 관계중독의 또 다른 얼굴인 종교중독에 대해서 살펴보고자 한다.

수단으로 전락하는
믿음과 구원

준수한 얼굴에 허우대 멀쩡했던 금발의 버논 하웰Vernon Howell
은 여러모로 문제가 많은 가정에서 자랐다. 어머니 보니 클락Bonnie
Clark은 우리나라 나이로 중학교 1학년이었을 때 버논을 낳았다. 아
이가 아이를 낳은 것이다. 이번이 처음이 아니었다. 할머니 역시 비
슷한 이력이 있던 집안이었기 때문이다. 생부 바비 하웰Bobby Howell
은 혼외정사로 보니를 임신시켰고, 버논이 세상에 태어나기도 전에
아내를 버리고 달아났다. 대부분의 사회 문제는 가정에서 출발한
다. 이런 점에서 역기능 가정이 갖는 사회적 비용은 헤아리기 힘들
정도다. 버논의 사례 역시 예외가 아니다.

버논은 할머니의 손에 의해 키워진다. 14살의 어머니 역시 아직 어린아이에 불과했기 때문이다. 이렇게 우울하고 특이한 출생의 그림자가 버논의 일생에 얼룩져 있었기 때문인지 그는 어려서부터 병리적인 인간관계를 추구했다. 학교 공부는 그에게 만만치 않았다. 글을 잘 읽지 못해 1학년마저 낙제했던 그를 주변 친구들은 '지진아Retardo'라 놀려댔다. 이러한 암울했던 어린 시절은 그가 성인이 되었을 때 교육에 대한 뒤틀린 시각을 갖게 하는데 일조했을 것이다. 그런 그에게 할머니 손에 이끌려 찾아간 교회는 전혀 다른 세상이었다. 세상에서는 지진아에 사생아라고 놀림 받기 일쑤였는데, 교회에서는 누구나 그를 따뜻하게 맞아주었다. 그의 이복동생과 달리, 버논은 이런 교회를 너무나 사랑했고, 교회에서 배운 것을 집에 돌아와 어머니에게 참새처럼 신나게 재잘거렸다. 학교에서는 난독증으로 고생했으나, 어찌된 영문인지 교회에서는 11살에 이미 『신약성경』을 죄다 외울 정도였다. 그때부터 그는 신앙을 자신의 미래로 삼고 종교를 내면화하기 시작했다.

그러던 1983년 어느 날, 사춘기의 버논은 홀로 기도하던 중에 하늘로부터 '계시'를 보았노라 주장한다. 기존 교회 제도는 그에게 너무 시시해 보였다. 반대로 그가 말하는 것들이 기존 교인들에게는 너무 이상하게 보였다. 이후 그는 성경이나 교회가 가르치지 않는 길을 걷게 된다. 버논은 미국 텍사스와 하와이에서 추종자들을 모았고, 이후 해외로 눈을 돌려 영국과 이스라엘 등지를 돌며 자신과 뜻이 맞는 교인들을 찾아 다녔다. 수년이 지나지 않아 그는 이미 종말론적 공동체의 리더가 되어 있었다. 이후 그는 텍사스 주 웨이코Waco에 있던 갈멜산 한 분파 종교집단에 들어간다. 당시 집단의 리더는 로이스 로덴Lois Roden이라는 중년의 여자였는데, 젊고 싱싱했던 버논은 그녀의 정부情夫가 되면서 순식간에 집단의 상층부로 올라갔다. 이후 로덴이 죽자, 버논은 갈멜산 사교의 리더가 되었다.

1993년 4월 19일, 50여 일간 FBI와 대치하다가 70여 명의 무고한 사람들과 함께 집단자살로 막을 내린 버논, 그가 바로 세상을 떠들썩하게 했던 데이비드 코레시David Koresh였다. 앞서 언급했던 오대양 사건과 매우 흡사한 방식의 집단자살 사건이었다. 이 사건은 종교학 교과서를 펼치면 어김없이 등장하는 유명한 사건이다. 2018년에는 「웨이코」라는 제목의 6부작 TV 미니시리즈로 방영되기도 했다. 그는 성적으로 문란한 교주였다. 아동들을 성적으로 학대했다는 제보가 텍사스 아동보호국에 접수되었고, 당시 주 정부가 이를 공식적으로 확인하려는 시도가 있었다. 그는 자신의 집단 내에서 제왕처럼 여러 명의 아내를 두었고, 그들 사이에서 여러 자녀들을 낳았다. 이는 모르몬교 근본주의 분파를 이끌던 교주 워렌 제프스

Warren Jeffs가 보유한 70여 명의 아내 중에 두 명의 미성년자가 포함된 혐의로 2007년 종신형을 선고받은 사건과 유사할 것이다. 오대양 사건이 한국인들에게 충격을 줬던 것처럼, 웨이코 사건은 한동안 '웨이코'라는 말은 금기어가 될 정도로 미국인들에게 커다란 상처를 남겼다.

1) 가스라이팅과 종교중독

코레시는 갈멜산에서 사교 집단의 오른팔로 스티브 슈나이더Steve Schneider라는 인물을 세우고 있었다. 코레시를 처음 만났던 당시 그는 하와이대학에서 박사학위 과정에 있었다. 코레시는 정규교육도 제대로 받지 못한 사람이었으나, 대학교수와 성경을 두고 토론을 벌일 정도로 신학에 정통해 있었다. 슈나이더는 그런 코레시를 보았을 때 그의 인간적 매력에 흠뻑 빠져 들었다. 어쩌면 슈나이더는 코레시야말로 진정한 메시야가 아닐까 생각했을지도 모른다. 코레시는 자신을 따르던 추종자들에게 섹스를 금지시켰고, 심지어 부부에게도 성관계를 금했다. 당시 슈나이더가 코레시를 따라 갈멜산에 들어갈 때에는 이미 그에게 아내가 있었지만, 그녀와 부부관계를 갖지 못했다. 갈멜산의 모든 여자는 코레시의 소유였다. 아내 주디 슈나이더Judy Schneider는 코레시와 관계를 맺고 딸을 출산한다. 당시 슈나이더는 자신의 속내를 동료이자 코레시의 왼팔이었던 데이비드 티보도David Thibodeau에게 털어놓았다. "이게 얼마나 끔찍한 일인지 넌 모를 거야. 우린 20여 년 넘게 알아온 사이고, 결혼하고 10년이 되어도 아기가 들어서지 않았어. 그런데 단 한 번 코레시와 동침하고 나서 바로 아이를 갖다니⋯."

어떻게 이런 일이 가능할까? 코레시는 그렇다고 치자. 자신의 아내를 교주에게 바치는 남편, 그리고 그 몰상식한 요구를 순순히 따르는 아내, 과연 둘 중에 누가 더 비정상적일까? 슈나이더는 갈멜산에서 머리에 총을 맞고 마지막을 고했기 때문에 그에게서 답을 들을 수는 없는 노릇이다. 여신도들의 성적 통제가 사이비종교 대부분이 공통적으로 갖는 특징이라는 점만 분명하게 확인할 수 있을 뿐이다. "'영적인 아내들'을 취하기 시작했다. 코레시는 성경의 일부 구절들을 골라, 하나님의 양의 씨앗만이 순수하므로 오로지 자신만이 갈멜산의 모든 여자들과 성관계를 맺어야 한다고 해석했다. ⋯ 비록 신학적으로는 맥락이 다르지만, 카리스마적 종교 지도자가 성적인 권리를 갖는 것은 많은 사이비종교에서 흔히 나타나는 패턴이다."*

---

* 찰스 킴볼, 『종교가 사악해질 때(현암사)』, 김승욱 역, 164.

1990년대 우리나라를 떠들썩하게 만들었던 JMS의 교주 정명석 역시 자신을 따르는 여성 신도들을 골라가며 성관계를 가졌다. 여신도들은 마치 왕의 성은을 입은 것처럼 행동했고, 한 번 교주와 잠자리를 가진 여성들은 고귀한 하나님의 씨를 몸에 지녔다는 이유로 평생을 그의 곁에서 수절하며 살았다. 정력이 왕성했던 정명석은 하루에 여러 차례 상대를 바꿔가며 성관계를 가졌고, 심지어 한 번에 여러 명의 여자들을 세워놓고 집단 성관계를 갖기도 했다. 그러다가 뜻하지 않게 임신한 여성들은 낙태를 해야 했다. 모 TV 탐사 프로그램이 이런 집단 혼음 사건을 두고 추적에 들어가자, 자신과 성관계를 가진 대학생들 다수에게 소위 '이쁜이 수술'을 강요하기도 했다. 정명석은 소위 '30개론'을 통해 자신이 메시야임을 천명하는 신학체계를 구축했는데, 이를 무기로 피해자들에게 접근하여 자신과 관계를 가져야 죄를 씻고 영적 구원을 받을 수 있다고 가르쳤다. 이처럼 교주에게 자발적인 성적 헌납과 육체적 헌신을 다하는 여성들은 어떤 맥락에서 이런 성노예로 전락하게 된 걸까?

교주가 여신도를 장악하는 대표적인 전략이 가스라이팅과 그루밍이다. 가스라이팅gaslighting은 상대방을 자기 멋대로 조종하고 원하는 일을 하도록 교사하기 위해 그를 혹독하게 다루어 자존감을 낮추고 자신에게 의존하도록 만드는 행위를 말한다. 지속적으로 정서적 학대를 당한 여자는 점점 자신감을 잃고 일을 시키거나 행위를 통제하는 사람에게 의사 판단을 맡겨버리는 태도를 취한다. 보통 상하관계에서 일어나며 학교나 군대, 직장 같은 조직사회에서 종종 볼 수 있다. 가스라이팅은 심리를 조작하고 감정을 제어하기 때문에 상대의 마음에 스스로에 대한 의구심을 불러일으켜 현실감과 판단력을 잃게 만든다. 그렇게 무장 해제된 상대는 자유롭게 지배력을 행사할 수 있게 되면 결국 마음대로 요리할 수 있는 손쉬운 먹잇감으로 전락한다. 적어도 서슴없이 범죄를 저지르고 상대가 완전히 파국을 맞을 때까지 붙잡고 놔주지 않는 전형적인 정서적 학대 행위다.

가스라이팅

대상의 심리나 상황을 교묘하게 조작하므로 대상이 자신 스스로의 판단력을 의심하게 만들어 정신적으로 타인에게 의지하게 만드는 세뇌의 일종을 일컫는 심리학 용어. 가스라이팅의 피해자는 가해자를 이상화하고 그의 인정이나 사랑, 관심이나 보호 등을 받기 위해 가해자가 자신의 생각이나 행동에 영향력을 행사하도록 허용한다. 가스라이팅은 패트릭 해밀턴이 연출한 1938년 연극 「가스등」에서 유래했다. 연극은 잭이라는 남자주인공이 자기 아내 벨라를 정서적으로 억압하는 줄거리를 가지고 있다. 이 연극은 1944년 미국에서 영화로도 제작되었다. 로빈 스턴Robin Stem은 자신의 책에서 가스라이팅은 자신이 항상 옳다고 여기며 자존심을 세우고 힘을 과시하는 가해자gaslighter와 상대방이 자신의 현실감을 좌우하도록 허용하는 피해자gaslightee 사이에서 일어난다고 말했다.

물론 가스라이팅은 남자가 여자에게 행할 수도 있으나, 여자가 남자에게도 행할 수 있고, 혹은 동성 사이에서도 얼마든지 이뤄질 수 있다. 일반적으로 상하관계가 형성된 조직에서 일어날 수 있지만, 종교 권위를 내세우는 교회나 사찰에서 가스라이팅이 비일비재하게 일어나는 건 분명한 사실이다. 보통 일상에서 흔히 쓰이는 가스라이팅 전략은 다음과 같다.

맞대응하기 countering	상대방의 기억을 의심하려는 방식. – "넌 과거 일을 하나도 제대로 기억하지 못하는구나." – "확실해? 어쩜 이렇게 기억력이 꽝이니?"
발뺌하기 withholding	대화에 아예 끼려고 하지 않고 회피하는 방식. – 상대방이 어떤 일을 하려고 할 때 그 행동을 방해하거나 막기 위해 종종 상황을 이해하지 못하는 척한다. – "난 네가 무슨 말을 하고 있는지 도통 모르겠어." – "네 이야기를 들으면 혼란스럽기만 해."
대수롭지 않게 여기기 trivializing	상대방의 감정을 대수롭지 않게 여기거나 무시하는 방식. – 상대방이 타당한 우려와 감정을 전달할 때 도리어 그가 너무 예민하거나 과하다고 비난한다. – "오버하지 마. 그런 거 아냐." "무슨 소리야? 거기서 그렇게 느꼈다니 좀 우습다."
부인하기 denial	중요한 사건이나 사건 경위를 잊은 척하며 회피하는 방식. – 어떤 말이나 행동을 했다는 사실 자체를 부정하거나 상대방이 이야기를 꾸며냈다고 비난한다. – "아니거든. 나 그런 말 한 적 없거든." "웃긴다. 너 이제 보니 소설 쓰는 구나."

딴 데로 돌리기 diverting	의도적으로 논의의 초점을 바꾸거나 상대방의 신뢰성에 의문을 제기하는 방식. – "그건 친구에게 들은 말도 안 되는 생각일 뿐이야." – "차라리 이렇게 생각하는 게 낫지 않아?"
고정관념화하기 stereotyping	의도적으로 상대방의 성별이나 나이, 지위, 지역에 대한 부정적인 고정관념을 이용해서 그를 조작하려는 방식. – "네가 전라도 출신이니까 그런 생각을 하는 거야." – "여자치고 이 문제를 제대로 이해하는 사람이 없어."

　종교를 등에 업은 가스라이팅은 단순히 사주와 교사를 넘어 한 국가를 위태롭게 할 수도 있다. 1995년, 아사하라 쇼코가 이끄는 옴진리교オウム真理教가 도쿄지하철에 사린가스 테러를 자행해 14명의 사망자와 6,300명의 부상자를 낳는 초유의 사건이 일본에서 일어났다. 교주 아사하라 쇼코는 단순한 요가 수행자 행세를 했으나 전 세계를 궤멸시킬 사린가스를 제조할 공장을 세우고자 했다. 그가 신도들을 규합하여 시민들에게 무차별 테러를 가할 수 있었던 것도 가스라이팅을 이용한 세뇌였다. 그 역시 자위를 비롯한 일체의 섹스를 부정하였으며 여신도를 건드릴 수 있는 건 집단 내에서 오로지 자신 밖에 없다고 선언했다.

가스라이팅을 십분 활용했던 교주 데이비드 코레시(좌)와 아사하라 쇼코(우).
(출처: google.com)

2) 그루밍과 종교중독

반면 그루밍grooming은 가스라이팅과 반대로 가해자가 피해자에게 호감을 얻거나 돈독한 라포 관계를 형성하여 심리적으로 상대를 지배한 뒤 관계의 우위에서 피해자를 성폭행하는 행위를 말한다. 본래 어미가 새끼의 '털을 고른다.'는 의미의 그루밍은 상대를 애지중지 아끼는 듯 보호자를 자처하다가 적절한 타이밍에 피해자를 착취하는 방식을 띤다. 가스라이팅과 달리 그루밍은 절대적으로 어린이나 청소년, 심신이 미약한 여성들이 피해자가 되는 전략이다. 그루밍에 빠지면, 대부분의 피해자들은 자신이 상대의 조종을 받고 있다는 사실조차 제대로 인지하지 못하며 나중에 경찰의 조사를 받을 때에도 성폭행을 당한 게 아니라 자신이 자발적으로 관계를 가졌다고 증언하는 경우가 많다. 이렇게 자신이 학대당하고 피해 입은 것을 분명하게 인지하지 못하기 때문에 친고죄의 특성상 가해자를 성범죄자로 단죄하기가 힘들어진다. 현행법상 16세 미만에 대한 성범죄는 동의 여부와 상관없이 가해자를 처벌하지만, 16세 이상은 강제성을 입증하지 못하면 처벌이 어렵기 때문이다.

특히 종교 권위를 내세운 종교지도자들이 어린이나 여신도들을 그루밍으로 이끌어 육체적, 금전적 착취를 행하는 경우가 많다. 철저하게 그루밍을 당한 피해자는 스스로 신실한 신앙인인 것처럼 자부하지만, 실상은 이미 세뇌를 당한 뒤에 상대방의 교사敎唆나 명령에 복종하는 노예로 전락한다. 그루밍의 단계는 보통 다음과 같은 순서로 이루어진다.

대상 물색하기 targeting	그루밍의 타깃을 정하는 단계. 대상은 나이와 성별에 구애를 받지 않으며 장소 역시 누구나 다 아는 공공장소일 수도 있고 은밀한 공간일 수도 있다. 인터넷은 그루밍의 온상이다. 거짓 프로필을 만들어 타깃을 물색하는 게 다반사다. 가해자는 대상의 취약점, 즉 정서적 필요성과 고립감, 자신감 저하를 간파하고 대상에게 접근한다. 부모의 감시나 보살핌이 덜한 아이들이 종종 이들의 적절한 먹잇감이 된다.
신뢰 얻기 gaining trust	그루밍 대상의 신뢰를 얻는 단계. 가해자는 대상에 대한 정보를 수집하고, 그의 필요와 결핍을 채워주며 신뢰를 쌓는다. 물색한 대상과 계속 연락을 취하거나 온라인 채팅(카톡)을 이어가면서 호감을 줄 수 있도록 노력한다. 대상이 좋아하는 것과 원하는 것을 파악하고 그런 것들을 건네거나 게임이나 소풍, 놀이동산 따위를 이용하여 친구나 가족과 보내는 시간을 점차 줄여나간다.
고립시키기 isolating the child	그루밍 대상이 주변에서 멀어지게 하는 단계. 대상과 특별한 관계를 맺음으로 대상이 혼자 있어도 괜찮다는 안심을 하도록 유도한다. 이때 가해자가 부모도 아닌 다른 사람들이 제공하는 방식으로 사랑을 받는다는 의식을 대상에게 심어줄 때 관계는 훨씬 강화될 수 있다. 대상이 기존의 관계에서 멀어지고 가해자와 더 가까워질수록 그루밍은 더 쉬워진다.
관계를 성적으로 이해시키기 sexualizing the relationship	그루밍의 대상에게 관계를 섹스와 연결시키는 단계. 정서적 의존과 신뢰가 충분히 만들어진 뒤 가해자는 대상에게 관계를 점차적으로 성적인 것으로 만들어 나간다. 자연스럽게 섹스는 기존의 관계를 유지시키거나 더 깊은 관계로 발전시키는 데 필수적인 것이라고 설득한다.

통제와 강화 control and reinforcement	그루밍의 대상을 통제하고 관계를 강화시키는 단계. 가해자는 피해자에게 음주나 마약, 기타 범죄를 시키므로 공범을 만들어 통제하려고 한다. 이때 피해자의 지인이나 부모에게 알리지 못하도록 입단속을 시키는 경우가 대부분 이다. 사진이나 영상을 찍어 협박할 수도 있고, 필요한 것 들을 주면서 설득하고 달랠 수도 있다. 문제가 불거지지 않 기 위해서 계속 섹스를 해야 한다고 겁박한다.
희생양 삼기 victimization	그루밍 대상이 완전히 가해자에게 의존하는 단계. 피해자가 가해자에게 완전히 굴복당해서 더 이상 가해자의 요구를 불복하거나 저항할 수 없게 된다. 이 단계에서는 가 해자가 도리어 그루밍의 관계를 끊겠다고 으름장을 놓아도 피해자는 애걸복걸하며 가해자에게 매달리는 경우가 대부분 이다.

2020년 겨울, 경기도의 한 개신교회에서 이러한 과정과 동일한 전형적인 그루밍 성범죄가 드러나 국민들을 분노로 들끓게 했다. 이 교회의 담임목사 K가 3명의 여성들을 초등학생 때부터 집요하게 성적으로 학대했던 것. 해당 목사는 음란죄를 상담한다는 미명하에 교회 신도들의 자녀였던 피해자 3명을 건드렸다. 경찰의 조사 결과, K 목사의 그루밍 방식은 다음과 같았다. 먼저 목회자로서 피해자들에게 접근했던 해당 목사는 이들을 신앙적으로 안심시킨 다음 교회에서 숙식을 하도록 유도했다. 이들은 2002년부터 2016년까지 교회 사택에서 K 목사와 함께 살았고 자연스럽게 부모와 멀어

지게 되었다. 이후 목사는 본격적으로 아이들에게 몹쓸 짓을 하기 시작했다. 추행하는 장면을 동영상으로 찍어 싫다는 아이들에게 강제로 시청하도록 윽박지르기도 했다. 조금이라도 섹스에 응하지 않고 버티면 무섭게 돌변하여 때리기도 했다. 정신적, 육체적으로 완전히 K 목사에게 굴복된 피해자들은 성인이 되고 교회를 벗어날 때까지 종교인의 탈을 쓴 섹스중독자의 성노리개가 되어 지옥 같은 삶을 살아갈 수밖에 없었다. 천국이 되어야 할 교회에서 지옥과도 같은 청소년기를 보낸 셈이다.

그루밍이 무서운 것은 스스로 그루밍을 인지하지 못하고 문제가 불거졌을 때 사실을 부인하는 데에 있다. 도리어 가해자를 두둔하는 경우도 생긴다. 가해자가 치밀한 그루밍으로 피해자의 사고를 완전히 장악해버리면, 피해자는 가해자를 마치 부모처럼 의존하는 전형적인 관계중독자가 되어버린다. 경기도 남양주시 한 시설장으로 있었던 J 목사도 그런 케이스였다. 그는 시설에 입소한 6명의 아동을 성추행한 혐의로 구속되었는데, 피해자 모두 J 목사의 석방을 원하는 자필 탄원서를 제출한 것이다. 이들은 목사에게 성추행을 당한 적이 전혀 없으며 도리어 자신들을 친아버지처럼 사랑으로 양육해주었다고 썼다. 아이들은 마치 입을 맞추기라도 한 것처럼 이구동성으로 J 목사가 자신들에게 했던 스킨십에서도 성적 수치심이

그루밍

원래 고양이나 원숭이 등의 동물들이 혀나 발을 이용해서 자신이나 새끼들의 털을 다듬고 손질하는 행위를 가리키는 용어. 최근에는 가해자가 피해자를 정신적으로 길들여 성폭력을 용이하게 하거나 이를 은폐하는 행위를 뜻하기도 한다. 보통 대상에게 접근해 먼저 선물 공세나 호감을 통해 신뢰를 쌓은 뒤, 유인이나 통제, 조종을 통해 성적 학대를 유지한다. 경계심을 해제한 피해자는 스스로 가해자에게 의존하며 성관계를 허락하게 된다. 그루밍은 성에 대한 인식이 낮은 아동이나 청소년들을 대상으로 이뤄지거나, 조직의 상하관계에서 피해자가 권위에 저항할 수 없는 상황을 만들어 부하직원이나 동료를 성적으로 착취하는 방식을 취한다. 최근 우리나라 법원에서는 피해자가 성관계에 동의했어도 그루밍에 의한 성폭행이 명백한 경우라면 정상 참작이 이뤄지는 판결이 내려지고 있는 추세다.

아닌 따뜻한 관심과 사랑을 느꼈다고 했다. 한 아이는 목사가 강제로 마시게 했던 술도 자신과의 친밀감을 형성하기 위함이었고, 도리어 함께 술자리를 가지면서 어른에게 술을 배워야 한다는 걸 새삼 느꼈다고 적었다. 어디를 보더라도 J 목사는 흠잡을 데 없는 사랑의 아버지 그 이상도 이하도 아니었다.

그루밍의 위력은 무섭다. 이들처럼 정신적인 그루밍에 J 목사의 종교 논리까지 더해지면 가해자와 피해자 사이에 가히 범접할 수 없는 막강한 애착관계를 형성하게 된다. 종교인이 운영하는 아동

보호시설의 특성상 아이들은 J 목사의 법적 보호를 받을 수밖에 없는 위치에 있기 때문에 그루밍에 취약한 관계에 놓일 수밖에 없다. 게다가 정신적으로 미성숙한 아이들에게 스킨십과 성추행은 부모가 자녀에게 해주는 사랑의 표현으로 느끼게 된 것. 역기능 가정을 탈출해 새로운 보호자를 만난 이들이 빠르게 가해자와 라포를 만들 수밖에 없었을 것이고, 가해자는 이러한 절박한 이들의 상황을 십분 이용했을 것이다.

낮춤이라는 이름으로
지속되는 자기 비하

2020년 프랑스 파리 한복판에서 끔찍한 일이 일어났다. 한 중학교에서 역사를 가르치던 교사 사뮈엘 파티Samuel Paty가 극단주의 무슬림 청년에 의해 참수되는 사건이 벌어진 것이다. 교사는 수업 중에 2015년 일어났던 「샤를리 에브도」 사건의 무함마드 풍자 캐리커처를 언급하기에 앞서 "혹 교실에 무슬림들이 있다면 내 수업이 불쾌할 수 있으니 자리를 떠나도 좋다."는 말을 했다. 「샤를리 에브도」 사건은 프랑스의 주간지 「샤를리 에브도」가 당시 폭탄 테러를 조장하는 일부 근본주의 무슬림들의 행태를 비꼬는 풍자만화를 실었다가 무장한 괴한들이 신문사에서 총기를 난사하여 12명이 사망한 사건이었다. 사뮈엘 파티는 아이들에게 종교적 관용과 언론의 자유를 가르치기 위해 2초가량 당시 신문의 만평을 보여주었으나 당시 학생들 중 아무도 문제를 삼지 않았다.

문제는 여론이었다. 같은 학교 같은 반에 속해 있던 한 여학생은 문제의 역사 수업이 있었던 날 학교를 빠지고 결석했는데, 당일 이러이러한 일이 있었다는 친구의 말을 듣고 교실에서 벌어진 일을 아버지에게 과장한다. 이를 들은 아버지는 사실관계를 확인하지도 않고 자신의 페이스북에 교사의 균형감각을 잃은 수업을 비방하는 영상을 올리게 된다. 그리고 이 영상은 세상에 불만이 많았던 한 극단주의 무슬림이었던 청년의 눈에 포착된다. 급기야 청년은 영상에 언급된 교사와 학교 이름만으로 자신의 집에서 100km나 떨어진 중학교를 찾아가 당일 끔찍한 범행을 저지른 것이다.

그 청년은 모스크바에서 태어나 프랑스로 넘어온 체첸 출신의 18세 청소년 압둘라흐 안조로프Abdoullakh Anzorov로 평소 극단주의 무슬림에 심취해 있었던 것으로 조사되었다. 마지막 거사(?)를 치르며 개설한 채팅방에서 "나를 위해 기도해줘. 오늘 시험을 치를 것이고 알라의 도움으로 성공할 수 있기를 바라."라는 말을 남겼고, 교사를 살해한 뒤에도 사진과 함께 당시 정황을 채팅방에 남겼다.

그는 사건 현장에서 "알라는 위대하다."는 꾸란 구절을 외쳤고 경찰의 발포로 아홉 발을 맞고 즉사했다. 압둘라흐 안조로프는 6살 되던 해 부모와 함께 프랑스로 건너온 난민 출신으로 그의 이복자매는 IS의 조직원인 것으로 드러났다.

그가 정말 지하드, 즉 성전聖戰을 벌이다 순교하면 영혼이 천국으로 직행해서 남자를 알지 못하는 순결한 72명의 처녀들에게 둘러싸여 영생을 즐긴다는 이슬람교의 교리를 신봉했는지 필자는 알 길이 없다. 다만 오늘도 허리춤에 시한폭탄을 두르고 영국과 미국을 비롯하여 서구의 관공서와 청사에 뛰어드는 자살폭탄 테러범들의 멘탈리티는 자기 부정 혹은 현실 도피로 빚어진 종교중독의 끔찍하고 요란한 단면을 그대로 여과 없이 보여주고 있다는 사실만은 부인할 수 없다. 그렇다고 그들을 비판하거나 모욕을 줄 필요는 없다. 그들은 몰상식하거나 지능이 덜 떨어진 사람이 아니다. 종교중독은 우리가 의식하지 못하는 가운데 지금 이 순간 우리의 문지방을 넘고 있을지도 모른다. 담임목사의 말만 믿고 코로나-19 백신이 세계 단일정부를 지지하는 빌 게이츠의 숨은 야욕이라고 설익은 음모론을 떠들고 다니는 사람이 바로 우리 옆에 사는 이웃이다. 멀리 갈 것도 없다. 목회자의 전화 한 통으로 전 재산을 갖다 바치고 홀연히 아랍 국가로 선교사를 떠나는 뭇 가정들은 신앙이라는 이름으로 저질러진 폭력 앞에 순교자의 정신으로 '죽으면 죽으리라.' 나아가는 무슬림들과 다를 바가 무엇이 있겠는가?

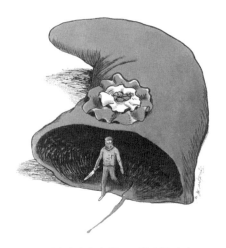

사뮈엘 파티 사건을 묘사한 신문 만평
(출처: google.com)

1) 종교중독이란 무엇인가

종교중독의 개념을 일반인에게 처음으로 소개한 사람은 레오 부쓰Leo Booth다. 성공회 사제기도 한 그는 자신의 저서『신이 마약이 될 때』에서 종교중독의 특성을 다음과 같이 제시하고 있다. "종교중독은 종교 집단의 교리나 가르침을 전혀 의심하지 않고, 절대적으로, 무비판적으로 받아들이는 행위를 말한다. 종교중독에 빠진 자들은 신을 믿기보다는 종교 활동이나 교리 등 신 이외의 것에 집착하여 실천과 봉사를 통해 자신의 존재감을 드러내고 인정받고자 하는 성향이 강한데, 이것은 현실의 고통을 회피하고자 하는 내면의 정서에 기인한다."[*] 그는 자신이 심각한 알코올중독과 종교중독에 빠져 있었던 경험을 바탕으로 사목 중에 발견한 종교중독의 여러 특성들을 제시했다.

종교중독을 보다 체계화한 사람은 '내면아이' 가설로 유명한 존 브래드쇼였다. 그의 아버지는 알코올중독자였고 어린 시절 상습적으로 그를 폭행했다. 하지만 성인이 된 브래드쇼 역시 아버지처럼 알코올중독을 경험한다. 자신이 그토록 증오했던 아버지와 같은 길을 밟는 아이러니는 역기능 가정이 중독 문제에 얼마나 중요한 열쇠가 되는지 보여주는 좋은 사례들 중 하나다. 그는 결국 신학을 전공했으나 목회를 하지 못하고 자신의 문제를 해결하기 위해 심리학으로 진로를 바꾼다. 이후 그는 상처받은 내면아이 개념을 통해 중독자의 치명적인 사고 결함을 분석하는 작업을 수행해왔다. 그는 여타 중독 문제 중에서 종교중독이 훨씬 더 무서운 중독이라고 단언한다. "종교중독은 우리 사회에서 거대한 문제다. 누구도 자신의 (종교적) 망상과 부정을 깨기란 너무 어려운 일이기 때문에 종교중

---

[*] 레오 부쓰, 『When God Becomes a Drug: Understanding Religious Addiction & Religious Abuse』, 24~25.

독은 모든 중독 중에서 가장 치명적일 수 있다. 하나님을 사랑하고 인류에게 선한 일과 봉사를 위해 당신의 삶을 바치는 게 어떻게 잘못된 일이 될 수 있겠는가?"

종교중독은 희소성이라는 원칙으로 설명할 수 있다. 보통 구원은 누구에게나 주어진 게 아니다. 특별히 '선택된 자들'에게 주어진다. 자신이 그 선택된 자들 속에 들어가기 위해서는 반드시 해야 할 종교적 의무들을 충족시켜야 한다. 대표적인 개념이 십사만사천이다. 이 숫자는 『신약성경』 요한계시록에 등장하는 구원받은 무리의 숫자로 보통 건전한 개신교 신학에서는 상징적인 숫자로 본다. 하지만 일부 신흥종교나 사이비교단에서는 이 숫자를 실제 구원받은 자들의 숫자로 해석하고 이 숫자 안에 들기 위해 철저한 복종과 지속적인 헌신을 요구한다. 사이비종교로 규정된 신천지가 대표적이다. 물론 이런 희소성 원칙이 집단이 아니라 개개인에게 적용될 수도 있다. JMS의 경우, 성관계를 일종의 '간택揀擇'으로 간주하고 피해자들이 도리어 적극성을 띠는 것도 이런 희소성 원칙을 개인에게 적용했기 때문에 가능한 것이었다.

따라서 종교중독은 끊임없이 종교적 헌신을 요구하는 분위기 속에서 자연스럽게 형성될 수 있다. 주일 성수와 십일조 헌신은 말할 것도 없고 각종 철야기도회나 전도회, 구호봉사, 금식, 간증집회 같은 교회 행사에 집착적으로 매달린다. '구원의 방주' 안에 들어가기 위해 마치 100m 달리기 시합을 하듯 시간과 재정을 쏟고 심지어 몸까지 바치는 것이다. "종교중독은 일중독과 아주 유사한 특징을 취한다. 강박적인 중독자는 일에 모든 것을 투자하는 일중독자처럼, 종교중독자는 관계에 따르는 책임을 회피하며, 기독교 내의 일 주변을 맴도는 듯한 분위기를 연출한다."＊

종교중독을 연구한 레오 부쓰(좌)와 존 브래드쇼(우)
(출처: google.com)

＊ 김선미, 논문 「종교중독에서 심리적인 결핍에 대한 목회상담적 대응」, 337.

그렇다면 종교중독은 어떻게 치유할 수 있을까? 브래드쇼는 치명적인 수치심toxic shame을 없애는 데에서 그 해결책을 찾았다. "치명적인 수치심은 모든 중독의 핵심이자 연료로 제시되어 왔다. 종교중독 역시 이러한 수치심에 뿌리를 내리고 있는데, 이 수치심은 다양한 종교 행위를 통해 쉽게 기분 전환을 이룰 수 있다. 인간은 어떤 형태의 숭배를 통해서도 의righteousness의 감정을 느낄 수 있다. 금식이나 기도를 하거나, 명상을 하고, 봉사하고, 성찬식을 갖고, 성령을 받고, 성경을 인용하고, 성경 구절을 읽고, 야훼 또는 예수의 이름을 말할 수도 있다. 이것 중 어느 것이든 기분 전환이 될 수 있다. 만약 치명적인 수치심을 가지고 있다면, 이러한 경험은 매우 보람 있는 일이 될 수 있다." 그의 수치심에 대한 주장은 다음 장에서 더 자세하게 다루겠다.

2) 신앙 발달단계와 종교중독

종교중독은 발달단계에서 하나의 퇴행으로 볼 수도 있다. 사람은 누구나 유아기에서 청소년기를 거쳐 성인기까지 일정한 발달단계를 거쳐 성인이 된다. 유아에서 성인으로 나아가는 일반적인 발달단계가 있듯, 종교나 신앙에도 발달단계가 존재한다. 1981년, 미국의 발달심리학자 제임스 파울러James W. Fowler는 종교 특유의 극적인 측면과 발달심리학의 일반적 측면을 모두 포괄하는 신앙 발달단계를 제시했다. 파울러는 로렌스 콜버그Lawrence Kohlberg의 도덕성 발달단계 이론과 에릭슨E. H. Erikson의 심리사회학 이론에 근거를 두면서 신앙심에 관한 나름의 독자적인 이론을 전개했다.* 우리는 종교 중독 문제를 파울러의 신앙 발달단계 이론에 비추어 새롭게 바라볼 수 있을 것이다.

파울러는 신앙 발달단계를 연령기에 맞춰 제시했다는 특징이 있다. 가장 첫 단계는 유아기로 파울러는 직관적-투사적 신앙 단계로 명명했다. 이 단계에서는 유아가 가장 밀접하게 관련된 성인들의 신앙을 보고 그 행동이나 분위기, 신화적 이야기, 의례에 강력하고 지속적으로 영향을 받는다. 이때는 아이들이 상상력이나 동화적 세계관을 바탕으로 신을 마법적이고 초자연적인 이미지, 기적을 행하는 존재로 떠올리는 것이 특징이다. 두 번째 단계는 학령기로 신화적-문자적 신앙 단계를 보인다. 이 단계의 어린이들은 귀납적이고 연역적인 사고가 가능하기 때문에 어른들이 가르쳐주는 신앙을 답습하는 신앙 행태를 보인다. 종교와 관련된 신화와 이야기를 문자 그대로의 진실로 받아들이는 신앙이 특징이다. 세 번째 단계는 청소년기로 종합적-인습적 신앙 단계에 진입한다. 이 단계는 앞서 배

---

* 콜버그의 도덕발달 이론에 관해서는 필자의 저서 『그 남자 그 여자의 지킬 앤 하이드(가연)』, 224 ~227 참고할 것.

운 신앙 안에 머무르는 인습적 신앙의 모습을 보인다. 그래서 신앙에 대해 진지한 고민을 하지 않는 성인들은 대개 이 단계가 그들의 최종 발달단계가 되기도 한다. 자신의 신앙체계를 직접 들여다보고 검토하기 위해 신앙 밖으로 나오는 이들은 다음 단계로 넘어갈 동력을 얻게 된다. 이 단계는 관습적이며 주로 사회적 세계를 유지하기 위해 올바른 일을 하거나 정체성을 제공하는 일과 관련이 있다.

네 번째 단계는 성년기로 개별적-반성적 신앙 단계다. 이 단계에 도달하는 이들은 자신이 배워온 신앙에서 더 이상 만족하지 않는 신앙인들로 과거 신앙을 반성하고 독립적인 깨달음을 추구하려고 노력한다. 그들은 기꺼이 영적 모험을 감수하기로 선택한다. 다섯 번째 단계는 중년기로 결합적 신앙 단계가 여기에 해당한다. 파울러는 이 단계를 일컬어 "일반적으로 인생의 중반기 이전에는 좀처럼 도달하기 어려운 단계"라고 말했다. 왜냐하면 이 단계로 성장하려면 신앙과 세계 사이의 모순을 조정해야 하기 때문이다. 이 단계의 신앙은 인지적인 복잡성이 특징이다. 신앙적 대상에 대한 믿음을 유지하면서도 모순되는 부분을 받아들일 수 있어야 한다. 마지막 단계는 노년기로 보편화된 신앙 단계에 도달한다. 마지막 몇몇 개인은 한 가지 종교의 표현이 요구하는 바를 넘어서 보편적인 수준의 정의와 연민, 사랑을 포용하는 신앙을 발전시킨다. 이런 신앙은 더 높은 이상을 실현하기 위한 극단적 개인 희생, 심지어 순교로까지 이어질 수 있다. 일반적으로 이 단계까지 올라서는 신앙인은 극히 드물며 역사적으로 마더 테레사나 예수, 간디, 마틴 루터 킹, 기타 성인들이 있을 뿐이다.

- 영아기 : 미분화된 신앙
- 유아기 : 직관적-투사적 신앙
- 학령기 : 신화적-문자적 신앙
- 청소년기 : 종합적-인습적 신앙
- 성년기 : 개별적-반성적 신앙
- 중년기 : 결합적 신앙
- 노년기 : 보편화된 신앙

에이브러햄 매슬로우는 인간이란 존재는 햇빛이나 칼슘, 사랑뿐만 아니라 종교나 신앙도 있어야 살아갈 수 있다고 말했다. 그는 이와 같은 종교적 욕구를 "자신과 주위 환경을 이해하기 원하는 인식적 욕구"라고 불렀다. 청소년기에 폭풍과 같은 회심을 경험하고 교회에 나가기 시작한 신앙인이 중년을 넘어 노년기로 가고 있는 중에도 여전히 인습적 신앙에 머물고 있다면 그의 종교적 욕구는 자라기를 멈추고 퇴행하고 있다고 봐도 무방하다. 종교중독이란 어떤 의미에서는 제때 성숙하지 못한 미발달된 신앙인의 몸부림일지도 모른다. 성인의 신앙에도 못 미치는 종교적 퇴행은 종교중독을 넘어 가히 공해 수준의 사회적 혐오와 갈등을 부추긴다. 이란의 고위 성직자(이맘)가 평소 옷차림이 헤프고 남자들과 무분별한 잠자리를 즐기는 여성들 때문에 알라의 저주로 유럽에 지진이 자주 발생한다고 말하는 것과 우리나라의 개신교 목사가 하나님을 믿지 않는 일본인들을 벌하기 위해 쓰나미를 내렸다고 설교하는 것이 무엇인 다른가?

땅을 부정하는
하늘의 은총은 없다

2018년, 전 국민들을 공분에 떨게 했던 사건이 방송에 보도되었다. 다름 아닌 인천의 모 개신교회를 담임하던 K 목사 때문이었다. 해당 탐사 프로그램은 같은 교회 남집사로 신앙생활을 해왔던 A는 자신이 18년을 애지중지 키워 온 아들이 자기 자식이 아니라 K 목사의 자식이었다는 사실을 깨닫고 교회 앞에서 피켓 시위를 벌이는 사연을 방송으로 내보냈다. 이 사연은 종교가 뒤틀린 관계를 어떻게 합리화하고 피해자의 삶을 파괴하는지 여과 없이 보여준다. A는 20여 년 전 교회 청년회에서 K 목사의 소개로 현재의 아내 B를 만났다. 둘이 알콩달콩 사랑을 키우다 K 목사의 주례로 백년가약을 맺었다. 슬하에 아들 하나 딸 하나를 두었다. 택시를 운전하며 생계를 이어가던 A는 교회 생활도 열심이었다.

그러던 어느 날 언젠가부터 A는 아내가 빈번하게 밤마다 교회에 간다는 사실을 알게 되었다. 전에는 원래 신앙심이 두터웠던 아내라 아무런 의심도 없이 지나갔던 부분이었다. 하지만 밤에 기도하러 가겠다고 나선 아내는 새벽 3시가 넘어서 집에 돌아왔다. "무슨 일인데 이렇게 오래 기도했어? 당신 무슨 걱정거리 있어?" "아냐, 신경 꺼." 아내는 퉁명스럽게 답하고 자기 방으로 들어가 버렸다. 벌써 둘 사이는 오랫동안 부부관계가 없었던 섹스리스 부부였던 차라 A는 더 이상 아내를 뒤따라 들어가지 않았다. 그러던 하루는 출근했던 A는 긴요한 물건을 가지러 집에 들어간 일이 있었다. 그런데 아내는 평소와 달리 매우 당황스러운 얼굴로 A를 맞았다. "웬일이야? 일하러 간 사람이." "놓고 온 물건이 있어서. 근데 왜 이렇게 놀래?" 더 의아한 건 아내가 아주 얇은 란제리만 입고 있었던 점이다. 안방으로 향하는 A의 등 뒤에 대고 아내는 마지못해 실토했다. "목사님이 오셨어." 들어가 보니 목사는 속옷차림으로 침대에서 일어나 주섬주섬 옷을 입고 있었다.

이때 A는 이상한 촉이 왔다고 한다. 이전까지 밤마다 교회로 갔던 아내의 행동과 자신에게 이유 없이 싸늘하게 대했던 태도까지 모든 게 퍼즐처럼 합을 맞추면서 이상하게 느껴졌다. 사실 A는 예전부터 아들에 관한 기괴한 소문으로 마음고생을 하고 있던 터였다. 어렸을 때는 몰랐는데 점점 자라면서 아들이 자신이 아닌 목사를 닮아가기 시작한 것이다. 어느 정도 닮은 게 아니라 아예 판박이였기 때문에 교인들조차 아들이 집사님을 닮지 않고 목사님을 닮았다며 입방아에 올렸다. 개중엔 목사님 아들 같다는 괴소문까지 돌았다. A 부부에게는 결혼 이후에 아이 소식이 없어 고민했던 기간이 있었고 아내의 임신을 빌려준다며 K 목사가 아내에게 개인적으로 안수기도도 해주는 등 어렵사리 얻은 소중한 아들이었다. 평소 그러한 아들을 너무나 사랑했던 A는 교회에서 도는 그런 흉측한 소문이 못내 불쾌하기까지 했다. 행여 아들이 들을까 노심초사하며 둘러대기 바빴다. "절 안 닮고 목사님 닮았으니 은혜죠, 뭐."

하지만 그날 그 사건을 계기로 A는 그간 모든 단서들이 정확하게 한 가지 사실을 가리키고 있다는 합리적 의심을 떨쳐낼 수가 없었다. 게다가 그 사건이 있은 지 얼마 안 가 지병으로 오랫동안 앓던 K 목사의 사모가 사망하자 아내 B는 노골적으로 A에게 이혼을 요구하고 나섰다. "이혼해 줘. 아이들은 내가 키울게." "왜 갑자기?" "이혼하는 데 이유가 중요해? 묻지 마." A는 애정은 식었어도 가정은 지켜야겠다는 일념으로 아내를 달래고 설득했지만 묻지마 이혼을 강행하겠다는 아내의 태도는 더 없이 완강했다. 결국 둘은 이혼 소송에 들어가고 말았다. 소송 과정 중에 A는 혹시나 하는 마음에 아들의 친자 확인 검사를 진행했고 결과는 K 목사의 친자일 확률이 99.99%가 나왔다. 청천벽력 같은 결과였다. 자신의 아들인 줄 알고 키웠던 그 모든 시간들이 하루아침에 신기루처럼 사라져버리고 말았다.

더 황당한 일들이 A를 기다리고 있었다. 사실관계를 추궁하는 A에게 아내 B는 뻔뻔스럽게 "불륜은 없었어. 내가 기도해서 낳은 자식이야."라는 말만 반복했다. 이런 발뺌은 협공으로 이뤄졌다. B가 이혼을 요구할 때쯤 K 목사는 갑자기 돌변해서 A를 교회에서 몰아냈고 교인들을 시켜 교회 주변에 얼씬도 못하게 했다. 이미 A는 K 목사를 추종하는 교인들로부터 집단 린치를 당하고 있는 상황이라 교회에 발을 들일 수도 없었다. 한 케이블 TV 방송국이 사건 관련 목사를 찾아 인터뷰를 신청했는데, 목사 역시 카메라에다 대고 이렇게 외쳤다. "기적이 일어났다는 거죠. 지금, 기적이 일어난 거죠." 옆에 있던 아내 B는 친자 확인 검사의 결과를 믿을 수 없다며 이렇게 거들었다. "하나님께서 주신 아들이에요. 이것만큼은 누가 뭐래도, 때려 죽여도 사실입니다."

어떻게 이런 일이 가능할까? 종교 논리로 K 목사의 권위를 절대화했기 때문이다. 종교 논리는 합리적 설명을 거부한다. 모든 논리는 목사나 교주 같은 종교적 권위를 가진 인물의 주장에 맞는 쪽으로 맞춰진다. 맞지 않는 논리나 사실은 모두 잠정적으로 틀린 정보라며 유예시킨다. 대표적인 확증 편향confirmative bias이다. 확증 편향에 매몰된 개인은 대개 자신이 옳다고 믿고 있는 것을 확인해주는 정보만 받아들이고, 자신의 믿음에 어긋나는 통계 수치나 사실관계 및 정보는 모두 잘못된 것으로 치부해 버린다. B 역시 그러했다. 그녀는 K 목사에게 점진적으로 그루밍을 당하면서 의존성을 키웠고, 상대방이 모든 이성적 판단을 통제했을 때 삶에서 오는 무력감과 박탈감을 절대적인 존재로 충당해버린 것이다.

물론 신은 그녀에게 너무 멀리 있는 존재였고, 신을 대리하는 K 목사가 모든 권위의 중심에 위치하게 된 것이다. 여기에는 목사의 초자연적인 신유 은사에 대한 신뢰도 한몫했을 것이다. K 목사는 30년의 목회 경력 동안 스스로 암이나 디스크, 아토피 같은 질병들을 기적적으로 치료했다며, B가 자신과 아무런 관계를 맺지 않고도 자신의 아이를 낳은 사건에 대해 "밖에서 볼 때는 이상하게 보일지 몰라도 믿는 성도들 사이에서는 지극히 정상적인 일"이라고 둘러댔다.

종교중독은 확증 편향으로 비롯된다

아내 B는 종교중독자로 볼 수밖에 없다. 자신의 모든 존재의 근거를 K 목사에게 걸고 있었다. 한 남자의 아내나 두 자녀의 어머니라는 위치에 대한 상기는 맹목적이고 비이성적인 신앙적 추종 앞에서 아무런 힘을 발휘하지 못했다. 그녀는 취재진과의 인터뷰에서 "이런 결과가 나와서 하나님께 죄송하죠. 그쪽에게는 미안한 마음이 눈곱만큼도 없어요."라고 말했다. 20년을 함께 살았던 남편 A를 '그쪽'이라고 불렀다. A는 억장이 무너졌다. 방송이 보도되던 시점에도 그는 주일 아침마다 자신이 20년 넘게 다녔던 교회 앞에서 피켓을 들고 1인 시위를 하고 있었다.

필자는 아내 B의 중독적 사고만큼이나 해당 교회 교인들의 행태에 주목했다. 그들은 자신들이 목회자로 섬기던 K 목사가 같은 동료 교인이자 여신도였던 B 집사의 아이를 임신시킨 장본인이라는 사실이 친자 확인 검사라는 과학적 결과물로 증명되었음에도 불구하고 목회자에 대한 신뢰와 존경을 거두지 않았다. 탐사 보도 프로그램이 확인한 결과, K 목사는 이번 사건 외에도 이전에 두세 건의 여신도 성추행 문제로 시비가 오갔던 인물로 현재는 교인들을 대상으로 수억대의 돈을 갈취한 사기 문제로 교도소에 수감되어 있다. 그럼에도 해당 교회 교인들은 주일이면 목사가 없는 교회에 삼삼오오 모여 K의 옥중서신을 대독하며 예배를 보고 있다. 여론이나 언론 등 외부의 박해(?)가 심해질수록 이들은 오히려 더 똘똘 뭉쳐 종교적 신념을 고수하고 있다. 앞서 언급했던 데이비드 코레시의 분파집단 역시 웨이코 사건으로 교주가 이미 사망하고 단체도 완전히 와해되고 말았지만 웨이코 사건에서 살아남은 몇몇 생존자들이 아직까지 텍사스에서 코레시의 부활과 재림을 기다리고 있다는 사실에서 알 수 있다. 대체 왜 이런 일이 벌어질까?

사회심리학자 레온 페스팅거Leon Festinger는 종교의 이런 속성과 종교인들의 확증 편향에 대해 연구했다. 그는 신도들의 믿음이 명백한 증거나 팩트에 의해 반증되었을 때 그들은 믿음을 처분하거나 폐기하지 않고 도리어 그 믿음에 대한 열정을 끌어올리고 광신적인 태도를 취한다고 말한다. 그 이유를 그는 인지부조화cognitive dissonance라는 개념을 통해 설명하며 신앙인들의 중독적 사고가 가능하기 위한 다섯 가지 조건을 다음과 같이 제시했다.＊

＊ 레온 페스팅거 외, 『예언이 끝났을 때(이후)』, 김승진 역, 12~13.

- 어떤 사람이 매우 깊은 확신을 가지고 무언가를 믿고 있어야 하며 그 믿음이 모종의 행동과 관련이 있어야 한다.
- 그가 그 믿음을 위해 자신에게 중요한 무언가를 확실하게 투자(헌신)했어야 한다. 즉 되돌리기 어려운 중대한 일을 그 믿음을 위해 행했어야 한다.
- 그 믿음은 충분히 구체적이어야 하고 현실 세계와 충분히 관련이 있어야 한다. 그렇지 않으면 "부인할 수 없는 명백한 반증"이 가능할 수 없기 때문이다.
- 그 믿음에 대해 "부인할 수 없는 명백한 반증"이 될 사건이 발생해야 하고, 그 믿음을 믿고 투자 행동을 했던 사람이 이를 인지해야 한다.
- 그 믿음을 가진 사람이 사회적 지지와 지원을 받을 수 있는 환경에 있어야 한다. 명백한 반증에 홀로 저항하기란 어려운 일이다.

위에서 첫째와 둘째 조건은 교인들이 특정 믿음을 포기하는 것에 대해 심리적인 저항성을 키우는 상황을 뜻한다. 이러한 심리는 매몰비용의 오류로도 설명할 수 있다. 지금까지 자신이 투자하고 헌신한 시간과 재물을 무효화하기에는 너무 큰 희생을 감당해야 하기 때문에 비록 그릇된 신앙이라 할지라도 폐기하지 않고 버티려는 관성을 갖게 된다. 셋째와 넷째 조건은 교인들이 믿음을 버리도록 압박하는 강력한 외부 압력들이 존재할 수 있는 상황을 의미한다. 일정한 임계점에 도달할 때까지 신앙은 유예되며 종교에 중독된 교인들에게 교리의 옳고 그름은 더 이상 의미를 잃게 된다는 것. 페스팅거는 이러한 다섯 가지 조건들이 충족되면 자신이 가진 믿음이 명백한 사실과 팩트에 의해 반증되었을 때에도 믿음을 버리지 않고 도리어 광신적 믿음에 매달릴 가능성이 크다고 말한다.

인지부조화

1950년대 사회심리학자 레온 페스팅거Leon Festinger에 의해 제시된 개념으로 두 가지 이상의 상반되는 믿음이나 신념이 충돌할 때, 또는 기존에 가지고 있던 신념과 반대되는 새로운 사실 정보를 접했을 때 개인이 갖는 정신적 스트레스나 인지적 차이를 뜻한다. 이렇게 불일치를 겪는 개인은 심리적 혼란을 줄이기 위해 기존의 신념을 합리화하거나 새로운 정보를 소거하므로 부조화를 탈출하려고 한다. 이때 인지부조화를 겪는 개인은 인지의 중요성과 비중에 따라 그 강도를 달리 하는데, 보통 충돌하는 가치관 사이에서 더 중요하다고 여기는 가치에 중점을 두게 되거나 불일치하는 요소가 차지하는 비중이 낮은 쪽으로 이동하려고 한다는 것. 레온 페스팅거는 자신의 책에서 19세기 미국에서 일어난 밀러운동Millerism을 대표적인 인지부조화의 사례로 든다. 우리가 익히 알고 있는 흔한 인지부조화의 사례로는 이솝우화 중에 '여우와 포도' 이야기가 있다.

"인식장애와 감정기억장애"

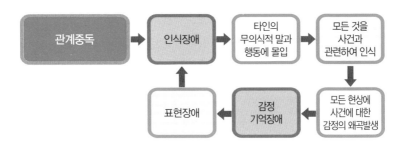

인간의 심리는 무엇인가를 인식하면 생각과 감정으로 발생한 현상과 함께 감정을 기억합니다. 기억된 감정은 지식과 지혜로 전환되기도 하지만 반대로 인식장애와 감정기억장애를 일으키기도 합니다. 인식장애와 감정기억장애는 무엇일까요?

- **인식장애**: 물은 물이고 산은 산이며 여자는 여자이고 남자는 남자입니다. 그러나 인식장애가 발생한 사람은 이성을 보면 성으로만 인식합니다. 이성과 연관된 모든 것을 성으로 연결하다 보니 성범죄나 외도가 발생하는 것입니다. 이처럼 인식장애는 일상생활에서 그 존재에 대한 이해를 있는 그대로 하지 않고 자신의 의도대로 인식하여 왜곡하는 상태를 말합니다.
- **감정기억장애**: 인간의 심리는 인식과 생각이 작용하면 자신의 가치 기준에 따라 받아들이기도 하고 거부하기도 합니다. 이 과정에서 감정을 기억하는 일이 일어나면서 이를 표현하게 되는데, 인식과 생각이 잘못되면 기억된 감정도 왜곡될 수밖에 없습니다. 잘못 기억된 감정에 스스로 확신을 갖게 되면서 인간관계를 파괴하는 상태를 감정기억장애라고 합니다.

이처럼 인식장애와 감정기억장애가 발생된 상태로 적절한 치유를 받지 않으면 파괴된 자아를 갖고 살아가게 됩니다.

출처: 마음구조이론(박수경, 2021)

❖ 빈얀 스텐(Jan Steen), 「매춘부(The Wench, 1660)」, 뮤제 데 로텔 산델린(Musée de l'Hotel Sandelin) 소장.

chapter **7**
—

관계의 구속은 감정의 바로잡음으로
자유로워질 수 있다

"밑바닥 경험은 내가 인생을 다시 건설하는 데 든든한 기반이 되었다."
—조엔 K. 롤링—

영화 「중독」은 관계중독에 관해 여러 가지 통찰력을 던져준다. 나는 이 영화를 대학원생들을 가르치며 시청각 자료로 활용할 만큼 기회가 있을 때마다 자주 언급한다. 특히 이 영화는 관계중독이 한 사람이 다른 한 사람에게 매달리는 일방적인 관계가 아니라 종종 서로가 서로에게 다른 방식으로 중독되어버린, 그래서 결국 쌍방이 뒤틀린 자기애의 발로라는 이해를 던져준다. 영화는 두 형제의 소소한 일상으로 시작한다. 호진과 대진은 둘도 없이 각별한 형제 사이다. 형 호진(이얼)은 목공으로 수제 가구와 인테리어 제품을 만드는 아티스트로, 동생 대진(이병헌)은 차의 엔진 소리만 들어도 가슴이 뛰고 피가 끓어오르는 카레이서로 등장한다. 형은 무대연출가인 은수(이미연)와 결혼해 달달한 가정을 꾸렸지만, 왠지 동생 대진은 여자에 통 관심이 없어 보인다. 좋다고 졸졸 따라다니는 여친 예주(박선영)는 시큰둥한 대진의 모습에 애간장이 타들어가지만 요지부동의 대진은 그녀에게 돌부처가 따로 없다.

그러던 어느 날, 관계의 평행선에 금이 가는 사건이 벌어진다. 형의 반대를 무릅쓰고 대진이 카레이싱 결승전에 출전하는 날, 공교롭게 형은 총알택시를 타고 가다가 대형 사고를 당하고, 동생은 트랙에서 앞서 사고가 난 차를 미처 피하지 못해 같은 시각 충돌 사고를 낸다. 둘 다 사고의 충격으로 의식을 잃고 누워 있기를 여러 달, 결국 형은 뇌사상태에 빠진다. 다행인 건 거의 1년이 다 지난 어느 날 기적적으로 동생 대진이 긴 잠에서 깨어난 것. 은수는 그런 대진을 극진히 간호한다. 마치 자신의 남편이라도 되는 것처럼. 그러던 어느 날 대진은 자신을 형이 빙의된 존재로 주장하기 시작한다. "난 대진이가 아니라 호진이야." 그의 황당한 말에 놀라는 것도 잠시, 깨어난 대진의 행동은 하나에서 열까지 너무 형 호진을 닮아 은수를 혼란에 빠트린다. 무뚝뚝하고 거친 사내였던 대진이 다정다감하게 음식을 만들고 섬세한 목공 작업을 하는 것을 보고 여친 예주도 혼란스럽기는 마찬가지였다. "정신 차려, 넌 대진이야. 내가 그토록 쫓아다녔던 대진이, 알았어?" 화도 내고 타일러도 보았지만 1년 만에 정신을 되찾은 대진은 끊임없이 자신을 호진으로 여긴다.

은수는 그런 그를 병원에도 데려가고 최면치료도 시켜보았지만, 어쩐 일인지 상태는 더 악화되어만 간다. 시간이 가면 갈수록 말투부터 취향, 사소한 습관, 조용한 성격에 이르기까지 모든 게 생전에 함께 한 이불을 덮고 살았던 남편의 그것과 너무도 흡사해지자 은수도 대진에게 설명할 수 없는 복잡한 감정을 느끼기 시작한다. 급기야 은수와 예주 사이에 대진을 두고 묘한 신경전을 벌이게 되고, 결정적으로 대진이 자신과 남편만 알고 있는 은밀한 추억과 사소한 에피소드까지 척척 맞추자 은수도 황당하기 그지없는 대진의 말을 점차 믿기에 이른다. 은수는 이제껏 쌓아온 견고한 벽을 서서히 허물고, 대진을 남편으로서 받아들이게 된다. 어쩌면 영영 잃을 뻔했던 사랑이기에 더욱 격정적인 사랑을 시작한 은수와 대진. 이어 둘은 깊은 육체적 관계를 갖게 되고, 급기야 은수는 그토록 바라던 아이까지 갖게 된다. 성관계는 오르가슴의 극치를 오가며 은수는 이제 대진과의 섹스 없이는 하루라도 살 수 없게 된다. 호진과 사이에서 느낄 수 없었던 충만한 관계에서 오는 행복감에 빠져 은수도 경계심을 완전히 풀고 대진을 진짜 빙의된 남편으로 여길 무렵, 우연히 공방에서 대진의 일기장과 자신을 몰래 찍어왔던 다량의 사진들을 보면서 이 모든 게 대진의 자작극임을 알게 된다.

영화는 처음부터 관객을 대진이 진짜 형 호진이 빙의된 것으로 믿게끔 몰고 간다. 스릴러물의 전형이다. 영화 중후반은 처음에 혼란스러워했다가 점차 확신으로 바뀌게 되는 은수의 시선에서 스토리를 풀어간다. 대진은 자신의 형수가 되기 전부터 은수를 사랑했다. 그는 죽어 백골이 되어버린 형의 인생을 대신 살아가면서까지 한 여자에게 집착한다. 바닷물에 형 호진의 유골을 뿌리며 대진은 혼잣말로 되뇐다. "형, 이제 내가 대신 형이 되어서 형수를 사랑할게." 영화는 죽음을 뛰어 넘는 대진의 집착을 그리는 것으로 끝나지 않는다. 영화의 진짜 반전은 대진의 아이를 임신한 은수의 마지막 행동에 있다. 그녀는 이 모든 일들이 자신을 탐하기 위한 대진의 빅픽처임을 알고도 이 상황을 깨지 않으려고 한다. 더 살갑게 대진을 대하는 그녀는 추악한 진실보다 동화 같은 판타지 속의 주인공으로 살아가기를 택한 것. 어쩌면 그런 그녀야말로 대진보다 더 관계중독에 빠진 환자가 아니었을까?

관계는 '너'였지만
감정은 '나'로 비롯된다

앞서 살펴보았지만, 관계중독의 치유는 열등감을 극복하고 자존감을 확립하는 데 있다. 사회에서 무능하고 잘 하는 것 하나 없는 백수가 일과 가정이 있는 직장인보다 관계중독에 더 취약할 수 있다. 열등감이 그의 발목을 잡고 있기 때문에 관계에 대한 자신감과 자존감도 덩달아 바닥을 치는 것이다. '나까짓 게 뭐라고….' 열등감을 가진 개인은 동시에 자기 수치심과 자기 연민을 내면화한다. 자기 수치심과 자기 연민은 사실 반대 정서임에도 치명적인 열등감은 당사자에게 양극적 심리를 심어놓는다. 열등감은 스스로 조성한 덫에 스스로 걸려드는 것과 같다. '어라, 누가 여기에 덫을 놓았지?'라고 생각하기보다는 오히려 스스로에게 '눈은 대체 왜 달고 다니는 거니? 이런 사소한 덫도 보지 못하고 말이야.'라고 자책한다.

명심해야 할 것은 때로 열등감은 외부에서 주어진 것일 수도 있다는 사실이다. 『뉴로맨서』를 쓴 미국의 소설가 윌리엄 깁슨William Gibson은 이에 대해 다음과 같이 말한다. "스스로 우울감이나 열등감에 젖어 있기 전에 당신이 실지로 열등감을 심어주는 인간들에게 둘러싸여 있지나 않은지 먼저 확인해라." 필요 이상의 열등감을 느끼는 상태라면 지금 자신이 어떤 사람들과 관계를 갖고 있는지 살펴보라는 조언이다. 상담심리학에서는 이렇게 주변에 부정의 씨앗을 뿌리고 다니는 사람을 소위 심리조종자manipulator라고 부른다. 이들이 흔히 쓰는 수법이 바로 가스라이팅이다. 가스라이팅은 현실 감각을 왜곡하고 잠식하는 데 효과가 있기 때문에 상대방의 심리를 조작하는 가장 음흉한 전술 중 하나다. 가스라이팅에 걸려들면 자신을 신뢰하는 능력을 갉아먹고 불가피하게 자신을 학대하기 때문이다. "내가 너를 아껴서 하는 말인데…." 마치 자신을 위하는 것처럼 전달된 조언은 독이 든 성배와 같다. 사실 그 사람은 당신의 안녕과 행복에는 아무런 관심이 없다. 그는 그저 당신의 심리를 조종하고 싶을 뿐이다.

영화 「여교사」는 이러한 심리조종자에 걸려든 한 유능한 여교사가 어떻게 스스로를 관계중독으로 몰아넣고 철저히 파괴하는지 적나라하게 보여준다. 남학교에서 과학을 가르치는 교사 효주(김하늘)는 수년 째 백수로 허송세월을 보내는 무능한 남편과 하루하루 힘겨운 삶을 살아간다. 학교에서는 교원평가다 뭐다 교사로서의 지위도 아슬아슬한 상태에서 퇴근하고 집에 오면 소파에 누워 과자를 우적우적 씹으며 TV나 시청하는 남편이 왜 요즘에 퇴근이 늦냐며 밥 달라고 바가지를 박박 긁는다. 정말이지 어디에 희망을 걸고 살아야 할지 막막하다. 그때 대학 후배 혜영(유인영)이 느닷없이 자신의 학교에 부임한다. 학교 이사장의 딸로 낙하산 채용에 전형을 보여준 것. 무엇보다 젊고 얼굴도 예쁜, 그래서 선생들과 학생들 사이에서 인기 만점인 그녀에게 효주는 부럽다 못해 질투를 느낀다. 그러나 자신이 맡을 예정이었던 정교사 담임 자리를 아버지 빽을 등에 업은 혜영이 치고 들어오자 효주는 깊은 열등감과 내면에서 솟아나는 '빡침'을 느낀다. "남고에서 미니스커트가 가당키나 하니?" 괜히 혜영의 옷을 가지고 열폭(열등감 폭발)을 하는 자신이 한심하게만 느껴진다.

그러던 어느 날, 효주는 정말 남부러울 게 없는 금수저 혜영이 발레를 전공하는 남학생 재하(이원근)와 겁도 없이 강당에서 사랑의 불장난을 벌이는 걸 우연히 목격하면서 이를 이용해 혜영의 심리를 갖고 놀기로 작정한다. "선생으로 제자와 그렇고 그런 짓을 하는 게 말이 돼?" 극도의 수치심을 일으켜 상대방을 농락하려는 여교사는 도리어 감정의 밑천을 드러낸다. 수치심과 질투가 일으킨 감정의 균열은 복수심과 어긋난 사랑 등으로 걷잡을 수 없이 번져나가고, 스릴러로 둔갑한 영화는 두 여교사가 벌이는 팽팽한 감정싸움을 통해 심리조종자의 기괴한 자기변명을 여과 없이 보여준다.

1) 수치심에서 벗어나기

마크 트웨인Mark Twain은 "인간은 얼굴을 붉히는 유일한 동물"이라고 말했다. 만물의 영장 인간이 동물의 왕국에서 수치심을 느끼는 유일무이한 존재라는 의미일 것이다. 수치심은 그리 유쾌한 감정이 아니다. 『성서』를 보면, 최초의 인류가 죄를 짓고 타락하면서 처음으로 부끄러움과 수치심을 느꼈다. 아담과 이브가 완전했을 때 벌거벗었지만 서로 부끄러워하지 않았던 것과는 대조를 이룬다. 결국 수치심은 자신의 결함과 부족, 잘못을 발견했을 때 내면에서 일어나는 고통스러운 감정인 셈이다. 이러한 수치심은 일시적인 감정이 아니라 내면에 자리 잡아 성격장애를 유발할 수 있고 자신에 대한 부적절감과 무능감, 열등감, 자괴감, 박탈감을 느끼게 된다. 내면화된 수치심은 관계중독이 발생하는 숙주로써의 역할을 한다.

존 브래드쇼는 평생 수치심을 천착한 심리학자로 알려져 있다. 그는 수치심을 해결하지 않고서는 강박장애와 자아분열, 성격장애와 중독 문제를 해결할 수 없다고 말했다. 브래드쇼는 건강한 수치심healthy shame과 해로운 수치심toxic shame을 구분하고 건강한 수치심은 우리의 한계를 알려주는 정상적인 감정이라고 말한다. 완벽한 사람이란 없다. 완벽을 추구하는 것과 완벽한 것은 전혀 다르다. 불완전한 인간은 능력의 한계와 무지, 부족 때문에 수치심을 느낀다. 자신의 부덕을 부끄러워하고 남의 옳지 못함을 미워하는 수오지심羞惡之心은 양심 있는 인간, 수양을 이룬 인간이 갖는 자연스러운 마음가짐이다. 부덕과 부족을 발견하고 이를 해결하려는 노력은 부끄러움의 감정이 주는 긍정적인 힘이다.

이러한 건강한 수치심은 보통 아기가 15개월에서 3세까지 정상적인 가정과 건강한 환경 속에서 자랄 때 자연스럽게 발달한다. 브래드쇼는 에릭슨의 발달단계를 끌어들여 설명하면서 아기가 세상의 다양한 자극을 받아들이고 새로운 정보들을 학습하는 시기와 겹친다고 말한다. 결국 수치심은 배움의 원칙이 된다. "건강한 수치심은 우리가 한계가 있는 존재로써 완전한 존재가 아니라는 것을 알려준다. 이 건강한 수치심으로 말미암아 우리는 호기심을 가지고 새로운 정보에 대한 탐험과 알지 못하던 일들을 배울 수 있게 되는 것이다."[*]

건강한 수치심	해로운 수치심
healthy shame 정상적인 성장 과정에서 얻어짐 삶에 긍정적인 영향을 미침 실수와 잘못을 인정하는 자세 적당한 도덕주의를 추구함 '난 나아질 수 있어.'	toxic shame 실패적인 성장 과정에서 얻어짐 삶에 부정적인 영향을 미침 실수와 잘못을 부정하는 자세 지나친 도덕주의를 지향함 '난 가망이 없어.'

건강한 수치심과 해로운 수치심의 비교

반면 해로운 수치심은 우리의 정신을 부정적인 감정으로 물들이는 독극물이다. 해로운 수치심은 자신의 부족과 결함을 발견하고 이를 해소하기 위해 노력하도록 부추기기보다는 자신을 책망하고 정죄하는 방식으로 이끈다. 해로운 수치심은 이러한 결함이 영구적이며 이를 절대 해결할 수 없으며 자신의 삶에 지속적으로 영향을

[*] 존 브래드쇼, 『수치심의 치유(사단법인 한국상담심리연구원)』, 김홍찬, 고영주 역, 24.

미칠 것이라고 속단하게 만든다. 만약 결함이 영구적이고 개선할 수 없다는 잘못된 전제가 받아들여지면, 부정적인 자아상이 만들어지고 이를 다른 대리물로 채우려는 중독이 발생한다. 해로운 수치심의 치명적 영향은 한 사람의 영혼을 질식시켜버릴 만큼 유독하다. 그래서 심리학자 앨리스 밀러Alice Miller는 수치심을 두고 '영혼 살인soul-murder'이라고 부른 것이다.

브래드쇼는 해로운 수치심이 모든 중독의 뿌리라고 말한다. "신경증적인 수치심은 모든 중독과 강박적 행동의 근본적인 원인이다. … 사람들을 중독으로 몰아가는 중심에 깔린 생각은 자신이 열등하고 불안정한 사람이라는 생각이다. 그래서 이 생각을 달래 보고자 일과 쇼핑 또는 도박을 통해 몰두하여 잠시 잊으면서 순간적인 만족을 구하려 든다. 모두 정도에서 넘어서서 일중독자는 일에서, 알코올중독자는 술에서, 애정에 중독된 사람은 애정 행각에서 각자 즉각적인 위안을 얻으려 든다. 하지만 이 모든 것은 내면의 불만족을 보상받으려는 행위이며 이에 따른 결과는 오히려 그 전보다 더 비참해지며 수치심의 정도가 더 깊어질 뿐이다."* 결국 수치심을 극복하기 위해서는 현실을 수용, 인정하고 자신의 내면에 더 관

---

* 존 브래드쇼, 『수치심의 치유(사단법인 한국상담심리연구원)』, 김홍찬, 고영주 역. 33.

심을 갖고 삶에 변화를 모색하는 노력이 필요하다.

수용	• 수치심을 인정하고 수용하기 • 자신의 감정에 보다 솔직해지기 • 수치심의 뿌리가 어디에 있는지 확인하기
관심	• 나를 사랑하는 법을 배우기 • 나에게 필요한 관계를 분별해내기 • 건강한 수치심과 해로운 수치심을 구분하기
변화	• 회복탄력성을 확보하기 • 잘할 수 있는 것들을 하기 • 주변에 심리조종자를 멀리하기

수치심에서 벗어나는 세 가지 원칙

2) 나르시시즘에서 벗어나기

흔히 나르시시즘이라 부르는 자기애에 관한 심리학적 연구는 지그문트 프로이트에 의해 처음 시작되었다. 나르시시즘은 그리스 신화에 등장하는 물에 비친 자기 모습에 반해 빠져 죽은 나르키소스라는 인물에게서 유래한 용어다. 프로이트는 1914년 나르시시즘에 관한 논문을 발표하면서 본격적인 자기애 연구의 문을 열었다. 프로이트는 자신의 논문에서 나르시시즘이 유아가 자신과 대상을 구분할 능력이 없는 상태에서 나타나는 감정이라고 말했다. 이를 프로이트는 일차적 나르시시즘primary narcissism이라고 했다(자아-리비도 관계). 인지 기능이 발달하면서 대상을 인식하게 되면 유아는 점차 자기애를 대상으로 옮겨가게 되는데, 이 과정에서 유아는 대상에 대한 사랑과 집착을 일으키게 된다. 보통 정상적인 발달단계를 거치는 유아는 자기 안에 머물러 있는 리비도와 대상을 향하는 리비도 사이의 균형감각을 유지하는데 반해, 비정상적인 발달단계를 거친 유아는 균형을 유지하지 못하게 된다. 이렇게 되면 대상으로 향하던 리비도가 다시 자기에게 되돌아오게 되는데, 프로이트는 이를 이차적 나르시시즘secondary narcissism이라고 했다(대상-리비도 관계). 이후 성인이 되어서도 자신이 애정을 쏟았던 타인에게 배신이나 거부를 당했을 때 유아기 때 그랬던 것처럼 대상에 대한 리비도를 거두어 자기 자신에게 되돌리게 되는 퇴행적 나르시시즘을 겪게 된다.

이후 1960년대 심리학자 하인츠 코헛Heinz Kohut은 자기심리학을 제시하면서 나르시시즘을 다시 연구했다. 코헛은 환자들을 치료하면서 프로이트가 말했던 나르시시즘 이론이 잘 들어맞지 않는다는 사실을 깨달았다. 프로이트가 말했던 기존의 해석 방식으로는 도무지 그들을 분석할 수 없었던 것. 그는 나르시시즘이 자아와 대상 사이의 갈등에서 오는 것이 아닌 자기 자신의 결핍에서 오는 것이라는 사실을 깨달았다. 코헛은 자기심리학self psychology이란 공감적 방법론을 가지고 내담자를 지적하거나 가르치려 들지 않고 내담자의 말을 공감적으로 경청하여 심리를 명확하게 보여주고자 했다. 그는 나르시시즘을 프로이트가 설명했던 기존 방식처럼 대상-리비도에서 자아-리비도로 퇴행하는 병리적 나르시시즘이 아닌 일차적 나르시시즘에서 보다 성숙한 형태의 긍정적 나르시시즘이 있음을 주장했다. 그에게 이러한 나르시시즘은 건강한 자기 존중이며 긍정적인 자기 사랑인 셈이다. 코헛은 이러한 자기애를 통해 개인의 성숙과 창의성, 자기실현에 대한 욕구를 갖게 된다고 보았다. 프로이트의 미성숙한 유아적 나르시시즘이나 병리적 나르시시즘이 아니라

나르시시즘을 연구한 지그문트 프로이트(좌)와 하인츠 코헛(우)
(출처: google.com)

개인의 성장과 행복을 위해서라면 건설적인 나르시시즘은 반드시 필요하다고 보았다.

1968년, 코헛은 자신에 대한 지나친 애정으로 빚어진 병리적인 나르시시즘이 자기애성 성격장애NPD; Narcissistic Personality Disorder로 발전할 수 있다고 경고했다. 이러한 성격장애를 가진 사람들은 관계에 있어 자기 자신 밖에 모르며 끊임없이 사랑과 존경을 요구하려고 한다. 우주의 중심이 자신이며 옳고 그름보다는 좋고 싫음에 의해 모든 일들과 사물들을 판단한다. 당연히 타인에 대한 공감이 결여되어 있으며 상대방을 자신이 원하는 방향으로 통제하고 지배하려고 든다. 일반적인 사람들은 처음에는 이러한 나르시시즘을 가진 사람에게 신선한 매력과 카리스마를 느끼고 선뜻 관계를 맺었다가도 지나친 자기애에 질려 금세 관계를 깨고 달아난다. 그렇지 못한 사람들은 관계중독에 빠지게 된다.

심리학자 배르벨 바르데츠키Barbel Wardetzki는 이러한 나르시시즘이 관계중독의 진앙지라고 말한다. 건강한 나르시시스트라면 자존감에 상처 받는 일이 생겨도 지나치게 비하를 하거나 자기 과시를 하지 않겠지만, 병적인 나르시시스트라면 극단적인 감정 기복을 보이며 고도의 공격성과 편집증적 행동을 보인다. "나르시시즘에 빠진 남성과 연인 관계인 사람 중 대부분은 비관적인 감정에서 빠져나오지 못한다. 이런 사람들은 사랑에 고통이 따른다고 믿는다. 연인 관계를 지속하면서 마음에 상처를 입고, 상대에게 거부당하며 모멸감을 느끼고, 이별과 재결합을 반복하는 건 어쩔 수 없다고 생각한다. 심하게는 언어폭력이나 성폭력을 감내하는 경우도 있다. 어린 시절에 이런 비정상적인 관계를 경험한 적이 있다면, 성인이 되어서도 인간관계를 맺을 때 영향을 받는다. 그리고 이런 성향은 그 사람의 사고방식을 결정한다. 이런 사람은 사랑이 시작되면 이전까지 간절하게 원했지만 이루지 못했던 것들을 모두 연인과의 관계 속에서 충족하려고 한다. 그리고 이런 생각은 극심한 고통의 원인이 된다. 이들이 바라는 건 결코 충족될 수 없기 때문이다."[※]

건강한 자기애	해로운 자기애
healthy narcissism	pathological narcissism
건강한 자기 사랑	자기애성 성격장애
자기실현에 필수적인 에너지	대상을 통제하려는 에너지
건전한 관계를 이끄는 동력	관계중독을 낳는 주범

건강한 자기애와 해로운 자기애의 비교

※ 배르벨 바르데츠키, 『사랑한다고 상처를 허락하지 마라(다산초당)』, 한윤진 역, 193.

나르시시스트는 자신이 의식하든지 의식하지 않든지 앞서 말한 심리조종자로 친구와 지인들의 감정을 파고든다. 처음에는 간단한 조언과 제안으로 시작된 관계는 점점 수위가 올라가 은근한 경멸과 협박으로 발전한다. 상대가 생각할 시간을 주지 않고 재촉한다. "너 지금 생각 잘 해. 이번이 마지막이야." "지금 해도 늦었어." 심리조종자는 사람들이 갖고 있는 세 가지 두려움을 자극하는데, 자신이 무능한 사람으로 보이는 것에 대한 두려움, 남에게 마음의 상처를 주는 것에 대한 두려움, 남에게 거절당하는 것에 대한 두려움이 그것이다. 심리조종자는 특유의 자신감과 당당함을 무기로 열등감과 수치심에 젖어 있는 대상을 먹잇감으로 사냥하듯 공격한다. 바르데츠키는 특히 주의해야 할 나르시시스트(심리조종자)의 열한 가지 유형을 다음과 같이 제시했다.※

※ 배르벨 바르데츠키, 『사랑한다고 상처를 허락하지 마라』, 295~304페이지를 참고.

성공한 사람	성공이 자기 과시적 성향을 주면서 주변의 선망과 사회적 지위, 돈과 권력에 맛을 들이며 나르시시즘에 빠지는 유형
유혹하는 사람	업무 스트레스와 부담감, 압박감에서 벗어나 휴식을 취하기 위해 성적 일탈을 감행하는 유형
어디서나 주목받는 사람	타고난 익살꾼이나 엔터테이너 기질이 있어 타인을 들었다 놨다 하는 유형
후원해주는 사람	상대보다 우월한 입지를 견고히 하면서 추종을 얻으려고 도움과 조언을 일삼는 유형
착취하는 사람	상대의 손해와 피해는 생각하지 않고 오로지 자신의 이득만 챙기면서 상대를 착취하려는 유형
아무것도 가진 것이 없는 사람	엄마 품에 안긴 아기처럼 상대로부터 자신의 행복과 안녕을 책임져달라는 유형
겉보기만 그럴듯한 사람	실제로 전혀 그렇지 않으면서 설득의 기술을 가지고 겉으로 과시하는 걸 좋아하는 유형
충동적이고 불안정한 사람	감정 기복이 심해서 결과를 고려하지 않고 그 순간 기분과 충동에 따라 행동하는 유형
순응하는 사람	비판과 충돌을 피하려고 자신의 의사와 감정을 숨기고 상대의 마음에 드는 일이면 뭐든지 하려는 유형
까다로운 사람	상대에게 부족을 느끼며 언제나 많은 것을 요구하고 절대 만족을 모르는 유형
폭력적인 사람	폭언과 폭력으로 상대를 위협하고 자신의 힘을 통해 두려움을 줘서 상대를 지배하고 제어하려는 유형

나르시시스트는 열등감의 근원을 상대방에게 투사_{projection}하는 전략을 종종 쓴다. 투사는 누군가의 부정적인 행동과 특성을 다른 사람에게 돌림으로써 책임을 대체하기 위해 사용되는 방어체계다. 겉으로는 공감과 연민을 주는 척 하지만, 사실 나르시시스트는 모든 문제의 책임을 상대방에게 던지고 있는 셈이다. 악랄한 나르시시스트는 주변의 문제를 일반화한다. 흑백논리로 무장한 그는 상대의 고민을 단순화하여 도리어 문제의 본질을 흐리게 만드는 수법을 동원한다. 그런 심리조종자들과 대화를 나누다 보면 언제나 생각이 명료해지고 문제가 단순해진다고 착각하게 되는 지점을 주의해야 한다. "너랑 이야기하면 언제나 문제가 쉽게 풀려." 그런 느낌은 대부분 착각에 불과하다.

때로 상대가 자신이 원하는 대로 움직여주지 않을 때, 나르시시스트는 아무 주의도 주지 않고 대화의 본질을 흐리거나 목표를 바꾸어 버리는 전략을 쓴다. 소위 '골대 옮기기' 전략이다. 자신의 논리적인 오류가 들통 나거나 상대가 자신의 생각과 맞지 않는 증거들을 들이대면 심리조종자는 부드럽게 이야기 주제를 바꾸어 버린다. 그때 종종 사용하는 수법이 다른 사람의 검증되지 않은 평가를 끌고 들어오는 것이다. 나르시시스트들이 사용하는 가장 현명한 방법 중 하나는 다른 사람의 부정적 평가에 상대의 주의를 집중시키는 것이다. "아무개는 너에 대해 이렇게 말하던데?" 사실 전혀 입증되지 않은 이야기, 심지어 즉흥적으로 지어낸 말에 불과하다. 똑똑한(?) 고도의 심리조종자는 일단 상대에게 이렇게 말을 해놓고, 뒤로 가서 3자에게 자신이 했던 말을 유도해내기도 한다. 이들에게 벗어나는 방법은 이러한 성향을 가진 나르시시스트들을 빠르게 '손절'하는 것밖에 없다.

회복탄력성과
마음치유

중독을 털어내는 마음치유의 완성은 회복탄력성에 있다. 회복탄력성resilience이란 무엇일까? '(도로) 튀어 오르다.'라는 뜻의 영단어 리질리언트resilient에서 유래한 회복탄력성은 한 개인이 인생에서 크고 작은 다양한 역경과 실패를 겪을 때 깨어지거나 부서지지 않고 본래의 자신으로 되돌아갈 수 있는 심리적 복원력을 말한다. 이해를 돕기 위해 머릿속에 고무공과 유리공을 각각 떠올려보자. 먼저 고무공을 야구배트로 힘껏 치면 어떻게 될까? 찌부러지지만 터지지는 않을 것이다. 배트와 충돌한 고무공은 금세 튕겨져 나가며 원래 형태로 되돌아간다. 반면 유리공을 배트로 치면 어떻게 될까? 대번 박살이 날 것이다. 원래 형태로 복원되기는커녕 형체를 알아볼 수 없을 정도로 산산이 부서진다. 이럴 경우, 고무공은 회복탄력성이 있고 유리공은 회복탄력성이 없다고 말할 수 있다.

원상복귀의 마법, 중독 치유의 완성

사람도 마찬가지다. 고무공과 같은 사람은 외부의 충격이 와도 금세 제자리를 찾아가지만, 유리공과 같은 사람은 잠깐의 고비와 난관에도 와장창 깨지고 만다. 회복탄력성은 처음에는 아동정신의학과 발달심리학에서 논의되던 개념이었다. 앞서 말한 볼비의 연구에서처럼, 아동정신의학에서는 어린 시절 부정적인 경험이 성인기에 정신 질환을 일으킨다고 가정했다. 그렇다고 회복탄력성이 단순히 성장 배경으로 결정되는 건 아니다. 미국 미네소타대학의 노먼 가르메지Norman Garmezy와 엘리엇 로드닉Eliot Rodnick은 정신분열증을 연구하다가 놀라운 사실을 발견했다. 그들은 연구를 통해 회복탄력성을 가진 환자들은 그렇지 않은 이들보다 빠르게 병을 극복하고 원만한 관계로 복귀했는데, 회복탄력성이 그들의 어린 시절 경험과 관련이 적다는 사실을 밝혀냈다. 전쟁이나 강제수용소 감금, 성적 및 신체적 학대, 부모의 약물 남용 등 가장 끔찍한 상황에 노출되었다 하더라도 이들의 회복탄력성은 무시할 수 없을 정도로 놀라웠다. 볼비의 주장과 달리, 50~70%의 아이들이 위험요인과 스트레스 요인들을 극복하고 정상적인 성인으로 성장했던 것이다. 가르메지는 회복탄력성을 중대한 스트레스 요인에 노출되더라도 이를 극복할 수 있는 가장 강력한 역량이라고 지적했다.

회복탄력성

영어 resilience의 번역어로 심리학이나 정신의학, 경제학 등 다양한 분야에서 연구되는 개념이며, 한 개인이 문제나 시련에 직면했을 때 이를 극복하고 다시 본래의 자신으로 돌아갈 수 있는 탄력성 내지 회복력을 일컫는다. 마치 고무공처럼 인생의 바닥을 치고 다시금 위로 올라올 수 있는 힘, 문제를 회피하거나 부인하지 않고 직접 극복해내는 마음의 근력을 의미한다. 본래 회복탄력성은 심리학에 앞서 생태학에서 시작된 개념이다. 생태계가 외부의 변화나 파괴에 어떻게 반응하며 최적의 상태를 유지하는가를 가리키던 지표의 하나였다. 이제 회복탄력성은 심리학과 교육학을 넘어 최근에는 경제학이나 도시 건축, 커뮤니케이션 분야에서도 주목받을 만큼 널리 유행하고 있다.

미국 컬럼비아대학 심리학자인 조지 보나노George Bonanno는 모든 사람에게 동일한 스트레스 대응 시스템이 있는데, 이는 수백만 년에 걸친 인류의 진화 과정을 통해 만들어진 것이라고 주장한다. 그는 자신의 책 『슬픔 뒤에 오는 것들』에서 이 회복탄력성을 잘 활용하는 사람은 그렇지 않은 사람보다 사건을 바라보는 인식이 전혀다르다고 주장한다. 그는 이를 PTE, 즉 '잠재적 트라우마성 사건

회복탄력성의 중요성을 말했던 노먼 가르메지(좌)와 조지 보나노(우)
(출처: google.com)

Potentially Traumatic Event'이라고 불렸는데, 일상의 재앙들이 사실 그렇게 트라우마로 '받아들인' 인식 때문에 상처로 남는다는 것이다.※ 어떤 사건은 우리가 그것을 커다란 충격적 재앙이라고 부르기 전까지는 트라우마를 일으킬만한 큰 사건이 아닌 경우가 많다. 특정한 사건 자체에 트라우마가 내재되어 있는 게 아니다. 도리어 사람들이 사건을 심리적으로 재구성하는 과정에서 트라우마가 발생한다. 결국 긍정적 인식을 통해 문제를 해결한 이들은 치명적인 사건을 경험하고도 원상태로 회복하는 기간이 매우 짧았고 꾸준히 높은 회

※ 조지 보나노, 『슬픔 뒤에 오는 것들(초록물고기)』, 박경선 역, 102.

복탄력성을 유지했다.

전 세계적인 소셜 네트워크 서비스 플랫폼인 페이스북의 최고운
영책임자 셰릴 샌드버그Sheryl Sandberg는 자신의 책『옵션 B』에서 회
복탄력성에 대해 말했다. 급성심장부정맥으로 남편을 잃고 절망
가운데 허우적대고 있을 때, 샌드버그는 심리학 박사 애덤 그랜트
Adam Grant와 상담을 통해 회복탄력성의 필요성을 인식했다. 그녀
는 마틴 셀리그먼Martine Seligman을 인용하며 회복탄력성을 방해하는
3P가 우리 뇌 속에 있다고 말한다. 첫 번째 P는 '내가 자초한 거야.'
역경의 원인을 자기 자신의 탓으로 돌리는 개인화personalization이며,
두 번째 P는 '난 망했어.' 그 역경이 삶의 모든 영역에 영향을 미칠
것이라고 두려워하는 침투성pervasiveness이고, 세 번째 P는 '끝까지
고통 받을 거야.' 그 역경의 결과가 삶에 영원히 이어질 것이라고
짐작하는 영속성permanence이다.

무엇보다 개인화는 문제를 야기한 다른 외부적 요인들을 고려하
는 대신, 문제가 나한테 있다고 생각하는 것이다. 물론 나에게 문제
가 없을 순 없다. 하지만 외부 요인들 또한 부정할 수 없다. 과도하
게 자신에게 모든 비난의 화살을 돌리는 대신, 다른 요인들을 추가
하므로 마음의 부담감을 어느 정도 희석시킬 수 있다. 침투성은 나

쁜 상황이 삶의 한 영역에서만 일어나는 게 아니라 삶의 모든 영역에 영향을 미친다고 생각하는 것이다. 내 삶이 어느 곳 하나 손댈수 없을 정도로 온통 뒤죽박죽이어서 구제불능이라고 여길 때 보통 사람들은 자포자기의 수순을 밟는다. 일시적으로 관계중독에 빠졌더라도 삶의 다른 부분들은 여전히 건재하다고 느끼는 사람은 더빨리 문제를 해결하려는 의지를 갖는다. 영속성은 나쁜 상황이 영원히 지속될 것이라고 생각하는 경향성이다. '자고 일어나면 좋아질 거야.' 좌절을 일시적인 것이라고 생각하는 사람들은 미래를 위해 받아들이고 적응하는 회복탄력성을 높일 수 있다.

	before	after
개인화	"난 구제불능이야." "나한테 모든 문제가 있어."	"내 탓이 아니야."
침투성	"이 일 때문에 직업도 갖지 못할 거야."	"그럼에도 불구하고 곧 직업을 가질 수 있을 거야."
영속성	"난 평생 이러고 살겠지."	"난 이 문제를 해결할 수 있을 거야."

회복탄력성을 높이기 위해 떨쳐내야 할 사고방식

어떻게 관계중독에 회복탄력성을 적용할 수 있을까? 정신적 회복을 수치화하는 것이 때로 중독을 극복하는 데 도움이 되기도 한다. 우리나라에도 KRQ-53라고 해서 청소년들을 대상으로 회복탄력성지수Korean Resilience Quotient를 활용한 프로그램이 성행하고 있다. 한국 실정에 맞게 만들어진 KRQ-53는 53개 문항으로 구성되어 있는데, 이를 통해 자기절제력과 대인관계, 긍정성이라는 세 가지 요소를 분석하여 개인이 얼마나 회복탄력성을 갖고 있는지 간단히 확인할 수 있다. 더불어 우리는 세 가지 요소를 강화하여 회복탄력성을 키울 수 있는 토대를 마련할 수 있다. 구체적으로 다음 장에서 세 가지 요소들을 살펴보자.

자기절제력, 대인관계, 긍정성은 회복탄력성의 핵심 요소다

관계 속의 감정 이전에
마음과 의식의 감정을 알아야 한다

앞에서 회복탄력성을 높일 수 있는 세 가지 요소로 자기절제력과 대인관계, 긍정성을 언급했다. 대인관계와 긍정성은 이전 장에서도 여러 번 다루었지만 자기절제력에 대해서는 구체적으로 살펴보지 못했다. 자기절제력self-control은 무엇일까? 자기절제력 하면 한국인들은 대번 마시멜로 실험을 떠올린다. 마시멜로 실험은 미국 스탠퍼드대학 심리학교수였던 월터 미셸Walter Mischel이 미취학 아이들의 자기절제력과 만족지연력delay of gratification을 알아보기 위해 1972년 실시한 실험을 말한다. 실험 내용은 모두가 아는 바와 같다. 선생님이 4살 된 아이들에게 마시멜로를 보여주고 당장 먹지 않고 기다리면 돌아와서 한 개를 더 주겠다고 말하고 실험실을 나간다. 선생님이 돌아올 때까지 참았던 아이들과 그렇지 않은 아이들로 나뉘었는데, 이들을 추적 조사한 결과 마시멜로를 먹지 않고 참은 아이일수록 그렇지 못한 아이들보다 대학입학시험에서 높은 성적을 거두었다는 내용이다.

자기절제력에 대해 흥미로운 실험을 진행한 다른 학자로는 미국의 사회심리학자 로이 바우마이스터Roy F. Baumeister가 있다. 그는 자신의 책『의지력의 재발견』에서 오늘날 현대인들은 그 어느 때보다 많은 유혹에 시달리고 있다고 주장한다. 맥주 광고를 보면 당장에라도 한 잔 시원하게 비우고 싶고, 누가 TV에서 라면이라도 먹는 걸보면 여지없이 입안에 군침이 돈다. 이처럼 보통 하루 4시간은 자신의 욕망과 싸우는 현대인들에게 섹스나 쇼핑, 음식에 대한 욕구를 억누르는 데 자기절제력은 필수가 되었다는 것. 물론 이런 1차적 욕구뿐만 아니라 감정과 생각, 행동을 조절하고 상황에 맞게 언행을 맞추는 것 역시 자기절제력의 한 부분이다. 자기를 조절하고 절제할 수 있는 능력이 있는 사람은 그만큼 대인관계에서 유리한 위치에 있을 수 있지만, 자기를 적절히 절제하지 못해 자주 꼭지가 돌거나 이성을 잃는 사람은 남들에게 괜히 '실없는 사람' 내지 '믿지 못할 사람'으로 비처지게 된다.

"자기절제를 잘하는 사람은 대체로 콘돔을 사용하고, 흡연이나 군것질 혹은 지나친 음주 같은 습관을 피하는 경향이 있다. 건강한 습관을 정착시키는 데는 의지력이 필요하며—의지력 강한 사람이 이러한 습관을 잘 지키는 이유이기도 하다—일단 습관이 자리 잡으면, 그 다음부터는 특히 어떤 부분에서 삶이 순조롭게 흘러갈 수 있다. … 또한 자기절제력은 정서적인 부분(행복감, 건강한 자존감, 우울증 극복)이나 가까운 친구, 연인 혹은 친척과의 관계에서 상당히 긍정적으로 작용했다. 하지만 가장 큰 효과는 학교나 직장에서의 성취도에서 나타났는데, 이는 우수한 학생이나 직장인이 대체로 좋은 습관을 갖고 있다는 사실을 다시 한 번 확인해준다. 졸업생 대표가 될 수 있는 모범생은 큰 시험이 있기 전에만 밤샘 공부를 하는 학생이 아니라 학기 내내 공부에 열중하는 학생이다. 오랜 시간에 걸쳐 성과를 이뤄낸 직장인은 장기적으로 성공할 확률이 더 높다."*

바우마이스터는 자아고갈ego depletion이라는 개념을 통해 자기절제력의 네 가지 요소로 표준과 동기부여, 모니터링, 의지력을 들었다. 여기서 자아고갈은 자신의 생각과 느낌, 행동을 제어하는 능력

---

* 로이 F. 바우마이스터 외, 『의지력의 재발견(에코리브르)』, 이덕임 역, 203.

회복탄력성의 중요성을 말했던 노먼 가르메지(좌)와 조지 보나노(우)
(출처: google.com)

이 소진된 상태를 말한다. 자아고갈이 오면 자기절제력을 발휘할
수 없게 되므로 의지력은 약화되고 중독에 대한 갈망은 더 강해진
다. 특히 자기절제력 중에서 의지력의 중요성은 더 크다. 바우마이
스터는 의지력을 크게 네 가지 범주로 나누었는데, 생각 조절, 감정
조절, 충동 조절, 수행 조절이 그것이다. 필자는 이 네 가지 조절이
관계중독을 벗어나는 데 도움을 줄 수 있는 마음의 디딤대가 된다
고 생각한다. 무엇보다 스스로를 심각하게 괴롭히는 중독적 사고를
먼저 조절하는 것이 첫 번째 일이다. 그 다음 감정을 다스리고 조절
할 줄 알아야 하고, 불쑥 올라오는 충동에 대처할 수 있어야 한다.
충동은 사실 제어할 수 없다. 적절히 그리고 바람직하게 대응할 수 있을 뿐이다. 마지막으로 내가 하고 있는 일에 대해 조절할 수 있어야 한다. "마지막으로, 연구자들이 수행 조절이라고 부르는 범주가 있다. 현재의 일에 에너지를 집중해 속도의 정확성을 기하고, 시간 관리를 잘하며, 그만두고 싶을 때도 인내심을 발휘하는 것이다."[*]

- 생각 조절: 부정적인 생각을 제거하는 일
- 감정 조절: 내 감정과 정서를 다스리는 일
- 충동 조절: 내 충동에 적절히 대응하는 일
- 수행 조절: 내가 하는 일에 대해 조절력을 갖기

---

1) 감정에 솔직해지자

바우마이스터가 말한 네 가지 의지력 중에 감정에 대한 이야기를 해보자. 관계중독에서 벗어나려면 제일 먼저 내 감정을 알고 솔직해지는 연습이 필요하다. 자신의 감정을 적절한 단어로 표현할 수 있어야 하며, 그 감정을 상대방과 나눌 수 있어야 한다. 특정한 감정을 느낄 때 감정의 근원을 파악하고 그것이 그간 나를 어떻게 지배해왔는지 이해해야 한다. 그리고 무엇보다도 내가 그러한 감정을 가지고 있었다는 사실을 솔직하게 인정해야 한다. 단순히 영혼 없

---

[*] 로이 F. 바우마이스터 외, 『의지력의 재발견』, 54.

이 동의하는 수준이 아니라 적극적이고 과감한 인정과 자인이 필요하다. 무엇보다 감정에 있어서는 그래야 한다.

사실 감정에 솔직하기가 그리 쉬운 주문은 아니다. 우리는 "너 왜 오늘 이렇게 감정적이야?"라는 말을 힐난이나 비난으로 듣는 데 익숙하다. 그래서 자신의 감정을 꾹꾹 눌러 담기에 바쁘다. 『감정의 발견』을 쓴 예일대학교 아동연구센터 교수인 마크 브래킷Marc Brackett은 이런 방향에 대해 다음과 같이 말한다. "인간은 아주 오래전부터 감정을 무시해 왔다. 그 역사는 고대 그리스의 스토아 철학자들이 감정은 변덕스럽고 특이한 정보를 만들어 낸다고 주장하기도 전인 수천 년 전으로 거슬러 올라간다. 당시에는 이성과 인지를 내면의 위대한 힘이라 여겼으므로 '감성 지능'이라는 모순된 개념은 상상할 수 없었을 것이다. 그 후로 서구 문학, 철학, 종교는 감정이 올바른 판단과 이성적 사고를 방해한다고 가르쳤다. 오늘날까지도 우리는 이성과 감정이 각기 다른 신체 부위에서 온다는 사고방식을 버리지 않았다. 생각해 보자. 머리와 가슴, 둘 중 어느 쪽을 더 신뢰하라고 배웠는가?"*

---

* 마크 브래킷, 『감정의 발견(북라이프)』, 임지연 역, 41.

인간의 역사는 감정에 대한 이성의 통제와 억압을 기치로 내걸었다. 감정은 정념passion이라는 이름하에 인간이 통제하고 눌러야 하는 기분으로 다루어졌다. 감정적emotional이란 말은 이성적rational이란 말에 언제나 억눌려왔다. 자신의 감정을 드러내는 건 유아적이고 예의 없는 행동으로 치부되어 왔다. 동양도 크게 다르지 않다. 일찍이 공자가 말한 극기복례克己復禮 역시 자신의 감정을 덕으로 다스리는 것이며, 이상적 존재로 여긴 군자도 사사로운 감정에 휘말리지 않는 사람으로 정의되었다. 하지만 이런 수천 년의 역사에서 소외된 감정의 반란이 최근 시작되었다. 우리가 느끼는 감정이 나쁜 것이 아니며 그 감정을 인정하고 솔직하게 터놓는 것이 치유에 절대적인 선행과정이라는 사실이 여러 학자들의 연구로 뒷받침되고 있기 때문이다. 그렇다면 어떻게 감정에 솔직해질 수 있을까?

브래킷은 자신의 책에서 이를 다섯 개의 연속적인 단계로 나누어 설명하고 있다. 감정 인식하기Recognizing→감정 이해하기Understanding→감정에 이름 붙이기Labeling→감정 표현하기Expressing→감정 조절하기Regulating로 정의하고 이니셜을 따서 이 과정을 룰러RULER라고 불렀다.* 필자는 브래킷의 이 다섯 단계가 너

---

* 마크 브래킷, 『감정의 발견』, 85~86.

무 세부적이고 디테일하다고 판단하여 세 단계, 즉 감정 인정하기
→감정 표현하기→감정 다스리기로 충분하지 않을까 싶다. 치유는
제일 먼저 감정을 인정하는 것에서 출발한다. 분노와 좌절 같은 나
쁜 감정들을 애써 감출 필요도 없고, 혼란스럽고 부끄러운 감정들
에 낭패감을 느낄 이유도 없다.

인정하기	• 나에게 이런 감정이 있구나. • 이런 감정이 있어도 난 나쁜 사람이 아니야. • 상황과 감정은 별개라는 사실을 깨달았어.
표현하기	• 이제는 감정을 숨기지 않을 거야. • 감정의 노예가 되지 않고 주인이 되겠어. • 감정을 표현하니까 감정에서 자유로워졌네.
다스리기	• 부정적인 감정은 나를 아프게 해. • 감정의 주인은 바로 나기 때문에 괜찮아. • 감정과 상황을 따로 놓고 바라볼 수 있어야 해.

감정에 솔직해지는 3단계 과정

내 안에서 일어나는 감정을 인정하고 나면 이를 표출해본다. 긍
정적인 감정과 부정적인 감정은 동전의 양면과 같다. 마치 산봉
우리와 산맥들을 골짜기가 이어주고 있는 것처럼, 올라가는 감정
은 내려가는 감정을 동반하게 되고, 내려가는 감정은 다시 올라가

는 감정으로 바뀐다. 감정을 바꾸고 전환하는 힘은 이러한 감정들을 적절히 표현할 때 가능하다. 감정은 스펙트럼처럼 다양한 종류로 구분될 수 있다. 각 감정의 미묘한 차이를 섬세한 감각으로 구분하고 표현할 수 있는 사람은 그만큼 더 빨리 그 감정에서 해방될 수 있다.

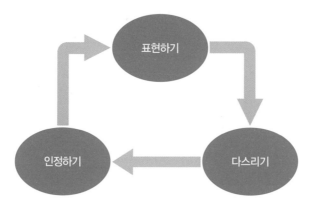

2) 관계를 스스로 결정하자

자신의 감정에 솔직하고 현실을 인정하는 것에서 치료를 시작된다. 내 감정을 알고 현실을 받아들이면, 삶의 사소한 하나에서부터 열까지 모든 것을 스스로 결정하고 해결할 수 있는 토대가 만들어진다. 관계중독에서 벗어나려면, 상대방에게 종종 내 삶의 의사결정권을 넘겨주는 습관부터 고쳐야 한다. 영국 로체스터대학의 에드워드 데시Edward L. Deci와 리처드 라이언Richard M. Ryan은 1975년 소위 자기결정이론self-determination theory을 제시했다. 이들은 우리가 삶의 주체로서 행복하고 자율적인 존재가 되려면 세 가지 기본적인 욕구가 충족되어야 한다고 주장했다. 그것은 인생의 주인으로 삶을 마음대로 결정하고 통제할 수 있는 자율성autonomy과 자신의 삶을 원하는 대로 가꿀 수 있을 것 같은 유능성competence, 그리고 누군가와 유대와 연대를 통해 연결되어 있다는 관계성relatedness이다. 이 세 가지는 자기실현을 이루는 데 꼭 필요한 요소라고 할 수 있다.

맨 처음 자율성은 "내 인생은 나의 것!"이라고 당당하게 외치는 힘이다. 친구든 연인이든 부모든 그 누구의 개입이나 간섭 혹은 강요를 받지 않고 내가 내 임의대로 삶의 방향을 정하고 대소사의 결정을 회피하거나 남에게 미루지 않는 자세다. 인생에 자율성을 얻게 되면 관계중독에서 의존성을 극복할 수 있게 되며 결과에 대한 책임 또한 방관하거나 미루지 않고 떳떳하게 마주할 수 있는 용기를 얻게 된다. 자율성은 더 이상 내가 꼭두각시처럼 살지 않겠다는 독립선언이다. 타성에 젖은 과거의 삶을 깨고 나아갈 수 있는 무기, 관성에 빠진 관계의 올가미를 벗어날 수 있는 저력이다.

반면 유능성은 조금 다르다. 이것은 내가 잘 할 수 있다는 믿음이다. 사람이면 누구나 잘 하는 게 있다. 잘 하는 것을 마주하면 자신감이 생기고 그 일에 장악력을 갖는다. 자신감과 장악력은 당사자에게 무한한 즐거움을 준다. 그간 관계에서 수동적이고 무능했던 자신의 위치를 뒤집어엎고 저돌적인 자세를 취하는 것이다. 그래서 유능성은 언더독underdog의 자리에서 탑독topdog이 되는 결심이다. '너 없이도 혼자서 할 수 있어.' 이 선언은 자존감을 불러온다.

마지막으로 자신이 남과 연결되어 있다는 관계성이 요구된다. 제아무리 유능해도 인간에게는 관계가 필요하다. 내가 어떤 집단이나 관계에 속해 있다는 소속감은 자아에 무한한 안정감을 준다. 관계에 대한 욕구는 사회적인 지위나 일에서의 성취로는 치환될 수 없는 인간 고유의 욕구다. 인간은 무리 중에 고립되면 대번 존재의 상실감을 경험한다. 무리와 집단에서 자신의 지위와 위치를 찾을 때 비로소 인간은 존재의 이유를 확보한다.

상처받은 감정의 치료가 곧 특별한 관계의 풀림이다

감정에는 봉우리와 골짜기가 함께 있다. 평생 인간은 감정의 봉우리와 골짜기를 오가며 살아간다. 업 앤 다운up & down이 없는 삶은 없다. 정원만 1백여 평이 넘는 대궐에 고관대작으로 살아가는 삶이나 두 평 남짓 지하 달세방에 구공탄 피우며 여섯 식구가 바짝 붙어 살아가는 삶이나 업 앤 다운이 있기 마련이다. 봉우리가 없는 골짜기는 상상할 수 없다. 반대로 골짜기가 없는 봉우리도 상상할 수 없다. 모든 삶의 원칙은 이 감정의 능선을 타고 감정의 균형을 잡으며 살아가는 데에서 찾을 수 있다. 사망의 음침한 골짜기를 피하게 해 달라고 신에게 기도할 수 있지만, 사실 인생에서 그런 음지를 경험하기 때문에 양지의 고마움을 알게 된다.

음지가 있기에 양지의 고마움을 잊지 않는다

간혹 감정의 기복이 없다는 사람을 만난다. 그 역시 정도의 차이가 있을 뿐 하루에도 여러 번 감정이 오르락내리락하는 걸 알 수 있다. 우리는 로봇이 아니다. 짧은 시간에 병적일 정도로 급작스런 감정의 변화를 보이는 조울증 환자가 아니라면, 사실 어느 정도 감정의 기복은 그 사람에게 인간미를 주는 데 어쩔 수 없는 요소가 된다. 감정의 쓰나미에 익사하는 자가 아니라 감정의 파도에서 서핑을 즐기는 자가 되어야 한다.

문화비평가 벨 훅스bell hooks는 관계중독의 본질을 명확하게 설명하고 있다. "스탠튼 필Stanton Peele은 『사랑과 중독』에서 '모든 중독은 사람들과 관계 맺는 것을 방해한다.'고 강조한다. 중독에 빠지면 사랑하는 것이 불가능해진다. 중독자들은 자신이 중독된 것―알코올이나 코카인, 헤로인 같은 마약뿐 아니라 섹스, 쇼핑 등도 중독에 포함된다―을 어떻게 손에 넣을지에만 관심을 쏟는다. 우리 사회에 사랑이 부재하기 때문에 중독자들이 양산되기도 하지만, 중독 자체가 사랑의 부재를 낳기도 하는 것이다. 중독자들은 자신이 탐닉하는 것만 중요하게 여기고 신성하게 받든다. 중독자들이 탐욕스럽게 자기만족만을 추구하면, 그동안 맺었던 친밀하고 가까운 관계들은 파탄 나고 만다. 중독자들은 결코 만족을 모르기 때문에 탐욕스러울 수밖에 없다. 종착역이 없는 열차처럼 욕망은 멈출 줄 모르고, 결코 충족에 다다를 수 없는 것이다."* 마지막으로 관계중독을 일으키는 중독적 사고를 빨리 제거하는 노력이 필요하다. 관계에 관한 왜곡된 인식은 신화myth에 가깝다. 다음은 필자가 많은 관계중독 내담자들과 대화를 나누며 적어두었던 사고방식들이다.

- 포르노/야동/로맨스/춘화잡지는 나의 성관계나 성적 태도에 영향을 미치지 않는다.
- 섹스는 도덕적/윤리적 모범과 상관없다. 섹스는 단지 스포츠에 불과하다.
- 여자도 겉으로는 안 그런 척 하지만 사실 섹스를 좋아한다/원한다.
- 여자는 사실 남자에게 거칠게 다루어지거나 지배/강간당하는 걸 좋아한다.
- 성매매나 폰섹스, 자위가 사람과의 데이트보다 훨씬 쉽고 편하다.
- 멋진 남자라면 언제나 섹스를 할 수 있는 여자 하나쯤은 있어야 한다.
- 섹스파트너가 많으면 많을수록 좋다.
- 인생 뭐 있어? 살아있을 때 원 없이 섹스를 하는 게 남는 것이다.
- 성욕을 억제하는 건 자연의 섭리를 거스르는 것이다.
- 예로부터 영웅호걸들은 술과 여자를 밝혔다. 멋진 남자는 늘 여자가 많은 법이다.

---

* 벨 훅스, 『올 어바웃 러브(책읽는수요일)』, 이영기 역, 151~152.

- 능력 있는 남자라면 종종 술도 먹고 때로 외도도 할 수 있는 법이다.
- 섹스는 남녀관계에서 양보할 수 없는 가장 중요한 부분이다.
- 만족스러운 섹스, 오르가슴에 도달하는 데에는 언제나 위험이 따르는 법이다.
- 오르가슴은 부부관계, 섹스에서 양보할 수 없이 제일 중요하다.
- 여자가 말하는 '아니오'는 사실 '예'와 같다.
- 처음에는 싫다고 버텨도 일단 섹스를 하고 나면 나를 좋아할 것이다.
- 나는 하고 싶은 대로 성욕을 조절하고 표현할 수 있다.
- 남녀의 속궁합이 성격, 정서, 관계보다 더 중요하다.
- 친구 따위는 없어도 충분히 혼자 잘 살아갈 수 있다.

이러한 관계의 중독적 사고, 왜곡된 사고방식은 어떻게 교정할 수 있을까? 무의식의 상반성을 잘 설명해줄 수 있는 전문가의 상담을 받는 것이 제일 빠르다. 합리적 정서행동치료REBT는 소위 '에이비씨디이 모델ABCDE model'로 그릇된 사고를 교정하는 접근을 한다. 이 접근은 중독자들이 흔히 갖고 있는 그릇된 신념체계가 중독에 지대한 영향을 미친다고 보고 이전의 비합리적인 신념체계를 논리적이고 합리적인 논박으로 깨트려 효과적이고 이성적이며 새로운 신념체계로 대체하는 것을 목표로 한다. 상담 과정에서 내담자는 자신의 문제를 직시하게 되고 그릇된 사고가 관계중독과 공의존을 낳는다는 사실을 깨닫게 되고 이를 해체하고 교정하므로 새로운 건전한 사고를 갖게 된다.

상담의 과정은 이렇다. 제일 먼저 선행사건activating event은 중독자의 그릇된 판단이나 행동, 감정에 영향을 미치는 경험을 말한다. 중독을 낳을 수밖에 없는 선행사건은 불합리한 경험과 부정적인 양육 방식, 역기능 가정, 성장 환경, 부모의 체벌 등 다양하다. 성인이 된 후 관계에서 받은 충격과 혼란도 중독에 대한 선행사건이 될 수 있다. 부정적인 선행사건은 개인에게 비합리적인 신념belief을 심어준다. 상담을 해보면, 중독자들은 한결같이 비합리적인 신념체계를 가지고 있다. 이를 통해 자신의 경험에 대해 쓸데없이 과장하고 부정적인 편견을 갖는다. 그러면 부정적인 결과consequence를 낳기 마련이다. 선행사건에 대한 불합리한 신념이 관계중독이라는 결과를 만들어 낸 셈이다. 여기서 가장 중요한 것은 논박dispute이다. 중독자의 왜곡된 신념 체계를 교정하거나 뜯어 고치므로 행동에 논리성과 현실성을 주는 과정이다. 이를 통해 내담자는 효과적인 새로운 신념effective new belief을 얻게 된다.

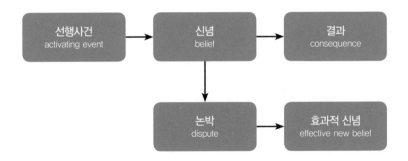

말 그대로 '합리적 정서'를 통해 '문제 행동'을 '치료'하는 게 합리적 정서행동치료의 목표다. 이를 뒤집어 말하면, 사고방식을 바꾸는 것만으로 내담자는 관계중독의 사슬을 끊고 의존증을 극복할 수 있다는 것이다. 이 책을 읽는 독자들은 아래의 글귀를 크게 세 번 외쳐보자. 이것은 관계중독의 그늘에서 벗어나는, 작지만 가장 소중한 첫 발자국이 될 것이다.

- 나는 나 자신을 있는 그대로 사랑한다.
- 나는 내 운명의 주인이 나라는 걸 믿는다.
- 나는 중요한 사람이다.
- 나는 나를 사랑하고 나 자신을 믿는다.

관계중독으로 고민하고 있는 분이든 관계중독에 빠진 가족이나 배우자 때문에 마음의 상처가 깊은 분이든 여기까지 책을 읽고 머리로는 알겠는데 무엇을 어떻게 해야 할지 막막할 것이다. 그런 막막함은 당연한 것이다. 관계중독은 성격장애와 같이 개인의 노력으로 치유될 수 있는 게 아니라 반드시 관계 안에서 치유되어야 하기 때문이다. 관계중독은 가족이나 배우자 외에는 치유해 줄 수 있는 사람이 없다. 때문에 필자는 관계중독으로 상담하는 분들에게 반드시 가족이나 배우자가 함께 할 것을 권한다. 특별히 관계중독을 치

유하기 위하여 휴먼니드테라피Human need therapy라는 프로그램에 부부나 가족이 함께 참여하는 것을 조언한다.

휴먼니드테라피는 관계중독에 빠진 개인의 열등감과 수치심, 자존감, 성열등감, 성수치심, 성자존감, 성감정의 문제를 해결하는 동시에 인간관계에서 자신의 심리를 보호하고 지킬 수 있는 정신적 성장을 배양하는 프로그램이다. 필자는 오랜 상담 경험을 통해 내담자들이 관계 속에서 겪는 다양한 문제들을 범주화하여 객관적으로 접근하는 이론을 정립했다. 이 독특한 프로그램을 통해 관계를 올바로 볼 수 있는 관점과 갈등을 조정할 수 있는 원만한 리더십, 나아가 발생한 문제를 조기에 해결할 수 있는 능력을 얻을 수 있다. 남녀노소를 불문하고 누구라도 휴먼니드테라피를 통해 스스로의 마음을 객관적으로 들여다보고 자존감과 자신감을 회복할 수 있다.

관계중독의 문제를
해결하기 위한 잘못된 방식

몇 년 전 26세의 딸과 그녀의 어머니가 상담에 온 적이 있었다. 그녀는 지방의 한 대학을 나와 중고등학생을 대상으로 하는 학원에서 강사로 있었다. 그녀는 평소 어머니와는 관계가 좋은 사이였다고 한다. 그러나 학원강사로 취업한 후 그녀는 어머니를 심하게 배척하면서 갈등이 잦아졌고 이 때문에 상담소의 문을 두드리게 되었다. 그녀가 재직 중인 학원은 여자 원장과 남자 원장이 함께 운영을 하는 곳이었는데, 어머니는 모든 문제의 근원이 바로 그 학원 때문이라고 말했다. 딸이 평소 착한 성품으로 남을 잘 믿어서 학원 원장의 꾐에 넘어갔다는 것이다. 상담을 하는 동안 필자는 그녀가 관계중독자임을 금세 알 수 있었다.

관계중독자들에게 보이는 가장 두드러진 특징은 남들과 함께 잘 지낼 수 있는 리더십이 없다는 점이다. 항상 누군가에게 의존되어 있고, 의존된 대상 이외의 사람들은 배척하는 특징을 보인다. 즉 관계의존과 관계회피를 왔다 갔다 한다고 보면 된다. 그녀도 마찬가지였다. 어머니의 껌딱지로 살다가 여자 원장의 과한 친절에 몰입되면서 어머니를 배척하기 시작했다. 결국 학원의 꼭두각시 노릇을 하고 있는 꼴을 보다 못한 어머니가 딸을 상담실에 데리고 오게 되었는데, 그 사이 딸과 여자 원장 사이에 문제가 생겼는지 갈등이 심하다고 했다. 이유는 그녀가 남자 원장에게 다시 관계중독이 되면서 이번에는 여자 원장과 어머니를 배척하기 시작한 것이다.

문제는 가족이나 배우자가 이처럼 관계중독에 빠지면 다른 가족들은 엄청난 상실감과 배신감으로 고통스러워 한다는 점이다. 그동안 희생과 헌신을 다하며 양육하고 보살펴온 시간들을 모두 부정당하기 때문이다. 하지만 관계중독자들은 상대의 이러한 고통에 전혀 공감하지 못한다. 게다가 그동안 행복했던 모든 순간을 부정하는 인식장애와 부정감정에 의한 감정기억장애까지 발생하면 당사자가 가족과 배우자의 영혼을 붕괴시키는 말과 행동을 서슴없이 하기 때문에 가족 전체가 위기에 빠진다. 관계중독자들을 중독에서 빠져나오게 하려면 가족이나 배우자가 현실을 빠르게 인정하고 가급적 빨리 전문가의 도움을 받는 게 현명하다. 당사자가 엉킨 실타래를 풀겠다고 하면 할수록 문제는 더 꼬이게 된다. 안타깝게도 그녀의 어머니는 전문가의 도움보다는 서로 화해시키기 위한 노력을 하다가 양측으로부터 더 큰 상처를 받았고, 인간의 힘으로 어찌 할 수 없다는 생각에 교회 새벽기도에 나가겠다며 한동안 상담에도 오지 않았다. 그 후 법정 공방까지 이어진 이들 모녀의 관계는 피해자와 가해자가 된 상태로 종료가 되었고 어머니는 딸에 대한 서운함과 배신감 그리고 어머니로서 부정당한 충격에 다시 상담소에 나오게 되었다.

관계중독은 언제나 인간관계 속에서 감정에 중독되는 심리장애다. 특정인에게 몰입된 상태에서 중독이 발생하면 그 외 모든 사람들에 대한 관계회피를 하는 증상을 보인다. 예를 들어 부부가 관계가 좋은 상태로 살다가 한 사람이 외도를 하여 다른 이성에게 관계중독이 되면 상대 배우자를 배척하며 부정하는 관계회피를 시작한다. 이러한 관계중독자와 함께 살아가는 배우자 또한 엄청난 마음의 상처와 트라우마가 발생한다. 이때 관계중독의 문제를 해결하기 위하여 유일하게 도움을 줘야 할 가족까지 심리적 문제가 발생하고 나면 가정이 붕괴되는 건 시간문제다. 이때 상처받은 가족이 어떤 선택을 하느냐가 매우 중요하다. 하다못해 반려견의 행동 교정을 위해서는 전문가 강형욱을 찾으면서도 인간관계에서 발생한 문제를 해결하는 데에는 주먹구구식으로 대응하여 화를 키운다. 안타깝지만 문제를 해결하는 데 아무런 지식이나 경험이 없는 대부분의 일반인들은 주변에서 관계중독이 발생하면 아래와 같이 행동한다.

- 관계중독자에게 종교적 접근이나 논리적인 조언으로 변화를 시도하는 경우
- 어차피 망가진 사람이니 포기해서 미련조차 없다고 그냥 방치하는 경우
- 외도로 인한 관계중독일 때 맞바람으로 다른 사람의 위로를 받고 있는 경우
- 시간 지나면 괜찮아질 것이라며 하염없이 세월이 흐르길 기다리는 경우
- 이혼이나 별거로 심리가 분리된 후 상대방에게 신경 쓰지 않는 경우
- 상대의 말과 행동을 다시 믿어보기로 하고 인간적으로 노력하는 경우

위와 같은 방법이 일시적으로는 심리안정을 줄지는 몰라도 궁극적으로 관계중독과 관계회피 문제를 해결해주지 못한다. 때문에 일정 시간이 지나면 상처받은 배우자나 가족은 또 다시 분노와 상처로 고통을 겪으며 지옥 같은 삶을 살게 된다. 따라서 관계중독의 문제를 해결하지 않고 그대로 방치한 채 배우자를 외면하고 나만 편안하면 됐다는 태도는 안정적인 행복이 아니라 결국 더 큰 불행을

예고하는 짓이다.

　이처럼 관계중독은 중독자 자신의 심리치료도 매우 중요하지만 관계중독자 때문에 발생한 배우자와 주변 가족들의 상처나 스트레스에 대한 치유도 매우 중요하다. 대충 덮어두고 넘어가서는 안 되며 당장의 증상만 완화시키려는 미봉책도 상황을 더 곪아가게 만든다. 우리는 혼자가 아니라 함께 살아가는 인생의 동반자들이다. 중독이 아닌 관계의 조화를 통해 삶의 행복을 만들어 갈 수 있는 마음을 갖기 위해 공부하고 노력해야 한다.

"남녀의 관계중독"

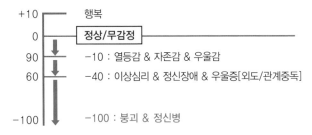

⟨감정 그래프⟩

- 행복 감정 상태 : +10의 상태로 감정이 상승한 상태(무엇으로 상승되었냐가 중요함)
- 정상 심리 상태: 희로애락이 없는 무감정 상태
- 열등감, 자존감, 우울감이 발생된 상태 : −10으로 감정이 다운된 상태
- 관계중독, 외도 발생 상태 : −40의 감정으로 다운된 상태
- 정신병증 : −100의 상태

대부분의 사람들은 정상적인 감정 상태를 유지하며 살아갑니다. 하지만 조금이라도 신경 쓸 일이 생겨 정신적 스트레스가 사라지기도 전에 부정감정이 들어오게 되면 −10의 감정 상태가 됩니다. 이때 열등감, 자존감, 죄책감과 같은 감정의 문제가 발생하고, 이 감정을 뇌가 기억을 하게 되니 우울하거나 고통스럽습니다.

이를 극복하기 위해서는 발생된 감정의 문제를 해결하기 위한 방법만 알면 되는데, 대부분의 사람들은 감정의 문제를 현실적인 능력을 키우는 것으로 해결할 수 있다고 생각합니다. 성공이나 돈을 많이 벌기 위한 현실적인 노력을 기울이기도 하고, 합리화를 통한 긍정마인드로 마음과 심리의 문제를 회피하려 합니다. 일중독, 공부중독에 빠지거나 열등감을 극복하기 위한 능력 만들기, 자존감을 높이기 위한 만남을 반복하지만 결국 일시적인 도움만 될 뿐이고 결국 감정의 문제는 더욱더 나빠집니다. 결국 −40의 감정 상태가 되었을 때 관계중독에 의한 외도가 발생되어 감정적 어려움을 버티고 살아갑니다.

관계중독은 관계 속에서 상처를 반복적으로 주고받을 때 나타나는 정신증상입니다. 감정의 문제는 일상생활에서 발생되는 감정과 성감정입니다. 여자는 마음의 상처로 인한 감정의 문제가 주로 많고, 남자의 경우 대부분 성감정이나 성욕에 의한 문제가 가장 많습니다.

출처: 마음구조이론 (박수경, 2021)

관계중독

1판 1쇄 발행 2022년   1월 25일
1판 2쇄 발행 2022년   2월 25일
1판 3쇄 발행 2022년 10월   5일
1판 4쇄 발행 2024년   2월   8일

지은이   박수경

발행인   김성룡
코디   정도준
편집   백숭기
디자인   김민정

펴낸곳   도서출판 가연
주소   서울시 마포구 월드컵북로 4길 77, 3층 (동교동, ANT빌딩)
구입문의 02-858-2217
팩스   02-858-2219

이 도서는 한국출판문화산업진흥원의
'2021년 출판콘텐츠 창작 지원 사업'의 일환으로
국민체육진흥기금을 지원받아 제작되었습니다.